제국대학의 조센징

대한민국 엘리트의 기원,

제국대학의 조센징

그들은 돌아와서 무엇을 하였나?

정종현 지음

Humanist

머리말

교토제국대학의 조선인 유학생에 대한 조사를 시작한 건 2010년 여름부터였다. 매일 오전 교토대학 교사 자료실에 앉아서 '학생일람'을 한 장씩 넘겼고, 오후엔 부속 도서관으로 옮겨 《교토대학졸업생씨명록》을 비롯한 관련 자료들을 뒤졌다. 식민지 때 간행된 《동창회보》와 패전 이후 작성된 동창회 명부도 대조했다. 이러한 날들이 쌓여 교토제국대학을 거쳐 간 조선인 유학생 전체 명단을 추출해서 각각의 삶의 이력을 채워 넣는 데 꼬박 1년이 걸렸다.

혹여 하나의 이름이라도 놓칠까 전전긍긍하면서 각종 명부를 하나씩 손으로 짚으며 넘겼던 기억이 또렷하다. 다시 반복하고 싶지 않은 힘든 작업이기도 했고, 누군가가 또다시 할 것 같지도 않았기 때문에 내가 실수로 놓치면 그 이름이 영원히 어둠 속에 묻힐 것 같아 두려웠다. 명부의 이름들을 살피다가 본적란에 '朝鮮'이라는 글자가 보일 때면 고향 사람을 만난 것처럼 반가웠다.

힘들었지만 보람되고 즐거운 작업이었다.

제국대학의 조선인 유학생 연구에 대한 마음가짐이 처음부터 이랬던 건 아니다. 솔직히 말하면, 돈 때문에 시작한 연구였다. 박사 학위를 받은 후 4년여 동안, 공부가 영글지도 않았는데 너무 많은 논문을 써댔다. 크고 작은 사업계획서를 작성하며 무책임하고 공허한 말들을 쏟아냈다. 문득 허기가 졌다. 진짜 공부가 고팠고, 또 다른 세상을 보고 싶었다. 떠나기 위해서는 돈이 필요했고, 다시 연구계획서를 써야 했다. 한국연구재단에 박사후 해외연수를 신청하며 내건 주제가 '교토제국대학의 조선유학생 연구'였다.

비록 시작은 불순했지만, 연구를 시작하고부터는 책임감과 욕심이 생겼다. 일본 본토의 일곱 개 제국대학에서 유학한 식민지 조선의 유학생들은 1,000여 명이 훌쩍 넘는다. 그들은 제국 최고의 엘리트 집단의 일원이면서 동시에 멸시받는 '조센징'이었다. 이러한 분열 속에서 성장한 제국대학의 조선인 유학생들은 한국 사회의 모든 부문에서 지울 수 없는 큰 영향을 남겼다. 그런데 이 집단에 대한 연구가 전혀 없었다. 1,000여 명이 넘는 그들 집단의 면면을 불러내어 제국대학이 한국 사회에 끼친 영향을 밝힌다면 큰 보람을 느낄 수 있을 터였다. '일본 본토의 일곱 개 제국대학 조선인 유학생을 전수조사하자!' 2010년 여름, 푹푹 찌는 교토에서 나는 이렇게 결심했다.

그로부터 10년의 세월이 흘렀다. 교토제국대학의 조선인 유학생을 조사한 열정으로 도쿄·도호쿠·규슈·홋카이도·오사카·나고야 제국대학을 누벼보겠다는 포부는 한국에 돌아온 2011년 가을 이후 실현하기 어려운 숙제가 되어버렸다. 다시 한국의 '지식시장'의 속도에 맞추어 살아야만 했기 때문이다! 더 이상 교토의 여유로운 시간은 주어지지 않았다. 나는 여전히 영글지 않은 공부로 많은 논문과 크고 작은 계획서를 쓰는 삶을 살았다.

그러던 중에 한국연구재단에서 기존의 연구논문을 보완·확장하여 출판하는 저술성과 확산지원 사업이 만들어졌다. 일곱 개 제국대학의 전수조사는 잠시 미루고 우선 이 사업의 도움을 받아 도쿄와 교토 두 제국대학을 중심으로 책을 꾸리기로 했다.

도쿄·교토 제국대학은 제국대학의 역사를 양분하다시피 하는 존재감을 가진 대학들이다. 우선 이 두 대학을 중심으로 제국대학 제도의 역사, 예과 역할을 한 구제고등학교의 문화와 인간 형성, 제국대학에서의 캠퍼스 생활, 유학생들의 네트워크, 출신 계급과 졸업 후의 진로, 식민지와 해방 이후 한국 사회에 끼친 영향 등을 중심으로 책의 체계를 잡았다. 여타 제국대학의 자료도 최대한 모아서 활용했다. 책의 맨 마지막에는 도쿄·교토 제국대학 조선인 유학생의 명부와 해방 전후 이력을 첨부했다. 앞으로 증보할 기회가 주어진다면 다섯 개 제국대학 조선인 유학생의 완벽한 명부를 추가하고 싶다.

이 책이 나오기까지 많은 이들의 도움을 받았다. 일일이 다 거론할 수는 없지만, 그래도 꼭 언급해야 할 분들이 있다. 제국대학 조선인 유학생 연구는 선배인 동국대 박광현 교수에게 자극받은 것이다. 특히 그와 함께한 아마노 이쿠오의《제국대학》번역 작업은 이 책을 꾸리는 데 큰 도움이 되었다.

또 한 사람 교토대학의 미즈노 나오키 교수로부터 큰 도움을 받았다. 미즈노 교수는 자신이 수집한 교토제국대학 조선인 유학생 관련 자료를 아낌없이 제공했다. 또 교토제국대학 출신으로 생존해 있던 백종원과 강상균 두 분의 인터뷰도 주선해주었다. 일본에 체류하는 1년 동안 세심하게 살펴준 미즈노 교수의 후의에 뒤늦게나마 감사드린다.

휴머니스트 출판사의 제안으로 NAVER '파워라이터 ON'에 관련 연구를 8개월여간 연재하면서 새로운 글로 거듭났다. 연재 내내 독자들이 보여준 질책과 격려를 통해 글이 더욱 단단해질 수 있었다. 익명의 독자들께도 감사드린다.

그동안 몇 권의 책을 냈지만, 가족에게 고마움을 표한 적이 한 번도 없었다. 그러나 이 책만은 그래선 안 될 것 같다. 다섯 살 아들과 갓 백일 된 딸아이를 아내에게 맡기고 혼자 떠난 일본행이었다. 마흔 살 가까이 되어 가는 뒤늦은 유학이었고, 그만큼 비장했다. 이 책은 가족들이 감내해준 그 세월의 산물이다.

사랑하는 아내 선영과 희수·재희 남매에게 이 책을 바친다.

2019년 6월

정종현

차례

* **일러두기**

- 이 책은 도쿄제국대학과 교토제국대학에서 유학한 조선인 제국대학생들을 중심으로 연구한 결과물이다.
- 조선인과 한국인의 이름 옆에는 필요한 경우가 아니면 따로 한자 표기를 하지 않았다. 일본 국내 학교명은 일본어 독음을 기본으로 하되 일본의 행정기관 등 의미 파악이 필요한 기관은 한자 독음으로 표기하였다.

프롤로그

현해탄을 건너는 청년들

식민지 유학생의 고뇌, 지사냐 출세냐?

1959년 2월 27일 진보당 사건의 최종 판결. 당시 진보당의 당수였던 조봉암에게 사형이 선고된 재판정에는 진보당의 강령을 기초한 이동화도 피고로 함께 서 있었다. 1907년 평안남도 강동군에서 태어난 이동화는 야마구치(山口)고등학교, 도쿄(東京)제국대학 법학부 정치학과를 졸업하고 북한의 김일성종합대학 교수 등을 거쳐 월남한 후 진보 정치인으로 활약하고 있었다. 법관석에는 변옥주 대법관이 다른 네 명의 재판관과 함께 앉아 있었다. 1906년 전라남도 장흥군 출신인 변옥주는 히로시마(廣島)고등학교, 교토(京都)제국대학 법학부를 졸업한 후 조선총독부 판사, 서울고등법원장을 거쳐 대한민국 대법관으로 진보당 인사들의 재판에 참여했다.

변옥주와 이동화. 심판하는 자와 심판받는 자로 갈렸지만, 이

두 사람은 똑같은 제도 속에서 성장했다. 식민지 조선의 남북에 걸쳐 멀찍이 떨어진 강동군과 장흥군에서 출발하여 '현해탄'을 건너 일본의 구제(舊制)고등학교와 제국대학을 졸업하기까지 이들이 걸었던 길은 거의 같았다. 청년 이동화와 변옥주는 당시 '현해탄'을 건너며 무슨 생각을 했을까? 또 무엇이 이들 삶의 경로를 이토록 다른 결과로 이끌었을까?

교토에 있는 도시샤(同志社)대학 영문학과를 졸업한 시인 정지용은 〈다시 해협〉에서 처음 '현해탄'을 건너던 "스물한 살 적 첫 항로에, 연애보담 담배를 먼저 배웠다."[1]라고 적었다. 지식을 구하러 식민 본국으로 건너가는 식민지 청년의 복잡하고 쓰린 심정을 "담배를 먼저 배웠다."라는 문장으로 표현한 것이다. 임화는 정지용의 이 시를 인유하여 "아무러기로 청년들이 평안이나 행복을 구하여, 이 바다 험한 물결 위에 올랐겠는가?"라고 반문하며, "첫 번 항로에 담배를 배우고, 둘쨋 번 항로에 연애를 배우고, 그 다음 항로에 돈맛을 익힌 것은, 하나도 우리 청년이 아니었다."[2]라고 주장했다. 임화는 다시 〈해협의 로맨티시즘〉이라는 시에서 현해탄을 건너는 식민지 청년이 가져야 할 진정한 마음가짐을 다음과 같이 읊었다.

> 예술, 학문, 움직일 수 없는 진리……
> 그의 꿈꾸는 사상이 높다랗게 굽이치는 도쿄(東京)
> 모든 것을 배워 모든 것을 익혀
> 다시 이 바다 물결 위에 올랐을 때,

나는 슬픈 고향의 한 밤,

홰보다도 밝게 타는 별이 되리라.

청년(靑年)의 가슴은 바다보다 더 설레었다.[3]

임화는 '현해탄'을 식민지 청년이 나아갈 길을 가르쳐줄 높은 사상을 배우러 가는 입구로 노래했다. 무수한 청년들이 이곳을 건너며 자기 한 몸의 출세를 넘어서 "슬픈 고향의 한 밤"을 환히 밝히는 "홰보다도 밝게 타는 별"이 되어 돌아올 것을 다짐했다. 실제로 그중에서 적지 않은 청년들이 제국주의 일본에 저항하는 지사의 삶을 살다가 스러져갔다. 그렇지만 그보다 더 많은 청년들이 첫 다짐을 잊고 "그다음 항로에 돈맛을 익"혔다. 유학을 마치고 돌아온 유학생들이 출세를 추구한 증거는 차고 넘친다.

임화는 시에서 현해탄을 건너는 식민지 청년들에게 단도직입으로 질문을 던진다. "지사냐, 출세냐?" 현해탄을 건너는 조선인 유학생들은 이 갈림길에서 고민했다. 식민지 유학의 최정점에 있었던 제국대학의 졸업생들은 결과적으로 다수가 '출세'를 선택한 것으로 보인다. 제국대학 입학은 "입신출세의 티켓을 쥐는 것"[4]이었으며, 실제로 졸업생 다수가 식민지 체제에서 출세했다.

그러나 '출세한' 그들이라고 고민이 없었겠는가? 어쩌면 처음부터 그들의 존재 자체가 분열적이었는지도 모른다. 누구 못지않은 수재들이었지만 그들에게는 '식민지' 출신이라는 차별의 딱지가 붙어 있었다. 이를테면 당시 제국대학의 학적 관련 문서에는 학생의 출신 지역이 표시되어 있었다. 이름 옆에 부기된 "朝鮮"이라는 두 글자는 식민지 출신 유학생을 묶는 족쇄였다.

하지만 한편으로 그들은 출세가 보장된 '제국대학생'이었다. 일본 문부성의 1909년 통계에 따르면, 도쿄제국대학 졸업생 전체의 44퍼센트가 관공청의 관료로 일하고 있었다. 24퍼센트를 차지하는 학교 교원도 대부분 관공립 학교에 재직하고 있었다. 이를 합치면 전체 졸업생의 68퍼센트가 '관' 분야에 종사하고 있었던 셈이다.[5]

제국대학의 조선인 졸업생들은 일본 '내지'의 (관료) 사회에서 출세하는 길은 막혀 있었지만, 총독부 식민 권력 아래에서의 출세는 어느 정도 보장되어 있었다.

식민지(인)/제국(엘리트) 사이의 분열

식민지 엘리트들은 식민지 본국에서 오랜 기간 유학하며 분열이 극대화되었다. 제국대학 유학생들은 중학교부터 대학까지 10여 년이 걸리는 고등교육을 일본에서 일본어로 받았다. 일상생활에서 쓰는 언어도 일본어였다. 긴 유학 생활 동안 그들은 일본의 언어와 문화, 습관 등을 자연스럽게 몸에 익혔다. 도쿄제국대학의 한 졸업생의 표현처럼 그것은 "일본인화의 과정"[6]이었다.

감수성이 예민한 10대 시절을 식민 본국에서 소수자로 지낸다는 건 무엇을 의미할까? 유학생들은 차별을 경험하며 반일 의식을 키웠다. 교토제국대학 졸업생 이관구는 도쿄에서 중학 과정을 유학하며 "뼈저리게 느낀 것은 일본 관헌의 요시찰급의 감시와 민간인까지의 차별 대우 때문에 망국의 한을 되씹으면서 민족적 투지를 드높일 뿐"이었다고 기억한다. 조선인 유학생들은 "하숙집에서도 '조선인 사절'이라든가, '일본인에 한(限)한다'는 쪽지를 문 앞에 붙여놓은 데가 많아서 하숙하기도 여간 힘든 게 아니었다." 유학생들은 "조선인 된 슬픔"을 느낄 수밖에 없었다.[7]

조선인 유학생들은 '식민지(인)/제국(엘리트)'의 사이에서, '출세'와 '지사' 사이에서, '일본인화의 과정'과 '조선인 된 슬픔' 사이에서 분열했다. 이런 특성 때문에 식민 권력은 조선 청년들의 일본 유학을 조선 지배를 위해 반드시 필요한 '친일적인' 엘리트의 양성 과정이면서 역설적으로 식민 지배에 대한 저항 세력을 육성하는 "조선 독립운동의 수원지(水源池)"[8]라며 골치 아파했다.

이처럼 제국대학 조선인 유학생 사회에서 '출세'와 '지사', '친일'과 '저항'은 함께하는 두 요소였을지도 모른다. 또 그것은 한 인간의 내면에 공존하는 것이기도 했다. '출세'와 '지사'라는 화해하기 어려워 보이는 지향 사이의 갈등을 제국대학의 조선인 유학생들은 어떻게 해결했을까? 그 하나의 논리가 '동족을 위한 출세' 혹은 '실력양성론'이었다.

고등문관시험에 합격하여 식민지 관료가 된 많은 제국대학 출신들은 자신의 '출세'를 고통에 신음하는 식민지 동족을 구하기 위한 불가피한 선택이었다고 합리화했다. 유능한 행정 관료가 되어 동족의 삶을 향상시키는 데 기여했고, 올곧은 사법 관료가 되어 억울한 일을 당하는 동족을 보살폈다는 변명은 해방 이후 어렵지 않게 들을 수 있었던 알리바이다.

제국대학 출신 관료들의 논리는 일본 유학 자체가 안고 있었던 딜레마를 보여준다. 임화의 시를 다시 떠올려보자. 앞서 본 시 〈해협의 로맨티시즘〉에서 임화는 도쿄를 예술과 학문, 사상 등 근대성이 "높다랗게 굽이치는" 곳으로 선언했다. 자본주의 근대 문명의 상징 도쿄에서 "모든 것을 배워 모든 것을 익혀" 다시 현해탄을 건널 때는 슬픈 고향의 밤을 밝히자고 노래했다. 그 유명한 "네 칼로 너를 치리라."는 명제다.

임화의 시처럼 제국주의 일본을 그곳에서 배운 지식과 운동의 '칼'로 치려 한 제국대학 출신 청년들이 있었다. 이재유·이관술과 함께 경성 트로이카를 조직하고 노동운동을 지도하다 검거되어 옥사한 교토제국대학 경제학부 졸업생 박영출, 조선인학우회를 결성하여 반일운동을 펼치다가 고문으로 죽은 도쿄제국대학 전기공학과의 박화영, 재(在)교토 조선인 학생 민족주의 그룹 사건으로 치안유지법에 걸려 옥사한 교토제국대학 서양사 전공의 송몽규 등 적지 않은 제국대학 유학생들이 식민주의에 저항하다 죽거나 옥고를 치렀다.

하지만 도쿄(일본)의 자본주의 근대 문명을 직접 대면한 많은 유학생들은 그 빛에 눈이 멀었다. "네 칼로 너를 치리라."는 임화적 명제는 처음부터 딜레마를 품고 있었다. '칼(문명)'의 용법을 배우다 보면 이미 앞선 일본 문명을 수락할 수밖에 없었다.[9] 많은 학생들이 그 칼을 벼리는 일본에서의 유학 기간에 제국 일본이 먼저 이룩한 문명에 압도되었다.

일본 문명의 세례를 받으며 유학생들은 조선의 식민지화를 뒤처진 자가 감수해야 하는 불가피한 현실로 받아들였다. 급기야 일본의 통치 안에서 그들이 성취한 자본주의 근대 문명을 식민지에 이식하는 것이야말로 "슬픈 고향의 밤"을 밝히는 가장 현실적인 방안이라고 주장하게 되었다. 한종건의 삶은 그 사례다.

한종건은 중앙고등보통학교 2학년 재학 중에 3·1운동에 참가하여 체포된다. 1919년 11월 6일 그는 경성지방법원에서 징역 6월 집행유예 3년형을 선고받고 출소했다. 한종건은 동족을 위한 새로운 지식을 염원하며 '현해탄'을 건넜다. 가나자와(金澤)의 제4고등학교와 교토제국대학 법학부를 졸업한 이후에는 고등문관시험 사법과와 행정과에 합격했다. "바다보다 설레는" 마음으로 건넜던 그 '현해탄'을 되짚어 돌아온 그는 동족의 저항운동을 탄압하는 경찰부 보안과장으로 변신했다. 일본 유학 기간에 그의 내부에서는 어떤 변화가 일어난 걸까?

제국대학 조선인 유학생의 집단 전기

일본 제국의 엘리트 양성 제도였던 제국대학이 한국 사회의 틀을 형성하는 데 어떻게 얼마나 영향을 끼쳤는가? 민족주의적 윤리와 감성에 비추어보면, 이러한 질문은 무의미해 보일지도 모른다. 2009년 출간된 《친일인명사전》에는 제국대학을 졸업한 많은 인사들이 등재되어 있다. 제국대학 졸업자 중 상당수가 민족적 예속과 변절 등 식민지 유산의 어두운 그늘과 관련되어 있다. 그렇지만 그들을 포함한 졸업생 대부분이 한국의 언론과 출판, 교육, 학술, 정치, 경제 등 각 분야에서 여전히 살아 있는 유산을 남겼다. 식민 지배는 근대 한국의 변화에 많은 영향을 끼쳤고, 그 영향을 무시하거나 부인하는 것은 한국 근현대사의 중요한 퍼즐 조각을 빠뜨리는 것이다.

제국대학은 근대 일본의 엘리트 육성 장치였다. 국가 통치를 위한 엘리트 육성을 목적으로 1886년 포고된 제국대학령에 근거하여 도쿄(1886)를 시작으로, 교토(1897), 도호쿠(東北, 1907), 규슈(九州, 1910), 홋카이도(北海道, 1918), 게이조(京城, 1924), 다이호쿠(臺北, 1928), 오사카(大阪, 1931), 나고야(名古屋, 1939)의 순으로 총 아홉 개의 제국대학이 설립되었다.

아홉 개의 제국대학 중에서도 식민지 조선에 설립된 경성제국대학은 해방 이후 그 부지 시설과 인적 집단이 대부분 국립 서울대학교로 승계되면서, 한국 사회에 결코 지울 수 없는 유무형의 유산을 남기게 된다. 남북한의 헌법을 기초하는 데 핵심적인 역할을 한 것으로 알려진 유진오와 최용달이 경성제국대학 법문학부 1, 2회 졸업생이라는 사실이 말해주듯이, 그 대학 출신들은 남북한 국가 건설에서 중요한 역할을 했다. 경성제국대학의 중요성에 대한 인식이 확산되면서 최근 활발한 연구들이 집적되고 있다.[10]

그렇지만 놀랍게도 일본 '내지'의 제국대학으로 지식과 문명

혹은 출세의 빛을 따라 건너갔던 조선인 유학생들에 관한 연구는 찾아보기 어렵다. 지금까지의 조사 결과, 일본 본토의 일곱 개 제국대학을 졸업한 조선인 유학생들만 해도 대략 784명에 이른다. 정식 학사는 아니지만 선과(選科)와 전수과(專修科), 위탁생 등의 신분으로 과정을 이수한 자들과 여러 사정으로 학업을 중도에 포기한 유학생들을 포함하면 1,000여 명을 훌쩍 넘기는 지식인들이 제국대학에서 교육받았다. 그들은 1942년까지 총 629명이었던 경성제국대학 조선인 졸업생 규모를 훨씬 상회하는 최고의 엘리트 집단이었다.[11]

이 제국대학 유학생들은 총독부 식민 통치를 유지하는 관료의 수급처였으며, 관공사립(官公私立) 교육기관과 식민지 언론·출판 및 경제계의 핵심 인사들이었다. 또 해방 이후에는 남북한 국가 건설의 중요한 인적 자원이었다. 그들 중 많은 이들은 남북한 근대 학술의 기원이 되었다. 달리 말하면, 제국대학은 일본만이 아니라 식민지 및 남북한에서도 국가 엘리트 육성 장치였다.

1장

제국대학, 근대 일본의 엘리트 육성 장치

유럽(독일) 대학을 번안하다

메이지 일본의 화두는 서구 따라잡기였다. 이를 위해 그들은 서양의 개념과 제도를 번역했다. 개인, 사회, 존재, 권리, 자유, 미(美), 연애, 문학, 자연, 근대 등 우리가 익숙하게 사용하는 개념어는 십중팔구 이 시기에 일본에서 만들어진 번역어다. '대학'도 예외가 아니다. 메이지 정부는 서구의 'university'를 번역하여 근대 대학을 설립했다.

일본 대학의 기원을 더듬어보면 근대화 추진을 위한 각종 관립·공립·사립의 전문학교에 가닿는다. 근대화 추진의 핵심 인력이 절실히 필요했던 메이지 정부는 특히 각 성(省)·청(廳) 산하에 관립 고등교육기관을 설치했다. 문부성 관할의 도쿄대학(1877), 공부성 관할의 고부(工部)대학(1871), 사법성의 법학교(1873), 척식사(拓植使)의 삿포로(札幌)농학교(1876), 농상무성의 고마바(駒

場)농학교(1878) 등을 만들어 근대화 추진에 필요한 전문 관료를 육성했다.

▲ 모리 아리노리

그렇다면 누가 가르쳤을까? 도쿄대학에서는 주로 영국인과 미국인이 영어로 법학과 이학, 문학을 가르쳤고, 의학부에서는 독일인 교사가 독일어로 의학과 약학을 가르쳤다. 사법성 법학교에서는 프랑스인이 프랑스법을, 고부대학에서는 영국인이 공학을, 삿포로농학교에서는 미국인이 농학을, 고마바농학교에서는 독일인이 농학을 가르치는 등 학교에 따라 각각 학문의 국적과 교수 용어가 달랐다.

이런 상황은 이토 히로부미(伊藤博文)가 구상한 제국대학이 1886년에 설립되며 정리된다. 1882년 헌법을 제정하는 데 필요한 조사를 하려고 유럽에 간 이토는 독일 대학이 국가(주의)의 대학이라는 사실에 강한 인상을 받고 귀국한다. 그러나 후발 국가였던 독일의 대학에는 국가주의적 면모도 있었지만, 국가보다 학문을 우선하는 학문 자유의 기풍도 강했다. 그러나 이토는 자신이 보고 싶은 것만 보고 돌아왔다. 1885년 초대 내각총리대신에 취임한 이토는 모리 아리노리(森有禮)를 문부대신에 임명하고 그에게 제국대학 창설을 맡긴다.

모리는 문부성 산하의 도쿄대학을 중심으로 다른 성·청 관할의 학교들을 통폐합하여 제국대학(Imperial University)을 출범시킨다. 제국대학이라는 명칭에는 천황제와 결부된 국가의 대학이라는 의미가 깔려 있다. '제국대학령' 제1조에서는 제국대학이 "국가의 수요에 부응하여 학술 기예를 교수하고 그 온오(蘊奧)를 공구(攻究)함을 목적으로 하는" 대학이라고 규정하고 있다. 교육과 연구의 앞자리에 "국가의 수요에 부응"해야 한다는 요구를 명확히 했다.

제국대학은 출발부터 종합대학주의를 표방했다. 출범 당시의 제국대학은 법학·의학·공학·문학·이학의 다섯 개 '분과대학'(이후 학부로 개칭)과 대학원으로 구성되었다. 공부성의 고부대학을 통합하여 당시 독일 대학에는 없는 공학부를 갖추었고, 4년 후인 1890년에는 농상무성의 도쿄농림학교를 농학부로 추가했다. 이처럼 제국대학은 모델이 된 독일 대학과 달리 근대화와 산업화의 수요에 따른 발전도상국형 제도로 출발했다.

제국대학은 특권적 위상을 부여받았다. 제국대학 교수는 국가의 고급 관료로 신분이 보장되었다. 1892년까지 법과대학 졸업생은 고급 관료로 무시험 임용되었다. 초창기에는 문부성 예산의 절반이 제국대학에 투여된 적도 있었다. 1918년 '대학령'이 선포될 때까지 일본에서 대학은 제국대학뿐이었다. 게이오(慶應)대학과 와세다(早稲田)대학도 대학이라는 명칭을 썼지만 '사립 와세다대학'처럼 반드시 '사립'을 붙여 전문대학이라는 구별을 표시했다. '학사'라는 칭호도 제국대학 졸업생만이 사용할 수 있는 특권적 칭호였다.

1918년 '대학령' 선포로 대학이 늘어났지만, 제국대학의 특권적 지위는 흔들리지 않았다. 대학예과로서의 고등학교, 강좌제(Chair system), 특별 회계 제도 등 특권적 장치를 통해 제국대학의 우월적 지위는 제국대학 제도가 사라질 때까지 유지되었다.

'법학부' 엘리트가 지배하는 나라

1936년 3월 26일에 종로경찰서 고등계에서는 사기범 박용환을 체포했다. 박용환은 상업가, 지주, 광산가를 찾아다니면서 '조선육군본부사령부 제28연대 조장 겸 고등시찰'이라는 거창한 명함을 건네며 총독부 고관들과의 친분을 자랑했다. 박용환은 국유림 불하 등의 이권을 미끼로 종로3정목에 있는 한 상점 지배인에게 현금 300원을 사취한 후 명월관에서 유흥으로 탕진하다 붙잡혔다.

배재고등보통학교 3학년을 중퇴한 전과 1범이었던 박용환은 사기 과정에서 자신을 도쿄제국대학 법학부를 졸업하고 고등문관시험에 합격한 후 조선육군사령부의 조장이 되었다고 소개했다.[12] 그 지배인은 아마도 박용환이 내세운 사회적 지위와 더불어 도쿄제국대학 법학부와 '고문' 합격이라는 화려한 배경에 현혹되었을 것이다. 도대체 도쿄제국대학은 무엇이기에 그 지배인의 지갑을 열게 했을까?

이 에피소드는 (도쿄)제국대학 법학부가 당대 대중들에게 어떻게 인식되고 있었는가를 잘 보여준다. 근대 일본은 도쿄제국대학 법학부 출신 엘리트들이 이끌어온 관료제 국가라고 말해도 지나치지 않다. 일본의 군부 파시즘을 지탱한 것도 도쿄제국대학 엘리트의 관료 카르텔이었다. 도쿄제국대학 법학부는 권력의 기호였다.

일본 총리들의 출신 대학은 이러한 상황을 요약한다. 첫 총리였던 이토 히로부미 이래 일본의 총리대신들은 조슈(長州)나 사쓰마(薩摩) 번벌 출신의 군인 혹은 정치가가 맡았다. 무단통치로 악명이 높았던 조선 총독 출신의 데라우치 마사타케(寺內正毅), 2차 세계대전의 A급 전범인 도조 히데키(東條英機), 패전 당시 내각 수반이었던 스즈키 간타로(鈴木貫太郎)에 이르기까지 군인들이 직접 내각을 구성한 경우를 제외하면, 민간 정치인 출신의 총리들은 대부분 도쿄제국대학 법학부 출신이었다.

가토 다카아키(加藤高明), 와카쓰키 레이지로(若槻禮次郎), 하마구치 오사치(浜口雄幸), 히로타 고키(廣田弘毅), 히라누마 기이치로(平沼騏一郎) 등 패전 이전 일본 근대사의 고비를 장식한 민간 정치인 총리 대부분이 도쿄제국대학 법학부 출신이었다.

패전 이후에도 한국전쟁을 '신이 내린 선물'이라며 전후 부흥을 이끈 요시다 시게루(吉田茂), '쇼와의 요괴'로 불리며 만주국을 경영했고 전후에는 총리로 미·일 안보 조약을 개정한 기시 노부스케(岸信介), 그의 동생이자 핵확산금지조약 체결로 노벨평화상을 받은 사토 에이사쿠(佐藤榮作), 레이건·전두환과 함께 한·미·일 보수 정권의 트라이앵글을 형성한 나카소네 야스히로(中曾根康弘) 등 일본 현대사에 굵직한 족적을 남긴 총리들도 도쿄제국대학 법학부 출신이었다.

이러한 사정은 조선총독부를 살펴봐도 확인할 수 있다. 조선총독부의 정무총감은 군인 총독과 짝을 이루어 식민지를 실제로 총괄하는 이인자의 역할을 했다. 이 자리는 주로 민간의 관료나 정치인이 맡았다. "불을 때는 데 굴뚝이 없으면 솥이 파열한다."라며 식민지에 신문을 허용한 미즈노 렌타로(水野錬太郎)를 위시하여 해방이 될 때까지 열한 명의 정무총감 대다수가 도쿄제국대학 법학부를 거친 고등문관시험 합격자들이었다. 일본 내각의 각 부처 장관과 실국장, 총독부의 핵심 국장 들도 대부분 관료 양성소인 (도쿄)제국대학 법학부 출신들로 채워졌다.

물론 제국대학 출신이 아니더라도 고등문관시험에 합격하면 관료가 될 수는 있었다. 그렇지만 일정한 직위 이상의 출세에는 학연이 필요했다. 정·관계는 물론이고 사업에서도 학연은 출세와 성공을 위해 가장 필요한 자산이었다. 여러 제국대학 중에서도 도쿄제국대학 법학부의 위세는 압도적이었다. 도쿄제국대학 법학부에 진학하려고 치열한 입시 경쟁을 치렀으며, 심지어 수험 준비 중에 죽는 학생도 있었다.

1899년부터 도쿄제국대학의 졸업식에는 메이지 천황이 직접 행차하여 우등생에게 은시계를 하사했다. 제국대학 졸업생들의 명부는 성적순으로 기록되었다. 1895년 《제국대학학생일람》에 기록된 법학부 정치학과 졸업생 30명의 명부를 예로 들면, 1번이 오노즈카 기헤이지(小野塚喜平次, 도쿄대학 총장 역임), 3번이 하마구치 오사치(총리 역임), 6번이 다카노 이와사부로(高野岩三郎, 도쿄대학 교수 역임), 29번이 이자와 다키오(伊沢多喜男, 경시총감 역임)로 기입되어 있다. 졸업 성적은 이들을 평생 따라다녔으며, 천황의 은시계는 그들의 출세를 보증했다.

도쿄제국대학의 시험 중시 교육은 악명 높았다. 엄격한 학년제로 이수 과목은 학년마다 배분되었고, 학년말시험에서 전 과목에 합격하지 못하면 다음 학년으로 진급하지 못했다. 한 과목만 불합격하더라도 다음 해에 전 과목을 다시 시험 보아야 했다. 낙제를 2년 연속하면 자동으로 퇴학당했다. 베를린대학에서 유학하고 돌아와 '베를린당'이라고 불린 교토제국대학 법학부 교수들은 이러한 도쿄제국대학의 관료 육성형 교육 방식에 도전했다.

도쿄제국대학 출신으로 독일에 유학하고 돌아온 그들은 새롭게 자리 잡은 교토제국대학을 학문 자유의 전당으로 일컬어지던 독일식 대학으로 키우려 했다. 그들은 전문 관료를 기르는 실용적 법학이 아니라 '학문' 그 자체로서의 법학을 연구하고 교육하려 했다. 이를 위해 그들은 법학과 정치학이라는 학과의 장벽을 제거하고 세미나제를 도입하는 등 혁신을 추구했다. '과목제'를 도입하여 시험에서 불합격한 과목만 다시 이수하고, 모든 과목에서 합격점을 받으면 언제든지 졸업시험을 보고 졸업할 수 있게 했다. 수업 연한도 '3년 이상 6년 이내'로 완화하는 등 '수학의 자유'를 토대로 한 독일식 교육을 시행했다. 결과는 어땠을까? 실패하는 데 얼마 걸리지 않았다. 자유로운 교육으로는 고등문관시험에 합격할 수 없었기 때문이다.

그렇다면 제국대학은 국가주의 이데올로기 교육으로 일관했을까? 또 제국대학 학생들은 출세 지향적이기만 했을까? 도쿄제국대학 법학부는 국가(주의) 엘리트 배출의 산실이었지만, 고등문관시험을 준비하는 교육만 한 것이 아니다. 그 안에는 다양한 정치적 입장을 가진 교수들이 자리 잡고 있었다. 이를테면 다이쇼 데모크라시(Taisho Democracy)를 대표하는 지식인 요시노 사쿠조(吉野作造)는 그 중요한 사례다.

요시노는 도쿄제국대학 법학부 정치학과를 수석으로 졸업하고, 유럽 유학을 거쳐 다시 모교 법학부 교수직에 취임했다. 그는 군부와 보수 관료에 의해 유지되는 일본 정치를 강하게 비판하고, 보통선거권에 기반을 둔 의회주의를 주창했다. 그는 일본이 점진적으로 사회주의적 국가 형태로 이행되기를 바란 자유주의자 혹은 기독교 사회주의자였다. 당시 천황제를 부정하는 발언은 극히 위험했기 때문에 드러나진 않았지만 어쩌면 그는 공화제를 꿈꾸었을지도 모른다.

도쿄제국대학 법학부의 스타 교수였던 가와이 에이지로(河合栄治郎)는 또 다른 사례다. 제국대학을 졸업한 후 영국 에든버러 대학에서 유학한 그는 자신을 '유럽적 사회주의자'로 명명했다. 토머스 힐 그린(Thomas Hill Green)을 연구하고 자유주의와 사회주의의 접점을 고민한 그는 일본에 사회주의사상을 전파하는 데도 크게 기여했다. 그가 편집한《학생과 교양》등 '학생 총서' 시리

즈는 파시즘의 암흑기에도 인기를 누리다가 1942년 출판이 금지되었다. 이처럼 입신출세 코스의 중심인 도쿄제국대학 법학부에는 당대 일본 체제에 비판적인 교수들이 함께 존재했다.

그렇다면 학생들의 경우는 어떠했을까? 제국 시절 일본의 고등학교 캠퍼스에서는 많은 청년들이 서양 근대 문물에 관한 책을 읽고 그것을 숭배하며 생활했다. 이 수재들은 '데칸쇼(데카르트·칸트·쇼펜하우어)의 노래'를 부르고, 서구 철학 번역서와 유럽 문학서를 읽으며 자아를 형성했다. 이렇게 형성된 드높은 교양주의적 자아는 국가주의 혹은 입신출세주의에 대한 환멸로 이어졌다. 그러한 분위기에서 제1고등학교의 많은 수재들이 법학부를 버리고 '문학부'를 선택했다. 저명한 마르크스주의 비평가인 도사카 준(戶坂潤)이 말한 바처럼, "제1고등학교 출신자가 교토의 철학과에 들어가 대량 유학하는" 유행 풍조[13]도 있었다.

급기야 도쿄제국대학 법학부로 진학한 제1고등학교 출신들은 미적지근한 교양주의를 훌쩍 뛰어넘어 체제 자체를 바꾸는 마르크스주의의 길을 선택한다. 1918년 도쿄제국대학 법학부 학생들을 중심으로 정치 동아리인 '신진카이(新人會)'가 창립되었다. 이 동아리는 마르크스주의 연구회로 이곳 출신들의 일부는 이후 일본 공산당의 지도자가 된다. 신진카이의 핵심 인물이었던 사노 마나부(佐野學)는 이후 제2차 일본 공산당의 위원장으로 활동하다가 검거되었다.

1933년 사노 마나부는 옥중 전향성명을 발표하여 소련의 지도를 받는 사회주의가 아니라, 일본 천황제의 특수성에 맞는 일국

사회주의로 자신의 사상을 전환하겠다고 선언한다. 이 옥중 성명의 충격은 컸다. 사노를 따라 많은 사회주의자들이 전향했다. 전향한 사람 대부분이 도쿄제국대학 법학부의 정치 동아리 '신진카이' 출신이었다. 또 전향한 신진카이 회원 대부분은 제1고등학교 출신이었다.

제1고등학교-도쿄제국대학 법학부(신진카이)-일본 공산당 핵심 간부로 이어지는 엘리트 공산주의자들의 집단 전향이 의미하는 바는 무엇일까? 사노 마나부는 일본 공산당에서 탈당하겠다는 의사표시도 없이 이전까지의 정치적 태도를 부정하는 성명을 발표했고, 신진카이 출신의 당원들은 그를 뒤따랐다. 쓰루미 순스케(鶴見俊輔)는 이러한 현상이 "가장 어려운 입학시험을 극복한 직후 인민의 지도자가 되는데 민주적이고 공평한 방법으로 뽑혔다고 느끼는 열여덟 살 소년의 심성 틀에 딱 들어맞았다. 이러한 방법으로 한번 지도자로 뽑힌 사람은 어떻게 정치상의 의견이 바뀌더라도 계속 지도자로 남아 있을 것이라는 신념을 가지고 있다. 그 추종자들 사이에서도 이런 암묵적 전제가 받아들여졌다."[14]라고 설명한다.

후지타 쇼조(藤田省三)는 이들을 "제도 통과형 수재"[15]라고 정의했다. 그들은 한순간도 국민적 지도자의 지위에서 멀어지는 것을 견디지 못했다. 그들은 비록 이념을 바꾸었지만 자신들이 국민을 지도한다는 내적 일관성에서는 벗어난 적이 없었다. 구제고등학교와 제국대학을 거친 엘리트들은 혁명을 추구하는 부류라 할지라도 자신들을 지도자라 여기는, 국가주의에 복무하는 엘리트와 비슷한 생각을 내면화하고 있었다. 1930년대 집단 전향은 엘리트 위주의 제국대학 교육이 만들어낸 정신 구조를 잘 보여주는 사례라 할 것이다.

제국대학과 노벨상 그리고 강좌제

제국대학의 학문 수준은 어떠했을까? 여러 논란에도 노벨상은 한 나라의 인문 및 과학의 수준을 가늠하는 유용한 척도다. 지금까지 일본의 노벨상 수상자는 24명이며, 일본 출신의 외국 국적자 세 명을 합치면 총 27명이다. 일본의 노벨상 수상자들은 자연과학 분야에 집중되어 있다. 기초과학 분야에서만 물리학상 아홉 명, 화학상 일곱 명, 생리학·의학상 다섯 명이다. 21세기 이후로만 놓고 보면 자연과학 분야 노벨상 수상자는 미국에 이어 세계 2위에 랭크되어 있다.

일본의 노벨상 수상자들이 대부분 제국대학 출신이거나 제국대학을 승계한 국립대학 출신들이라는 사실은 특히 강조될 필요가 있다. 제국대학과 그 후신 대학들의 노벨상 수상자는 도쿄(제국)대학 여덟 명(물리학상 셋, 화학상 하나, 생리학·의학상 하나, 문학상 둘, 평화상 하나), 교토(제국)대학 일곱 명(물리학상 셋, 화학상 둘, 생리학·의학상 둘), 나고야대학 세 명(물리학상 셋), 도호쿠대학 한 명(화학상 하나), 홋카이도대학 한 명(화학상 하나)이다. 인문사회 분야는 도쿄제국대학 국문학과 출신의 가와바타 야스나리(川端康成)와 도쿄대학 불문학과 출신의 오에 겐자부로(大江健三郎)가 노벨문학상을, 도쿄제국대학 법학부 출신의 사토 에이사쿠 총리가 노벨평화상을 수상했다.

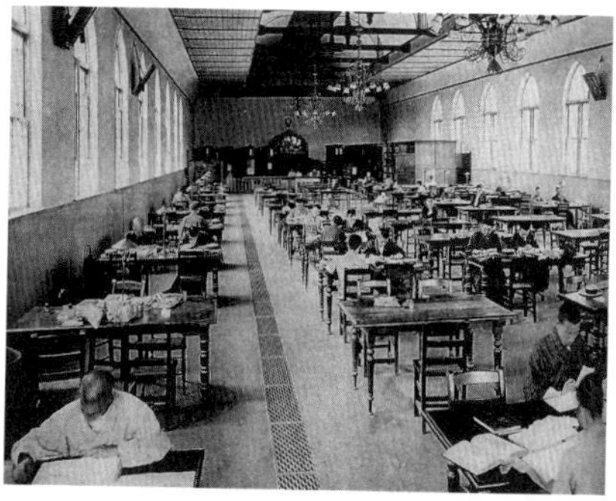
▲ 도쿄제국대학 도서관에서 공부하는 학생들

이러한 성과는 어떻게 가능했을까? 일본의 첫 번째 노벨상 수상자인 유카와 히데키(湯川秀樹)와, 그의 친구로 고등학교와 교토제국대학 물리학과에서 함께 공부하고 노벨물리학상을 탄 도모나가 신이치로(朝永振一郎)의 성장 경로는 이를 잘 설명해준다. 그들의 스승은 일본 현대 물리학의 아버지로 일컬어지는 니시나 요시오(仁科芳雄)다. 니시나 요시오는 도쿄제국대학 공학부 전기공학과를 졸업하고 전공을 물리학 영역으로 확장한 과학자로, 일본 군부의 위촉으로 핵폭탄 개발에도 참여한 바 있다. 니시나는 교토제국대학 물리학과에서 강의하면서 국책연구소인 이화학연구소에 니시나 연구실을 열어 실험과 후학 양성에 몰두했다. 유카와와 도모나가는 교토제국대학 물리학과에서 배우고 니시나 연구실에서 실험하며 과학자로 성장했다.

일본은 메이지 시기부터 근대화와 공업화를 위한 실용과학과 이론과학을 중시했다. 유카와 이래 여섯 명의 기초과학 노벨상을 배출한 교토제국대학은 애초부터 과학 인재의 육성을 목표로 한 이공학부 중심 대학으로 출발했다. 2차 세계대전을 일으킨 이후 일본은 군수 물자 생산에 필요한 이공계를 더욱 중시하여 이공계 대학생들은 재학 중 징병이 면제되었다. 나아가 학부를 졸업한 이공계 졸업생이 징병을 당하게 되자, '특별연구생' 제도를 만들어 제국대학 출신의 이공계 대학원생들의 징병을 면제했다.

전쟁 막바지까지 일본 정부가 이공계를 어느 정도로 중시했는가는 1945년도 제국대학의 학부별 입학자 수를 살펴봐도 알 수 있다. 전체 아홉 개 제국대학의 1945년도 입학생은 문학(480)·법학(1,062)·경제학(665)·법문학(525) 등 문과 계열이 2,732명이었고 이학(864)·공학(2,863)·농학(700)·의학(1,084) 등 이과 계열이 5,511명이었다.[16] 거의 1대 2의 비율로 이공계 위주의 대학 운영이 이루어졌다. 이러한 불균형은 고등학교 입학자의 경우 더 심했다. 1944년 일본 구제고등학교 입학자의 비율은 문과 1,133명 대 이과 7,255명으로 대략 1대 7의 불균형을 보였다.[17]

그러나 이공계를 중시하는 경향은 전시체제 때 갑자기 나타난 것이 아니다. 1897년에 설립된 교토제국대학은 이학 계열을 중심으로 출범했으며, 뒤이은 도호쿠와 규슈 제국대학도 이공계 학부를 중심으로 세워졌다. 규슈제국대학은 공대 중심에 의대를 병행한 두 개 단과대학 체제로 출발했다. 대부분 농업지대였던 도호쿠 지방의 센다이에 설립된 도호쿠제국대학의 중심 단과대학도 이과대학이었다. "기초적인 학문인 이과대학은 토지를 고려할 필요가 없다."라는 것이 그 설립의 논리였다.

일본이 기초과학 강국이 된 배경으로 제국대학의 강좌제 및 그와 연동된 적산교비제(積算校費制) 그리고 과학 연구 지원비 등의 역할을 빼놓을 수 없다. 일본 제국대학의 특권적 지위를 가능케 하고 자율적인 교수 공동체를 형성하는 데 결정적인 역할을 한 것이 강좌제다. 유럽 대학에 있던 특이한 제도인 강좌제는 전문적으로 분화한 학문 분야마다 명칭을 부여한 강좌를 두고, 교수 한 명만의 '의자(Chair)'를 준비하여 교육과 연구의 책임을 부여했다. 1893년 일본은 강좌제를 제국대학에 도입한다.

강좌제는 연구와 교육상의 가장 기본적인 조직 단위였다. 강좌는 학과와 학부에 우선했다. 강좌가 기초 단위로 존재하고 그것의 집합체로서 학과와 학부가 조직되었다. 문부성이 강좌제를 도입한 중요한 이유는 학문의 전문화에 있었다. 이 강좌제는 교육보다는 연구를 우선하는 제도였다. 배우는 학생이 없어도 필요한 세부 전공이라면 강좌가 존재했다. 강좌제는 교수들이 자기 학문 분야의 이름을 내건 독립 영역을 보장받는 계기가 되었다.

또한 강좌제는 교수가 연구에 전념할 수 있는 경제적 안정을 제공했다. 강좌제 도입 이전에는 제국대학 교수로 임용하기 위해 유학을 보냈던 인재들이 돌아와서 다른 직장을 선택하는 일이 드물지 않았다. 사람은 사명감만으로 살 수 없다. 당시 정부 직할의 여러 관청은 더 많은 봉급으로 유학한 인재들을 끌어들였다. 이에 문부성은 각 강좌에 교수 봉급에 준하는 '직무 봉급(강좌 봉급)'을 부과했다. 당시 1,000엔의 연봉을 받는 교수에게 강좌 봉급으로 1,000엔을 더 얹어주어 교수의 유출을 막은 것이다.

문부성은 제국대학에 예산을 배분하면서도 강좌제를 활용했다. 1926년부터 강좌를 실험 강좌, 비실험 강좌, 임상 강좌로 나누어 교원의 정수를 정하고, 그에 상응하여 예산을 배분하는 적산제를 시행했다. 다른 공립, 사립 대학에는 강좌제가 허용되지 않았다. 즉, 강좌제를 통해 제국대학에만 특권적 예산을 투여한 것이다. 1938년경에는 이와는 별도로 '과학 연구비' 제도가 마련되었다. 이것은 적산제에서 강좌에 지원되는 예산과는 별도로 지급되는 연구 지원비였다. 이공계의 실험 강좌들은 '과학 연구비'를 지원받으면서 기초과학을 발전시킬 수 있는 물적 토대를 확보하게 되었다.

패전 이후 미군정은 제국대학령을 폐지하고 국립종합대학안을 포고한다. 교명에서 '제국'을 떼어내고 지명을 대학명으로 하는 국립대학들이 탄생했다. 그렇지만 새로운 국립대학에서도 강좌제는 그대로 보전되었다. 제국대학 및 고등학교와 전문학교 등을 합쳐서 새롭게 탄생한 국립대학의 여러 단과대학 중에서, 제국대학을 기원으로 하는 단과대학에만 강좌제가 허용되었다. 이러한 제도는 지금까지 이어지고 있다.

제국대학의 실험 강좌들에서 과학자로 육성된 것은 일본인만은 아니었다. 북한 핵 개발의 아버지와 비날론의 개발자, 남한의 카이스트 설계자와 공업 개척자 등 남북한 이공계의 선구자들이 바로 제국대학의 실험 강좌에서 성장했다. 또한 일본 제국대학의 강좌들은 인문사회과학의 학술계 및 현실 정치와 실물경제 분야에서도 굵직한 족적을 남긴 인물들을 배출했다.

2장

조선인 교토제국대학생, 제국의 사업가가 되다

오사카 공단에 매혹된 식민지 소년

대한제국이 망하고 한 해 뒤인 1911년 1월 5일, 열다섯 살의 한 소년이 부산에서 관부연락선에 올라탔다. "자기 땅만 밟고서도 전라도 전역을 다닐 수 있다."[18]는 대지주 집안 출신인 소년은 도쿄 와세다대학에서 공부하고 있던 친형의 뒤를 좇아 일본 유학의 길을 떠났다. 현해탄의 겨울바람은 매서웠지만 밤바다의 파도 소리를 들으며 소년은 부푼 꿈으로 설레었을 것이다.

열다섯 시간의 항해를 끝내고 시모노세키(下關)에서 하선한 소년은 다시 도카이도선(東海道線) 기차를 타고 서른두 시간을 더 달려서야 도쿄에 도착했다. 소년은 훗날 기차에서 바라본 일본의 첫인상을 "여기저기에 숱하게 솟아 구름 같은 연기를 뿜어 올리는 높다란 굴뚝"[19]이 즐비한 오사카 공단 풍경으로 기억한다. 전라도의 단조로운 들판 풍경에 익숙했던 소년에게 연기를 뿜어 올리는 오사카 공단의 굴뚝들은 '자본주의 문명'의 원체험으로 각인되었다.

소년은 이후 도쿄의 아자부(麻布)중학교와 교토의 제3고등학교를 거쳐 1921년 조선인 최초로 교토제국대학 경제학부를 졸업한다.[20] 일본 유학 11년 만에 조선으로 돌아온 그는 형이 주도해서 만든 경성방직의 2대 사장이 되어, 영등포 일대는 물론이고 국경 너머 만주에서도 방직공장을 늘려나갔다. 이윽고 소년은 자신이 매혹되었던 제국의 공단 오사카와 대륙의 중심 베이징 그리고 중국의 내륙 깊숙한 지역에도 사무소를 둔 제국의 사업가로 발돋움한다. 소년은 바로 경성방직 사장 김연수다.

친형인 고려대 설립자 김성수의 그늘에 가려졌지만, 김연수는 식민지 시기 명실공히 조선을 대표하는 기업가였다. 그는 경성방직, 남만방적, 삼양사 등으로 사업체를 늘려가며 한국 최초의 거대 기업 집단, 곧 '재벌'을 일구었다. 이제는 익숙한 '재벌'이라는 용어는 1932년 급성장하는 고창 김씨가의 사업체에 기자들이 붙인 이름이다.[21] 김연수의 '경방'은 삼성과 현대, SK, 한화 등의 창업자들이 자기 사업을 막 일구기 시작할 때 선망의 대상이었던 한국형 재벌의 기원이었다.

경성방직을 식민지 제일의 기업으로 일군 성공한 사업가 김연수는 '조선인 본위'의 근대적인 공업을 육성하는 것이 조선이 살 길이라고 생각했다. 김연수의 이러한 신념은 유학을 통한 근대 체험에서 우러난 것이었으며, 식민지의 민족 부르주아들이 가지고 있던 생각이기도 했다. 하지만 식민지 체제 속에서 이윤을 추구하는 기업 경성방직이 총독정치 및 일본 자본과 전혀 무관할 수는 없었다. 카터 J. 에커트(Carter J. Eckert)가 지적한 것처럼, 민족 기업을 표방한 '경성방직'에는 창립 당시부터 일본인 주주들이 참여하고 있었다.[22]

조선총독부는 식민지를 쥐어짰지만, 일본 자본주의의 폭발적인 팽창에 따른 수요 때문에 일제에 협조적인 식민지 자본가들에게 여러 특혜를 주었다. 이러한 정책은 식민지를 계급적으로 분할통치하는 데에도 효과적이었다. 경성방직의 성공은 일본 자본주의의 급격한 팽창과 총독부의 식민지 분할통치라는 외부 요건에 힘입은 바 크다. 민족을 내세우는 주술 속에서 우리가 가끔 잊곤 하지만, 식민지 체제에서 민족 모두가 같은 강도로 억압받은 것은 아니었다.

민족 기업가인가, 제국의 부역자인가

그렇지만 공업을 육성해서 조선을 근대화시키겠다는 소년 김연수의 첫 다짐을 의심하진 말자. 당시 유학생 집단의 정서와 김연수의 초심을 짐작할 수 있는 장면이 하나 있다. 사진은 1916년 무렵 도쿄의 조선인 유학생 모임 후에 찍은 것이다. 깃발을 펼쳐 들고 가운데 서 있는 소년이 아자부중학생 김연수다. 이 깃발 한가운데에는 오늘날과는 달리 세로로 물결치는 태극 문양이 자리하고 있다. 그리고 그 태극 문양 아래 'PANTO'라는 글자가 적혀 있다. 팔괘 대신에 한반도를 뜻하는 '반도'를 음차한 영어를 태극 문양 아래 배치했다. 유학생들은 태극이라는 과거 대한제국의 상징과 '반도'라는 영토의 음차를 결합시켜 국가 없는 민족 공동체의 기호로 삼았다.

▲ 도쿄의 유학생 모임(1916년 무렵)

근대화와 민족주의는 소년 김연수의 세계 인식을 형성하는 두 축이었다. 김연수의 큰아버지인 김기중과 아버지 김경중은 구한말 고창 지역의 유력 지주였다. 조선왕조의 대유학자 김인후의 후손이었던 그들은 격변의 구한말을 거치며 메이지 일본을 조선의 발전 모델로 간주한 개화파의 목표에 공감했다. 이들은 1894년 일본의 지지로 권력을 잡게 된 갑오개혁 정권에 적극적으로 참여했다. 이후 그들은 애국계몽운동과 보조를 맞추며, 그 자식들을 당시로선 민족주의적이고 진보적인 사설 학교에서 교육한 후, 일본에 유학시켰다.[23]

이러한 가계와 교육을 통해 성장한 김성수·김연수 형제는 전시체제가 심화되는 1930년대 말엽까지는 자신들이 민족주의자임을 자신 있게 주장해왔다. 이 형제의 사업들은 민족주의와 근대화의 논리 속에서 설립되고 성장했다. 김성수는 중앙학교와 보성전문학교를 인수해서 발전시키고 경성방직과 동아일보사 등을 설립하는 등 교육·경제·언론 분야에서 민족의 장래를 위한 중추

▲ 경성방직의 광목 '태극성' 광고

기관을 육성하고자 했다. 김연수 역시 민족을 위한 공업의 육성이라는 소명 의식을 지니고 있었다. 사업 측면에서는 형보다 뛰어난 재능을 가졌던 것으로 보이는 김연수는 식민지 정치의 영역에서 활약하는 형을 대신하여 경성방직을 전담하게 된다.

유학생 시절 'PANTO(반도)'기를 들었던 '태극 소년' 김연수는 경성방직을 경영하면서는 민족주의의 도상을 자기 사업의 상징으로 적극 활용했다. 광고 그림 속 여인이 잡고 있는 것은 경성방직에서 만든 광목 '태극성'이다. "우리가 만든 것 우리가 쓰자"라는 광고 문구와 함께 태극 문양이 들어간 '태극성'은 민족을 대표하는 상품으로 호명된다.

그렇지만 설립 초창기의 경성방직은 서구의 방직업을 일찌감치 따라잡은 일본의 값싸고 질 좋은 옷감과 정면으로 경쟁하기 어려운 후발 업체였다. 경성방직의 옷감은 일본 본토의 생산품에 비해 질이 나빴고 가격도 비쌌다. 이때 경성방직을 도운 것이 '물산장려운동'이다. "내 살림은 내 것으로"라는 표어를 내건 물산장려운동은 품질이 조금 떨어지더라도 조선 기업이 생산한 토산품을 쓰자고 호소했다. 이런 민족주의적 호소에 크게 힘입어 경성방직은 일본 자본으로 설립된 조선방직과의 경쟁을 견뎌낼 수 있었다.

해방 이후 김연수는 그의 생애에 짙은 얼룩으로 남아 있는 전시체제기의 각종 직함과 헌금, 학병 권유 등의 활동 때문에 '반민족행위특별조사위원회(반민특위)'에 구속된다. 김연수는 무죄로 방면되는데 이때 재판부의 논리가 흥미롭다. 재판부는 김연수가 "결코 민족정신을 버리지 아니한 증좌"로 첫째, 경제인으로서 '민족자본' 경성방직을 운영하고 일본 자본과 타협하지 않았다는 점. 둘째, 많은 인재에게 장학금을 주어 민족의 동량으로 키웠다는 점. 셋째, "경방 자본의 표시인 각 주권이 무궁화의 회란에 태극기를 모사(증좌 1, 2호)하여서 간절히 민족혼을 상징한 점과 경방의 생산 광목 선전 포스터에 역시 태극기를 상표(증좌 3호)로 한 사실 등"[24]을 거론하고 있다.

재판부가 내세운 무죄판결의 근거들은 민족과 제국 사이에 걸쳐 있던 김연수의 삶과 경성방직이라는 기업이 지닌 애매함과 복잡함을 잘 보여준다. 우선 최근까지도 한국 경제사 연구에서는 김연수의 경성방직이 일본의 협력과 비호 속에서 조선과 만주, 중국 본토까지 사업을 확장한 친일적 자본인가, 아니면 정상적인 기업 활동을 통해 성장한 민족 기업의 성공 사례인가를 두고 논쟁하고 있다.[25] 적어도 김연수 자신은 전시체제기의 사업 확장을 민족적 활동으로 이해하고 있었던 듯하다.

1942년 식민 당국의 도움으로 만주에 거대한 공장을 세우는데 성공한 김연수는 자신의 후원자인 세키야 데이자부로(關屋貞

三郎)에게 편지를 보내면서 "조선을 위해" 계속 일하겠다는 결심을 밝힌다.[26] 그가 말한 '조선'이 대륙 진출의 교두보인 제국의 지방으로서의 '조선'인지, 소년 김연수가 들고 있던 'PANTO(반도)' 깃발로 표상되는 민족 공동체인지는 여전히 애매하다. 아니, 김연수에게 이 둘은 같은 것이었을지도 모른다.

다음으로, 많은 인재에게 장학금을 주어 민족의 동량으로 키웠다는 것도 양면의 진실을 품고 있다. 김연수는 유학 시절부터 제국대학의 조선인 고학생들에게 학비를 제공했으며, 1939년에는 장학재단 양영회(養英會)를 설립하여 많은 조선인 학생들과 교토제국대학에서 교수로 재직하고 있던 자신의 대학 동문인 이태규와 리승기, 박철재 등의 과학 연구를 지원했다.[27]

하지만 한편으로는 조선 청년의 군 복무를 위한 준비 작업으로 설치된 총독부 청년훈련소에 기부한 1만 엔의 의연금을 비롯한 많은 액수의 돈을 전시체제 기간에 헌납했다. 1943년 11월에는 제국대학 출신 명사들을 중심으로 구성된 '선배격려대'의 일원으로 도쿄로 건너가 유학생들에게 학병 출진을 권유하는가 하면,[28] 1944년 1월 19일 자 《경성일보》에 〈조선 학병이여, 빛나는 내일로〉를 기고하여 학병 징집을 독려했다.

마지막으로, 재판관들은 태극 상표에서 김연수의 숨겨진 민족애를 읽고 있다. 그렇지만 태극성의 태극 문양과 금고에 보관하는 주식증권에 무궁화 도안을 사용한 것이 과연 일본 제국주의에 위협이 될 수 있었는가는 의문이다. 무엇보다 이 도상들이 경성방직에 더 많은 이윤을 가져다준 탁월한 '국뽕' 마케팅이었다는 사실은 눈감는다. 실제로 조선인 기업이 생산하는 물건을 쓰자는 물산장려운동은 토산품 가격의 급등을 가져왔고, 조선인 기업과 상인은 큰 이익을 남겼으나 서민들은 이에 반비례해 손해를 보았다. 1930년대에 열악한 노동조건 개선과 급여 인상을 외쳤던 '경방' 영등포 공장의 '여직공'들에게도 경성방직이 '민족 기업'이었을까?

제국대학이라는 사회자본

그렇다면 한국 근대 자본주의의 1세대 기업가인 김연수의 삶에서 제국대학이란 무엇이었나? 김연수의 사업적 성공은 여러 가지 측면에서 설명할 수 있을 것이다. '묻지도 따지지도 않고' 식산은행 대출을 받을 수 있게 해준 지주 아버지의 토지 담보, 경성방직 사업을 민족경제 활동으로 선전해준 집안의 신문 《동아일보》의 지원 등, '다이아몬드 수저' 계급 출신만이 누릴 수 있는 눈부신 후광이 그의 사업을 비추고 있었다. 그렇지만 변화하는 시세를 읽고 기민하게 사업을 확장한 김연수의 경영 감각과 고비마다 그를 돕는 인맥을 간과하고 경성방직의 성공을 논할 수는 없다.

교토제국대학 경제학부에서의 학업은 김연수에게 근대적 경제에 대한 이해와 근대화의 이념을 제공했다. 그는 10년에 걸친 일본 유학으로 일본화된 근대화 이념을 체득할 수 있었다. 또 김연수는 일본 자본주의의 발전을 직접 목격하고 지주가인 자기 집안과 조선의 미래가 공업화에 있다고 확신했다. 영민한 그는 자기 집안의 이익과 민족의 이익을 합치시켰으며, 결과적으로는 제국의 이익과도 조화시킨 셈이다.

김연수가 제국대학 졸업으로 얻은 것이 근대화 이념만은 아니었다. 10대를 일본에서 보낸 김연수를 비롯한 제국대학 학생들은 일본어와 일본 문화를 자연스럽게 내면화했다. 이러한 훈련을 통해 그들은 훗날 식민지 재계와 정계를 지배하는 일본인들과 쉽게 교제할 수 있었다. 특히 김연수는 제국대학을 졸업하며 박흥식 등 다른 식민지 사업가들은 가지지 못한 크나큰 무기 하나를 추가하게 된다.[29] 바로 제국 일본의 지배자들과 동문 관계라는 사회자본을 손에 넣게 된 것이다.

"국적은 바꿀 수 있어도 학적은 바꿀 수 없다."는 말이 있다. 바깥과 차단된 구제고등학교의 '기숙사료(寮)'에서 집단생활을 통해 우정을 쌓고, 그중에서도 선발된 엘리트라는 의식을 공유한 제국대학 출신자들은 강한 유대감을 가지고 있었다. 예나 지금이나 사업가들은 법적 인허가권을 가지고 있는 정치인이나 관료와 특수 관계에 있다. 인허가권을 가지고 있는 총독부의 고위 사무관(료)들은 대부분 제국대학 출신들이었다.

김연수의 사업에서 '제국대학 네트워크'와 동문 의식은 큰 자산으로 작용했다. 식민지 내내 후원자였던 총독부 학무국장 출신의 실력자 세키야 데이자부로는 도쿄제국대학 법학부를 졸업한 인물이었다. 사업과 관련해서도 김연수는 빈번히 제국대학 출신의 일본인·조선인 고위 관료와 식사하고 술을 마셨다. 김연수의 전기에는 1939년 7월 희락(喜樂)이라는 요리점에서 총독부 관방과의 마쓰자와 다쓰오(松澤龍雄) 외사부장과 두어 차례 함께한 저녁식사 자리에 대한 묘사가 담겨 있다.[30]

전기 집필자는 이 회식이 김연수에게 억지로 만주국 명예 총영사직을 떠맡기기 위해 마련된 자리였으며, 김연수가 할 수 없이 직을 맡긴 했지만 실제 활동은 하지 않았다는 점을 강조하고 있다. 이어서 중추원 칙임참의 자리나 조선임전보국단 상무이사, 국민총력조선연맹 후생부장 자리도 강압 때문에 어쩔 수 없이 맡았다고 서술하고 있다. 이것은 김연수 자신과 그의 옹호자들이 식민지 말기 행적을 변호해온 일관된 논리였다.

하지만 숨겨진 행간을 읽어보면, 이 회식은 김연수가 만주에서 벌이는 방직 사업을 논의하는 자리였으며, 여기서 두 사람은 당시 펑톈(奉天, 선양瀋阳의 옛 명칭) 근처에 건설하고 있던 경성방직의 새 공장을 총독부가 지원한다는 데 합의하고 있었다.[31] 이 회식을 통해 김연수는 경성방직의 만주 진출을 이루었으며 그 대가로 총독부의 요구인 만주국 명예 총영사직을 맡는 거래를 한 셈이다.

김연수는 자기 사업에 필요한 인맥들을 적극적으로 관리했다. 도쿄제국대학 출신의 총독부 관료 임문환의 회고에 따르면, 김연수는 제국대학 출신의 총독부 조선인 사무관들에게 정기적인 연회를 베풀며 친교를 맺었다.[32] 또한 일본이 패전한 직후 만주에서 돌아올 때 혼란의 와중에 남만방적의 물품 일부나마 건질 수 있

었던 것도, 교토제국대학 후배인 펑텐의 일본인 철도국장이 화차 열 량을 배정해주었기 때문이다.[33]

김연수가 획득한 제국대학이라는 사회자본에서 조선인, 일본인이라는 구분은 사실 그리 중요하지 않았다. 또한 이러한 연대의식이 식민지 시기에만 국한된 것도 아니다. 해방 이후 김연수는 삼양사의 사업 영역을 폴리에스테르 섬유 사업으로 확장한다. 결정적인 순간에 그에게 조언을 해준 사람은 미쓰비시카세이(三菱化成)의 부사장이었던 하세가와 류타로(長谷川隆太郎)였다. 그는 경성제국대학 졸업생이었다. 해방 이후에도 그들은 제국대학 출신이라는 공통분모를 매개로 유무형의 도움을 주고받았다.

김연수가 하세가와 등을 매개로 맺은 미쓰비시와의 관계는 대를 이어 계속된다. 2012년 김연수의 손자 김윤 삼양홀딩스 대표는 일본 미쓰비시상사와 합자로 약 2,000억 원을 투자해 전라북도 군산에 비스페놀-A(BPA) 생산 공장을 설립한다. 예전만큼은 아니겠지만, 해방 이후에도 제국대학의 네트워크는 여전히 이어졌다.

'경방 장학생'과 계급 재생산

제국대학이라는 자산이 김연수의 사업에 어떠한 도움이 되었는가는 그의 조선인 후배들을 통해서도 확인할 수 있다. 김연수가 교토에서 유학하던 시절, 도시샤중학교에서 유학하던 개성 부호의 아들 공진항은 "자기는 헐벗으면서도 한국인 유학생 두 명에게 학비를 조달"[34]하던 김연수를 기억한다. 경성방직에서 근무하며 김씨 형제와 친교가 있었던 국어학자 이희승도 방학 때마다 학자금을 마련해서 서춘, 이순탁, 이희준 등 가난한 조선인 교토제국대학 학생들을 지원한 김연수를 회고한다.

이들의 회고는 자산가의 아들이면서도 검소하고 동포 고학생들을 도울 줄 아는 김연수의 인간애를 부각하고 있다. 그런데 이러한 기억을 따뜻한 우정으로만 이해하고 넘기기에는 무언가 불편함이 남는다. 결과적으로 도움을 받은 고학생들은 먼 훗날 김연수와 그의 사업에 이득을 가져다주었기 때문이다. 도움을 받은 이들은 식민지로 돌아온 이후 김연수와 직간접적인 관계를 맺는다. 우선 교토제국대학 토목공학과 출신인 이희준은 총독부 토목기사를 그만두고 삼양사의 이사로 있으면서 김연수의 간척 사업을 총괄했다.

김연수의 경제학부 후배들의 경우를 보자. 2·8 독립선언 사건의 주역인 서춘은 금고 8개월을 선고받고, 출옥한 후 도요(東洋)대학 철학과를 거쳐 교토제국대학 경제학부에 진학한다. 그는 1926년 졸업 후 조선으로 돌아와 동아일보사에 입사한다. 동아일보사에서 경제부장을 역임하며 경제 시평과 해설 등 각종 경제 관련 기사를 작성했고, 경제 강연의 연사로도 활발히 활동했다. 그의 경제 기사와 강연 중에는 경성방직 등 민족 기업의 토산품을 쓰자는 민족주의적 호소가 포함되어 있었다. 1934년 5월 서춘은 "내 살림은 내 것으로"라는 슬로건을 내걸고 활동한 조선물산장려회의 선전부 이사를 맡았다.

이후 전시체제기에 들어선 1940년대 전후부터 1944년에 죽을 때까지 서춘은 매일신보사 주필, 국민총력조선연맹의 간부 등으로 활약한다. 김연수와 경방이 민족 기업에서 제국의 기업으로 성장해가는 궤적에 상응하여, 서춘은 2·8 독립선언의 주역과 조선물산장려회라는 민족운동을 거쳐 '내선일체'의 첨병으로 변신한다.

또 다른 경제학부 후배 이순탁은 졸업 이후 연희전문학교 상과 교수가 되었다. 이순탁은 1914년 도쿄로 유학을 떠나 고학으로 도쿄 세이조(成城)중학교, 고베(神戸)고등상업학교를 거쳐 1919년 교토제국대학 경제학부에 입학해 1922년 3월에 졸업했다. 이순탁은 일본의 저명한 마르크스주의자이자 교토제국대학 경제학부 교수인 가와카미 하지메(河上肇)의 '경제학개론'과 '경제사상사'를 수강하고 그에게 급격히 경도되었다. 당시 가와카미가 소개한 마르크스주의는 주로 에드윈 셀리그먼(Edwin Robert Seligman)의 《역사의 경제적 해석(Economic Interpretation of History)》(1902)에 기초한 것이었다.

이후 가와카미가 마르크스 원전을 탐독하면서 진짜 마르크스주의자가 되었다면, 이순탁은 온정주의적인 가와카미의 초기적 경향을 계속 유지했다. 연희전문학교 교수 시절 신문 기고 등을 통해 이순탁은 계급 혁명보다 계급 간 타협과 협조를 강조하며 민족경제를 육성하는 것만이 국권을 회복할 수 있는 길이라고 설파했다.[35] 이러한 신념 속에서 그 역시 조선물산장려회 위원으로 활동했다. 《삼천리》의 연희전문학교 교수 인물평에서는 교토제국대학 재학 시절 유학생 사이에 '조선의 가와카미 하지메'란 별명을 들을 정도로 마르크시즘에 정진했던 이순탁이 미션스쿨인 연희전문학교 상과 과장을 맡으면서 "변절을 감행"하여 "유심론적 변증론자 이집사(執事)"[36]가 되었다고 조롱하고 있다.

서춘과 이순탁이 조선물산장려회 활동을 하며 '민족 기업(자본)'을 강조한 까닭은 식민지 조선 경제가 일본에 완전히 예속되지 않고 최소한의 자립을 이루는 것이 민족의 장래에 도움이 된다는 믿음 때문이었다. 이들의 진심과는 무관하게 그 활동의 결과는 선배인 김연수의 이익으로 돌아갔다. 제국대학 경제학사 출신이라는 이들의 전문성과 민족주의적 논조 속에서 경성방직은 성장했지만, 그 이득은 민족의 상층 엘리트인 주주들과 김연수 일가에게 집중되었다.

마르크스경제학을 신봉하던 이순탁이 민족 기업 경성방직의 이윤이 동족인 노동자들에게 돌아가야 한다고 주장하거나, 열악한 노동조건의 개선을 요구한 흔적은 찾기 어렵다. 이순탁과 서춘은 자본가의 후원으로 공부한 지식인이 다시 그 자본가의 이익을 위해 복무하는 사례를 잘 보여준다. 어쩌면 '양영회' 등을 통해 김연수의 후원을 받은 조선의 수재들은 요즘의 '삼성 장학생'과 흡사한 식민지 사회의 '경방 장학생'은 아니었을까?

사람에게 투자하는 것은 형 김성수 역시 마찬가지였다. 김성수에게 와세다대학 유학비를 후원받은 이광수와 여러 조선 지식인들은 문화적 민족주의 운동에서 김성수의 업적과 애족심을 칭

송하는 글을 기고하여 후원에 보답했다.[37] 민족의 이익과 자기 가문의 사업을 합치시키고, 그러한 논리를 뒷받침해줄 수 있는 민족 엘리트들과 적극적으로 경제적·정신적 유대를 맺은 것이 이 형제의 성공 비결 중 하나였다. 전시체제기에 들어서면서 이들은 민족의 이익과 일본 제국의 이익이 다르지 않다는 입장에 서게 된다. 민족의 이익은 몰라도, 적어도 이들 가문의 이익과 제국의 이익은 배치되지 않았다.

일본 제국이 망하고 한국이 독립한 후에도 이 가문의 자산은 줄지 않았다. 조선왕조로부터 현재까지 이 가문은 통치 권력과 화목한 관계를 유지하고 있다. 민족 기업, 민족 언론, 민족 교육을 표방한 가문의 사업은 번창했고, 후손들은 여전히 번성하고 있다. 이 가문의 성공한 수많은 후손 중에서 김연수의 둘째 아들 김상협은 특별히 언급해야 할 인물이다. 야마구치고등학교를 거쳐 1942년 도쿄제국대학 법학부 정치학과를 졸업한 김상협은 해방 이후 가업 중 하나인 고려대 총장과 문교부 장관을 거쳐 전두환 군사정권에서 국무총리를 역임했다. 구한말의 지주는 식민지 산업자본가를 낳았고, 그 산업자본가는 군사정권의 국무총리를 낳았다. 김연수-김상협 부자에게서 확인할 수 있듯이, 제국대학은 한국 사회의 지배 엘리트를 재생산하는 제도로도 기능했던 것이다.

3장

누가 제국대학으로 유학을 갔는가?

일본 '내지' 제국대학을 선호한 까닭

1924년 식민지 조선에도 '경성제국대학'이 설립되었다. 1930년대부터 이 대학 졸업생들은 식민지 사회에서 두각을 나타내기 시작했다. 그렇지만 일본 본토의 제국대학에 진학하려는 유학생은 경성제국대학이 설립되기 전보다 점점 더 늘어만 갔다. 왜 그랬을까?

1946년 도쿄제국대학 문학부 철학과에서 서양철학을 전공하고 스웨덴 스톡홀름대학의 언어학 교수로 활동한 조승복은 자기 세대가 도쿄제국대학 등 본토의 제국대학을 선망했던 이유를 다음과 같이 밝히고 있다. 조승복이 꼽은 첫 번째 이유는 일본 본토의 제국대학이 교육과 설비에서 수준이 높았다는 점이다. 그에 따르면, 식민지 제국대학에 비해서는 일본의 지방 제국대학들이, 또 일본 지방 제국대학에 비해서는 도쿄제국대학의 설비와 교육의 질적 수준이 월등히 높았다. 교수진도 지방 제국대학에서 도쿄로는 오려 했지만 그 반대 방향으로는 가려 하지 않았다.

경성제국대학 동문들은 이러한 조승복의 지적이 귀에 거슬릴 수도 있겠다. 그렇지만 경성제국대학이 일본 본토의 제국대학과 차이 나는 것은 엄연한 사실이었다. 우선 조선에는 고등학교 제도가 없었다. 경성제국대학에서는 예과 2년 과정을 통해 고등학교 학력을 대체했다. 또한 대학도 법문학부와 의학부의 두 개 학부로 출발한 후 전쟁의 수요 때문에 1941년이 되어서야 이공학부를 겨우 추가하여 총 세 개 단과대학의 소규모 종합대학으로 해방을 맞이했다.

정치학, 경제학 등에 뜻을 둔 학생들은 경성제국대학을 통해서는 그 학문적 욕구를 온전히 해소하기 어려웠다. 정치학 및 정치학사 강좌, 경제학 강좌 등이 부분적으로 개설되어 있었지만, 독립적인 경제학부와 정치학부는 없었다. 연희전문학교, 보성전문학교에 상과가 있었지만 본토 제국대학의 경제학부와는 많은 차이를 보이는 실용 위주의 제도였다. 이러한 이유로 규슈제국대학 경제학부 출신의 원로 경제학자 최호진은 해방 이후 많은 학생들이 새로 만들어진 '정치과, 경제과'로 몰린 이유를 "굶주렸던 학문"[38]이라는 말로 설명했다.

조승복이 꼽은 두 번째 이유는 관료주의 사회인 일본에서 일본인과 경쟁할 수 있는 지반을 얻기 위해서였다. 그는 식민지 청년들이 일본에서 최고 엘리트를 육성하는 (도쿄)제국대학을 졸업함으로써 차별을 일거에 극복하고자 하는 열망을 공통적으로 품고 있었다고 말한다. 물 건너 유학을 다녀온 본토 제국대학 출신(관료)들은 식민지의 경성제국대학 출신보다 사회적으로 더 대접받았다.[39]

도쿄제국대학 법학부에 재학하던 중에 학병으로 끌려간 신상초도 회고록《탈출》에서 이와 관련한 씁쓸한 에피소드를 소개하고 있다. 고등학교에 입학하려고 현해탄을 건너는 도항증을 요청하러 경찰서에 갔을 때, 일본인 경찰관들은 불손하다는 이유로 소년 신상초를 욕하며 때렸다. 몇 년 후 신상초가 도쿄제국대학 법학부에 입학하고 귀향하자 이번에는 그 경찰관들이 "환심을 사느라고 오히려 아첨"[40]하기에 바빴다. 도쿄제국대학 법학부 학생은 틀림없이 한자리할 듯하고, 어쩌면 자기들의 상관이 될 수도 있었기 때문이다.

식민지 본국과 식민지의 억압 강도의 차이도 일본 유학을 촉진한 한 요인이었다. 도쿄제국대학 문학부 동양사학과를 졸업하고 해방 이후 성균관대 총장을 역임한 조좌호의 이력은 정치적으로 조숙한 많은 식민지 청년들이 왜 일본으로 향했는가를 설명해준다. 공식적인 프로필을 살펴보면 다음과 같은 내용이 나온다.

"1933년 대구사범학교 재학 시절에 항일 민족운동 서클에 가담해 활동하다가 일본 경찰에게 붙잡혀 그해 12월 강제 퇴학당했다. 이듬해 9월 석방되는 즉시 상경해 배재고보에 편입, 1936년에 졸업했다. 그러나 항일운동 서클사건으로 국내에서의 대학 진학이 어렵게 되자 일본 유학을 떠났다."[41]

이외에도 학생운동에 가담한 후 제적되어 일본행을 선택한 여러 사례가 확인된다. 도쿄제국대학 독문학과를 졸업한 작가 김사량은 평양고등보통학교에서의 동맹휴업이 문제가 되어 더 이상 조선에서 학업을 이어가기 어려워지자 친형인 김시명이 다니던 사가(佐賀)고등학교로 진학했다. 동래고등보통학교에서 동맹휴업을 주도하다 상급 학교에 가기 어려워진 박영출 역시 일본으로 건너가 야마구치고등학교를 거쳐 교토제국대학 농학부에 진학했다. 제국의 중심부는 식민지에 비해 유연한 공간이었다.

제국대학 조선인 유학생의 규모

최초의 제국대학 졸업생은 대한제국의 관비 유학생으로 도쿄로 건너가 제1고등학교를 거쳐 1906년에 도쿄제국대학 공학부 조선(造船)학과를 졸업한 상호(尙灝)다. 귀국한 그는 대한제국 관료로 일하다가 한일병합 이후에는 총독부의 군수와 도참여관, 중추원의 칙임관 등을 지냈다. 제국대학 최초 졸업생의 총독부 관료 이력은 이후 그의 후배들이 걸어갈 길을 예비하는 듯하다. 그렇다면 상호 이후 1945년 해방 때까지 일본 본토의 제국대학을 졸업한 조선인들은 얼마나 있었을까?

〈표 1〉에서 도쿄·교토·규슈·홋카이도 제국대학의 졸업생 수는 1945년까지 정식으로 졸업한 사람만을 헤아린 것이다. 도호쿠·오사카·나고야 제국대학의 조선인 유학생 수는 아직 조사가 부족하여 개교 때부터 1943년까지 입학한 유학생 수를 합산한

〈표 1〉 일본 제국대학 졸업생 및 유학생 통계

대학 이름	설립 연도	졸업생·입학생 수(명)
도쿄제국대학	1886	163
교토제국대학	1897	236
도호쿠제국대학	1907	106
규슈제국대학	1911	162
홋카이도제국대학	1918	62
오사카제국대학	1931	34
나고야제국대학	1939	21
총계		784

것이다.[42] 유학생 수를 이해할 때 감안해야 하는 것은, 이들 제국대학의 설립 연도와 입학 정원이 각각 달랐다는 사실이다. 일례로, 1909년 교토제국대학 입학자의 총수는 217명으로, 도쿄제국대학 1,029명의 5분의 1에 불과했다. 따라서 도쿄제국대학과 규슈제국대학 조선인 졸업생은 거의 같은 수이지만, 설립 연도와 입학 정원의 비율을 감안하면 도쿄제국대학 쪽의 입학과 졸업이 훨씬 어려웠다.

이러한 상황을 고려하고 보면, 교토제국대학 조선인 유학생의 비율이 다른 제국대학에 비해 월등히 높고, 규슈제국대학 역시 상대적으로 많은 유학생이 몰렸다는 것을 알 수 있다. 우선 이 두 대학이 도쿄나 도호쿠, 홋카이도에 비해 한반도와 가까웠다는 점을 그 중요한 이유로 떠올릴 수 있겠지만, 그 이상의 복합적인 원인은 앞으로 해명이 필요하다.

그렇다면 조선인 유학생들은 어떤 학문에 관심을 두었을까?

〈표 2〉 도쿄제국대학 조선인 졸업생 통계

학부	학과	졸업생 수(명)	소계(명)
법학부	법률학(영국법선수)	2	60
	법률학(독일법선수)	3	
	법률학(신규정)	25	
	정치학	29	
	경제학*	1	
의학부	의학	4	6
	약학	2	
공학부	토목공학	1	15
	기계공학	3	
	조선학	1	
	전기공학	4	
	응용화학	3	
	화약학	1	
	광산야금학	1	
	석유공학	1	
문학부	철학	3	35
	인도철학범문학	1	
	윤리학	1	
	미학미술사학	1	
	교육학	1	
	사회학	4	
	국사학	1	
	동양사학	4	
	서양사학	1	
	국문학	1	
	영문학	8	
	독문학	6	
	불문학	2	
	언어학	1	

이학부	수학	3	7
	천문학	1	
	물리학	1	
	화학	1	
	지질학	1	
농학부	농학	5	20
	농예화학	1	
	임학	3	
	수산학	1	
	농업경제학	5	
	농업토목학	4	
	수의학	1	
경제학부	경제학	14	20
	상업학	6	
총계			163

*도쿄제국대학 초창기에는 법학부 내에 경제학 전공이 편재되어 있었다. 1917년에 유만겸이 이 전공을 졸업한 유일한 조선인이다.

(비고: 〈도쿄대학졸업생씨명록〉(1950)에 근거하여 작성한 것임.)

이 두 표는 도쿄제국대학과 교토제국대학의 학부 및 학과별 졸업생 수다. 학부와 학과의 표 순서는 각 대학의 일람(一覽)과 공식 졸업생 명부에서 수록한 순서 그대로다. 〈표 2〉와 〈표 3〉을 통해 알 수 있는 것은 도쿄와 교토 두 대학 모두 법학부 졸업생의 비중이 크다는 사실이다. 교토제국대학의 경우에는 법학부 졸업생이 전체 조선인 졸업생의 절반 가까이 차지한다. 두 대학 모두 법학부와 경제학부, 문학부 등 이른바 문과 계열 유학생이 대부분이었으며, 이공계 조선인 유학생은 극소수였다.

이러한 현상은 전체 일본 유학생의 경향성과 흐름을 같이하는

〈표 3〉 교토제국대학 조선인 졸업생 통계

학부	학과		졸업생 수(명)	소계(명)
법학부	법률학		5	(102+1)[43]
	정치경제학		1	
	법학부(신규정)*		97	
의학부	의학		13	13
공학부	제조화학		1	22
	공업화학		8	
	토목공학		4	
	채광야금		3	
	전기		1	
	기계공학		1	
	연료화학		1	
	섬유화학		3	
문학부	문학	영문학	3	16
		독문학	1	
		불문학	1	
	사학	동양사	2	
		서양사	1	
	철학	교육학교수법	2	
		서양철학	1	
		종교학	1	
		사회학	2	
		철학	1	
		지나철학	1	
이학부	화학		3	8
	수학		3	
	물리학		1	
	지질학(地鑛)		1	
경제학부			44	44

농학부	농학	11	31
	임학	4	
	농림경제학	6	
	농림화학	7	
	농림생물	2	
	농림공학	1	
총계			236+1

*1926년 졸업생부터는 법률학과 정치경제학과가 합쳐진 법학부로 명기한다.
(비고: 필자가 작성한 명부에서 통계를 종합하여 만든 것임.)

것이다. 1920년 일본 유학생의 전공 상황은 법정·경제·사회과 68퍼센트, 상과 6.8퍼센트, 문과 8.6퍼센트, 사범과 3.2퍼센트, 예술과 1.3퍼센트 등 인문사회 계열이 총 87.3퍼센트로 이공과 3.3퍼센트, 의과 7.3퍼센트 등 이·공·의학 계열을 압도하고 있다.

1930년은 법학 30.7퍼센트, 경제학 13.3퍼센트, 상학 9.9퍼센트, 문학 19.9퍼센트, 사범 4.4퍼센트, 예술 2.6퍼센트 등 인문사회 계열이 80.8퍼센트로 1920년보다 약간 줄고, 이공·의학 분야가 상대적으로 늘어나는 경향을 보이고 있다. 하지만 법경 및 문과 중심의 유학 흐름은 여전히 변함이 없는 것을 알 수 있다.[44]

이러한 현상은 과거 급제를 통해 관직에 오르는 것을 최고의 입신출세로 간주하고 이공 계열의 직업은 천시하던 조선왕조 이래의 사회적 인식이 반영된 결과일 것이다. 특히 제국대학 법학부는 식민지 청년에게 일본인과 대등해지거나 평균의 일본인보다 우위에 설 수 있는 권력의 통로로 여겨졌다. 관료 지향의 입신출세주의는 제국대학 유학생의 법학부 편중으로 드러나고 있다.

일본 본토 일곱 개 제국대학의 일람에서 매 연도 입학생만을 추출해서 통계를 내보면, 1910~1920년대는 31명, 1921~1930년대는 250명, 1931~1940년대는 376명, 1941~1943년은 106명 등으로 입학 인원이 점차 늘어나고 있다.[45] 1920년대 학생보다 1930년대 학생이 대략 1.5배 이상 증가했으며, 식민지 말기에도 증가 추세가 계속되고 있다. 일본이 패전하지 않았다면, 이러한 추이는 아마도 더 확대·지속되었을 것이다.

제국대학의 관문, 구제고등학교

교토제국대학 조선인 유학생들이 출신지, 출신 고교를 포함하여 현재의 직장까지 알 수 있는《동창회보》를 매년 발간한 데 비해서, 도쿄제국대학 조선인 유학생들은 동창회를 결성하고《동창회보》를 발행하는 등의 집단 활동을 거의 하지 않았다. 도쿄제국대학 교육학과 출신으로 영남대 총장을 지낸 이인기는 '개성론'을 들어 도쿄제국대학의 개인주의적 특성을 옹호한 바 있다. 즉, 당대 최고의 수재들인 도쿄제국대학 학생들은 자신에게 닥친 장해물을 스스로의 힘으로 극복할 수 있다는 자신감으로 충만해 있었기 때문에 동창회라든가 집단적 연계 등에 무감했다는 것이다.[46] 이유야 어떻든 자료가 부족해서 도쿄제국대학 유학생의 출신 지역과 출신 고교 등의 전모를 확인하기는 어려웠다.

총 163명의 도쿄제국대학 조선인 졸업생 중에서 현재까지 출

〈표 4〉 도쿄제국대학 조선인 졸업생의 출신 고교

학교	1고	2고	3고	4고	5고	6고	7고	8고	마쓰야마고	야마가타고	히로시마고	고치고	사가고	미토고	후쿠오카고	오사카고	마쓰에고	시즈오카고	야마구치고	마쓰모토고
계	9	2	15	2	7	7	2	1	7	2			5		2		4	1	10	
학교	히메지고	세이조고	무사시고	도야마고	우라와고	세이케이고	히로사키고	히로시마고등사범	메이지학원 고등부	가쿠슈인										총계
계	2		1	1	1	1	1	1	1	2										87

(비고: 필자가 작성한 졸업생 명부에 근거함.)

신 고교를 확인할 수 있었던 사람은 절반가량인 87명에 불과하다. 그렇지만 대략 절반 정도 확인된 출신 고교만으로도 경향성을 추출할 수는 있다. 우선 식민지 조선의 전문학교 등에서 곧바로 도쿄제국대학에 입학하는 것은 거의 불가능했다는 사실을 알 수 있다.

교토제국대학의 경우에는 연희전문학교나 경성법학전문학교 등 식민지의 공립, 사립 전문학교 출신들이 입학하여 졸업한 경우가 존재한다. 전문학교 출신의 이른바 '방계(傍系) 입학'이 허용되었기 때문이다. 영화 〈동주〉에서 연희전문학교 출신의 송몽규와 윤동주가 곧바로 교토제국대학(선과)에 응시한 것은 그 덕택이었다.

그러나 도쿄제국대학의 유학생은 모두가 '내지'의 고등학교 출신이었다. 구제고등학교는 제국대학의 예비학교 혹은 교양과정부와 같은 역할을 했다. 구제고등학교를 졸업하면 대부분 제국대학에 진학할 수 있었다.

패전 이전 일본의 구제고등학교는 총 38개교가 있었다. 여러 분류법이 있지만 이를 관립·공립·사립으로 분류해보면 다음과 같다.

(1) 관립 31개교

① 넘버 스쿨(1고~8고)

② 지명 스쿨

(창립순으로 니가타新瀉, 마쓰모토松本, 야마구치山口, 마쓰야마松山, 미토水戶, 야마가타山形, 사가佐賀, 히로사키弘前, 마쓰에松江, 도쿄東京, 오사카大阪, 우라와浦和, 후쿠오카福岡, 시즈오카靜岡, 고치高知, 히메지姬路, 히로시마廣島, 타이베이台北, 뤼순旅順(이 중 도쿄와 타이베이는 7년제)

③ 제국대학 예과(홋카이도, 경성, 타이베이 제국대학 예과)

④ 가쿠슈인(고등과)

(2) 공립 3개교(도야마富山, 나니와浪速, 부립 모두 7년제)

(3) 사립 4개교(무사시武藏, 고난甲南, 세이케이成蹊, 세이조成城 모두 7년제)

관립학교의 첫 번째 유형은 '넘버 스쿨'이다. 숫자로 학교명을 표기했기 때문에 '넘버 스쿨'이라고 불렀다. '넘버 스쿨'은 제1고등학교(도쿄東京), 제2고등학교(센다이仙台), 제3고등학교(교토京都), 제4고등학교(가나자와金澤), 제5고등학교(구마모토熊本), 제6고등학교(오카야마岡山), 제7고등학교(가고시마鹿兒島), 제8고등학교(나고야名古屋)의 여덟 개교였다. 도쿄와 교토 등의 수도와 옛날 큰 번(藩)의 도읍지에 위치한 '넘버 스쿨'은 일본의 대표적인 명문 고등학교였다.

관립학교의 다음 유형은 '지명 스쿨'이다. '넘버 스쿨'에 뒤이어 설립된 각 지역의 고등학교들은 지역 이름을 붙여서 '지명 스쿨'이라고 불렸다. '지명 스쿨'은 지방의 소도시에 분산되어 설립되었다. 동일본에 일곱 개교, 서일본에 열 개교로 총 열일곱 개교가 있었다.

동일본의 지명 스쿨은 히로사키(弘前)고등학교, 야마가타(山形)고등학교, 니가타(新瀉)고등학교, 미토(水戶)고등학교, 우라와(浦和)고등학교, 시즈오카(靜岡)고등학교, 마쓰모토(松本)고등학교다.

서일본의 지명 스쿨은 오사카고등학교, 히메지(姬路)고등학교, 마쓰에(松江)고등학교, 히로시마고등학교, 야마구치고등학교, 마쓰야마(松山)고등학교, 고치(高知)고등학교, 후쿠오카(福岡)고등학교, 사가고등학교, 간토슈(關東州)의 료준(旅順)고등학교다.

관립학교의 세 번째 유형은 홋카이도제국대학 예과, 경성제국대학 예과, 타이베이제국대학 예과 등 세 개의 제국대학 예과가 있었다. 일본은 근대 이후 확장된 '외지' 영토에 새로 설립한 제국대학에 고등학교 과정을 압축한 2년제 예과를 설치했다.

관립학교의 마지막 유형은 가쿠슈인(學習院) 고등과다. 황족과 화족(귀족) 자제들이 다녔던 가쿠슈인 고등과는 문부성이 아니라 궁내성이 관리한 고등학교였다. 조선인 유학생 중 가쿠슈인 고등과 출신은 모두 일본으로부터 귀족 작위를 받은 이들의 후

▲ 도쿄 제1고등학교

손이었다.

공립과 사립 고등학교는 7년 일관제의 고등학교였다. 7년제 고등학교는 심상과에 들어가면 '중학-고등학교-제국대학'을 한 번에 해결할 수 있는 새로운 학제였다. 7년제 고등학교는 관립학교였던 도쿄와 타이베이 고등학교, 공립학교였던 부립(府立) 고등학교와 도야마(富山)고등학교, 나니와(浪速)고등학교, 사립학교였던 무사시(武藏)고등학교와 고난(甲南)고등학교, 세이케이(成蹊)고등학교, 세이조(成城)고등학교 등 총 아홉 개교였다.[47]

도쿄제국대학의 경우에는 (구제)고등학교 중에서도 수재들이 모였던 '넘버 스쿨' 졸업생의 비율이 높았다. '넘버 스쿨' 졸업생은 모두 46명으로, 확인되는 출신 고교 84명의 50퍼센트를 상회한다. '넘버 스쿨' 중에서도 3고가 많으며, 특히 다수의 1고생들이 확인된다. 1고와 3고는 일본에서 학력 수준이 가장 높았던 고등학교다. 1고, 3고 출신 입학자가 많다는 것은 도쿄제국대학의 사회적 위상을 보여준다.

〈표 5〉 교토제국대학 조선인 졸업생의 출신 고교

학교	1고	2고	3고	4고	5고	6고	7고	8고	마쓰야마고	야마가타고	히로시마고	고치고	사가고	미토고	후쿠오카고	오사카고	마쓰에고	시즈오카고	야마구치고	마쓰모토고
계	1	5	20	3	3	8	1	2	21	26	12	8	21	1	6	2	8	1	32	2
학교	히메지고	세이조고	무사시고	도야마고	가쿠슈인	경성제대 예과	규슈제대 예과	기후고농	검정고시	히로시마고등사범	도쿄사범	고베고등공업	야마나시고등공업	우쓰노미야고등농업	수원고등농업	연희전문	법학전문	메이지전문	기타	총계
계	2	2	1	1	4	1	1	2	8	2	1	1	1	1	11	5	1	1	7	236

(비고: 필자가 작성한 졸업생 명부에 근거함.)

교토제국대학 졸업생들의 출신 고교 통계를 들여다보면, '넘버 스쿨' 졸업생은 전체 대학 졸업생의 18.2퍼센트이며, '지명 스쿨' 졸업생은 144명으로 전체의 61퍼센트, 그 외의 20퍼센트를 7년제 고등학교, 대학예과, 식민지의 전문학교 및 '내지'의 여타 관립학교 출신들이 차지하고 있다. 넘버 스쿨 중에서는 교토의 3고 출신 학생들이 가장 많았다.

3고는 도쿄와 교토 제국대학 모두에 많은 진학자들을 배출했다. 많은 조선 청년들이 3고 진학을 꿈꾸었으며, 실제로도 넘버 스쿨 중 가장 많은 조선인 유학생들이 존재했다. 지명 스쿨에서는 마쓰야마고등학교, 야마가타고등학교, 사가고등학교, 야마구치고등학교 출신이 많았다. 이들 고등학교는 한반도와 상대적으로 가까운 지역에 위치한다.

제국대학 유학생들의 출신 지역-고등학교-제국대학으로의 이동에서 어떤 경향성을 찾을 수 있을까? 사가고등학교의 사례를 함께 살펴보고 싶다. 사가고등학교는 규슈에 있었던 지명 스쿨이다. (구제)사가고등학교의 조선인 유학생을 조사한 사가대학의 나가시마 히로키(永島廣紀) 교수에 따르면, 1944년 9월까지 사가고등학교 조선인 학생(중퇴자 포함) 65명 중, '평양고보-평양제2중학교' 출신자가 20명이다.

여기에 더해 이북5도의 학교, 혹은 이북5도 출신인 것이 확인되는 경성 소재 학교 출신자의 수까지 합하면 39명이다. 사가고등학교 조선인 유학생의 60~70퍼센트 학생들이 서북 중심의 이북 출신 학생들인 셈이다. 그 39명 중에서 14명이 교토제국대학에 진학했으며, 그중 아홉 명이 법학부에 입학했다.[48] 교토제국대학의 사가고등학교 출신자들 21명 중에서 14명이 서북 지방 출신자들이다.

왜 이렇게 많은 서북 지방의 학생들이 사가고등학교에 유학했고, 또 무슨 이유로 그들 중 상당수는 교토제국대학에 입학했을까? 한반도에서 가까운 규슈 지방의 사가고등학교에 특정 시기에 서북 출신들이 진학하게 되었으며, 이후 먼저 진학한 선배들의 경로를 후배들이 뒤따른 것으로 추론된다. 평안북도 의주 출신으로 4고를 거쳐 교토제국대학 법학부를 졸업한 백종원(일본의 조선대학 학장)은 이와 관련하여 흥미로운 증언을 들려주었다.[49]

그에 따르면, 만주나 서북 출신들은 애초부터 경성제국대학 진학을 염두에 두지 않았다. 서북과 만주 지역의 조선인(학생)들은 조선왕조 이래 서울 중심성에 반발심을 가지고 있었다. 그들은 전통 사회에서 자신들을 차별해온 경성에 가기보다는 차라리 권력과 지식의 본토로 직접 유학하는 길을 선택했다. 특히 방학 때 고향에 온 선배들, 혹은 오늘날의 홈커밍데이와 유사한 행사로 모교를 방문한 선배들의 안내를 따라 일본 본토의 고등학교로 진학하는 경우가 많았다고 한다.

제국대학 학생들은 금수저?

제국대학 유학생이라고 하면 부잣집 도련님을 떠올리기 십상이다. 실제로도 그랬을까?

조선인 학생들은 오랜 기간 객지에서 유학 생활을 해야 했다. 조선인의 제국대학 유학은 중등교육 때부터 따져보면 대략 10여 년이 걸렸다. 일본 제국의 교육제도는 오늘날과 달랐다. 교육과정은 소학교 6년, 중학교 5년, 고등학교 3년, 대학 3년(의대 4년)의 '6-5-3-3'제였다. 대학에서 공부하는 기간은 지금보다 1년 적지만, 전체 교육 기간은 17년으로 지금보다 1년이 더 길었다.

조선에서 중등교육을 마친 후 일본 고등학교에 진학할 수 있는 길이 열린 제2차 교육령(1922) 이전까지는, 조선인 학생이 제국대학에 가기 위해서는 중학교 5년, 고등학교 3년 모두 합해서 최소 8년의 유학 기간을 거쳐야 했다. 제국대학을 졸업하기 위해서는 고등학교를 포함하여 최소 6년, 중학 과정까지 포함하면 산술적으로 11년가량 일본에서 유학 생활을 해야 했다. 실제로 김연수의 경우도 1911년 일본에 건너가 1921년 교토제국대학을 졸업할 때까지 모두 합해서 11년이 걸렸다.

쇼와기 당시 제국대학의 수업료는 연 120엔이었으며, 이 수업료를 빼고도 평균 월 47엔의 높은 학비가 들었다.[50] 이 비용의 1년 치를 합산해보면 평균 684엔가량이 된다. 1930년대 초 조선인 자작농의 1년 평균 수입이 544엔이고, 소득 수준이 높은 편이던 평양 시민의 89퍼센트가 1년 소득 1,000엔이었다는 점을 감안하면,[51] 이러한 평균 유학비를 감당할 수 있는 사회경제적 조건이 가늠될 것이다. 그렇다면 제국대학 유학생들은 어떤 계급 출신들이었을까?

우선 귀족 계급이 눈에 띈다. 한국문학 최초의 모더니스트로 불리는 정지용은 시 〈카페 프란스〉에서 근대 도시 교토를 배경으로 식민지 출신 지식 청년의 우울을 펼쳐 보이며, "나는 자작의 아들도 아무것도 아니란다."[52]라며 자조한 바 있다. 문학사에서 '자작의 아들'은 "구체적인 귀족 계급의 하나를 가리킨다는 것보다 제 손으로 일하지 않아도 예술에 열중할 수 있는 특권계급의 상징"[53]이라고 해석된다. 그러나 당대 교토 유학생 사회를 염두에 두면, 이 구절은 문학적 상징을 넘어 '사실'로도 읽힐 수 있다.

이 시가 쓰일 당시 교토제국대학에는 남작 민종묵의 차남 민부훈, 후작 이완용의 손자 이병길, 남작 조동윤의 장남 조중구 등 식민지 귀족의 자제들이 재학 중이었다. 식민지의 귀족들은 일본 화족에 준하는 대우를 받았고, 천황가의 후손이나 귀족 자제가 다니던 학습원(學習院)을 거쳐 제국대학에 진학했다. 교토제국대학 옆에 있는 도시샤대학 영문학과를 다닌 정지용은 이 식민지 친일 귀족 자제들의 존재를 알고 있었다.

옥천의 가난한 농가 출신의 정지용은 학업을 마친 후 모교 영어 교사로 근무한다는 조건으로, 휘문고등보통학교 교비 장학금을 받아 유학하고 있었다.[54] 휘문고보 교주는 친일 자산가 '자작' 민영휘였다. 이런 맥락에서 보자면, 정지용의 "자작의 아들이 아니란다."는 시구는 가모가와(鴨川) 개울 너머 교토제국대학에 재학하고 있던 조선 귀족의 자식들과 그 귀족의 알량한 장학금으로 유학하는 정지용 자신을 비교하는 시구였던 셈이다.

한일병합 직후 '조선귀족령'에 의해 작위가 수여된 사람은 모두 일흔여섯 명으로 후작 여섯 명, 백작 세 명, 자작 스물두 명, 남작 마흔다섯 명이었다. 작위 거절과 반납으로 인해 실제로 작위를 받은 사람은 모두 예순여덟 명이다. 제국대학에서 확인할 수 있는 이들의 후손은 방금 언급한 교토제국대학의 세 명과 더불어, 도쿄제국대학의 김호규와 민덕기, 도호쿠제국대학의 민태곤 등이 있었다.

김호규는 자작 김성근의 손자로 도쿄제국대학 사회학과를 졸업하고 조선 귀족 시국 단체인 '동요회' 이사를 지냈으며, 조선총독부 촉탁으로도 일했다. 민덕기는 휘문고보 교주인 '자작' 민영휘의 증손자다. 도쿄제국대학 농학부 농업경제학과를 졸업하고 식민지 재계에서 활동하며 풍문여고를 설립했다. 해방 이후에는 '적산 기업'인 삿포로맥주를 불하받아 '조선맥주주식회사(지금의 하이트맥주)'를 설립하여 사장이 된 인물이기도 하다. 휘문고와 풍문고는 여전히 민씨 집안 중심의 재단이 운영하고 있다.

조선 귀족 중에서도 일본에 저항한 사람이 있었다. 민태곤은 우리가 기억해야만 하는 이름이다. 그의 증조할아버지 민종묵은 대한제국의 각료를 지내고 합방 이후 일본으로부터 남작의 작위를 받았다. 그 아들 민철훈, 손자 민규현, 증손자 민태곤까지 남작 작위가 이어졌다. 조선 귀족 중 4대 습작은 이 집안뿐이다.

1934년 아버지 민규현을 이어 귀족이 된 남작 민태곤은 일본 도호쿠제국대학 문학부에 재학 중이던 1940년 5월 무렵부터 유학생들과 함께 조선의 독립과 신사회 건설을 목표로 내건 비밀결사를 조직했다. 조직 안에서 사회주의사상의 연구, 조선 내 신분제도의 타파, 학생들에 대한 군사교육 및 '창씨개명' 반대, 조선에서의 의무교육 제도 실시, 재일 조선인 노동자의 생활 개선 등을 논의하던 중 1941년 12월, 일본 경찰에 체포된다. 1943년 4월 22일 센다이 지방재판소로부터 기소유예 처분을 받고 풀려났지만, 고문의 후유증 때문인지 1944년 11월 22일 스물일곱 살의 젊은 나이에 죽음에 이르렀다.[55]

일본의 작위를 받은 귀족들은 아니지만, 조선왕조 시대 명망가 집안의 자제들도 제국대학에 유학했다. 을묘년의 명성황후 시해 사건 때 이를 가로막다 살해된 궁내부대신 이경직의 손자인 이관구는 교토제국대학 경제학부를 졸업했다. 윤치호, 윤치영, 윤보선 등을 배출한 '윤웅렬-윤영렬'의 해평 윤씨 가문은 근대에도 번성한 양반가다. 윤영렬의 손자로 식민지 시기 세브란스의학 전문학교 교수, 해방 이후 서울대 총장, 대한민국학술원장을 역임한 의학자 윤일선은 교토제국대학 의학부를 졸업하고, 같은 대학에서

의학박사 학위를 취득했다.《서유견문》을 쓴 개화파 양반 관료 유길준의 아들인 유만겸, 유억겸 형제도 도쿄제국대학을 졸업했다.

다음으로 식민지 부르주아의 후예들이 있다. 김경중-김연수-김상협으로 이어지는 고창 김씨가의 성공의 세월에서 확인할 수 있듯이, 양반 지주 계층과 신흥 부르주아가 계급 재생산과 신분 상승을 이루는 유력한 수단이 바로 '교육'이었다. 도쿄와 교토 제국대학 조선인 유학생 중에서 많은 수의 지주, 자산가 계급 출신들을 확인할 수 있다.

인촌 김성수의 처조카로 전라남도 담양 지주가의 자제인 고재욱은 교토제국대학 경제학부를 졸업하고 이후 동아일보사 회장을 역임했다. 주식회사 화신(和信) 사장 박흥식의 조카인 박병교도 교토제국대학 경제학부를 졸업하고 이후 화신의 대표를 맡았다. 평양 굴지의 자산가의 아들들인 김시명과 김시창(김사량) 형제, 종로 거상의 자제인 김광근, 충청북도 보은의 천석군 지주의 아들 정구흥, 여수 지주의 아들 김준평, 평양 굴지의 무역상 아들 유기천, 평양 지주의 아들 최응석, 평안도 강서군 대지주의 아들 김동일, 개성 지주의 아들 황수영, 김해 지주의 아들 강종무, 당진 만석꾼 집안의 후손 인권식, 영천 대지주의 아들 이호 등 자산가 계급 출신의 제국대학 유학생들도 확인할 수 있다.

이들은 제국대학을 졸업한 후 고등문관시험을 거쳐 식민지 관료가 되었고, 해방 이후 고급 관료 등을 역임했다. 일일이 거론하지는 않았지만, 지역의 소지주, 도시 관료 집안을 포함한 식민지 유산 계급 출신들이 제국대학 유학생 집단에서 큰 비중을 차지했다.

4장

관비 유학, 가난한 조센징에게 건넨 제국의 장학금

가난한 제국대학생들

제국대학에 금수저들만이 있었던 것은 아니다. 오히려 일반적인 상황은 반대에 가까웠다. 참조할 만한 조사가 남아 있다. 일본 문부성은 1938년 대규모의 전국적 학생 생활 조사를 시행한다. 전체 약 6만 명, 제국대학 학생만 해도 1만 명에 다다르는 큰 규모의 샘플 조사였다. 이 〈학생생도 생활조사〉에 따르면, 제국대학 재학생들은 사립·공립·관립 대학에 다니는 학생들보다 가정형편이 오히려 더 좋지 않았다. 제국대학 가정의 학자금 부담 능력에 관한 조사에서는 '용이' 33퍼센트, '가능한 정도' 53퍼센트, '곤란' 14퍼센트로 나왔다.

이것만으로는 제국대학 학생이 경제적으로 풍족했는지, 그렇지 않았는지를 확정적으로 말하기 어렵다. 하지만 같은 조사에서 '용이'라고 한 학생이 관공립대학에서는 42퍼센트, 사립대학 48

퍼센트, 고등학교 51퍼센트로 제국대학에 비해 높고, '곤란'이라 답한 학생이 각각 8퍼센트, 5퍼센트, 4퍼센트로 제국대학에 비해 현저히 낮았다.[56] 이 두 수치를 비교해보면 제국대학 학생이 여타 관공립 및 사립 대학의 학생에 비해서 상대적으로 빈곤했다는 사실을 알 수 있다.

제국대학의 조선인 유학생 중에는 옹색한 가정형편 때문에 학비 조달이 어려운 사람도 많았다. 역사학자 문일평은 조선일보사 편집고문으로 재직하며 '조선일보' 제호가 인쇄된 1934년도 탁상달력에 일기를 남겼다. 일기에는 "며느리의 금가락지를 35원에 팔아" 교토제국대학 법학부에 유학 중인 아들 문동표에게 보내고, 학비 때문에 "50원의 차용증을 써주었다."라는 곤궁한 형편이 담담하게 적혀 있다.[57] 금가락지를 아낌없이 내주는 아내와 돈 빌리는 구차함을 무릅쓰는 아버지가 있어 문동표는 그나마 행복한 유학생이었는지도 모른다.

가정의 원조 없이 뜨거운 학구열과 오로지 자신의 노동만으로 유학 생활을 버텨내야 했던 이들도 적지 않았다. '비날론'의 공업화를 통해 북녘 주민들의 의복 문제를 해결한 북한의 계관과학자 리승기는 그중 하나다. 담양의 몰락 양반가 출신으로 중앙고보, 마쓰야마고등학교, 교토제국대학 공업화학과로 이어지는 그의 학업의 여정은 말 그대로 고단함 그 자체였다.

고등학교 3년간은 유학 중이던 조선 대지주 자제의 가정교사를 하며 학비를 벌었고, 대학 시절에는 돈이 없어 하루 두 끼만으로 생활했다. 점심을 거르는 걸 궁금해하는 일본인 동급생들에게는 위가 아프다는 거짓말로 자존심을 지켰다.[58] 이러한 고학을 통해 어렵사리 대학을 마친 그는 다카쓰기(高槻)화학연구소 생활을 거쳐 한국인 최초의 공학박사 학위를 취득하고, 교토제국대학 공학부 조교수가 되었다. 해방 이후에는 서울대 공과대학 학장을 역임한 후, 김일성의 적극적인 초청으로 한국전쟁 기간에 제자들을 이끌고 북으로 건너갔다. 이후 그는 북한 과학계의 지도자로 활동하다가 지금은 평양의 애국열사릉에 안장되어 있다.

리승기보다 더 파란만장한 고학 생활을 한 청년도 있었다. 도쿄제국대학 출신으로 총독부 관료, 해방 이후 상공부·보건부 차관과 농림부 장관을 역임한 임문환도 회고록에서 고단했던 자신의 고학에 관해 서술한다. 기울어진 가세를 뒤로하고 열여섯 나이에 일본 유학길에 오른 그는 도시샤중학과 6고를 거치면서 "닭 장사와 보조 교원, 공장 직공과 인력거꾼, 변소 청소부와 제초부 그리고 가정교사"[59] 등을 전전하며 자력으로 학업을 이어갔다. 천신만고 끝에 1932년 드디어 도쿄제국대학 법학부 정치학과에 합격했지만 입학금 80원이 없어 학업을 접어야 할 상황에 놓였다.

고민 끝에 임문환은 고학생들을 지원하던 '공제부'를 찾아간다. '공제부'에서는 임문환에게 이와나미(岩波) 서점의 사장 이와나미 시게오(岩波茂雄)를 소개해준다. 이와나미 시게오는 도쿄제국대학 철학과 졸업생으로 철학 총서, 나쓰메 소세키(夏目漱石) 전집, 이와나미 문고 그리고 잡지 《세카이(世界)》 등을 발간하여 일본 근현대 지성사에 큰 업적을 남긴 인물이다. 이와나미 사장은 시혜가 아니라 노동의 대가를 지불하는 방식으로 임문환을 지원했다.

▲ 이와나미 서점의 사장 이와나미 시게오

이와나미는 임문환을 오후 5시에서 9시까지 서점의 소매점에서 근무시키고 23엔의 급여와 저녁 식사를 제공했다. 방학 때는 가마쿠라에 있는 자신의 별장에서 공부하도록 했으며, 임문환이 졸업할 때는 양복을 선물하기도 했다. 학업을 마친 임문환은 고등문관시험에 합격하여 유능한 조선총독부 관료로 입신했다.

고학으로 제국대학을 졸업한 사람이 리승기와 임문환 둘뿐만은 아니었다. 교토제국대학의 매 연도 학생일람을 넘기며 확인해 보니, 236명의 정식 졸업생 이외에도 입학했지만 졸업하지 못한 190명가량의 유학생이 있었다. 졸업하지 못하고 사라진 사람들, 그중에는 도쿄제국대학 불문학과의 조재홍, 교토제국대학 법학부의 김린이처럼 사상 사건에 연루되어 학교를 그만둔 경우도 있었다. 하지만 더 많은 중도 탈락자의 경우는 경제적인 어려움 때문에 학교를 떠났을 것이다.

일본 제국의 관비 유학생

조선총독부와 만주국이 지원한 '관비 유학'은 가난

한 수재들이 꿈을 실현하는 중요한 통로였다. 조선총독부는 우수한 조선인 학생을 선발하여 일본 본토로 유학시키는 관비 유학생 제도를 운용했다. 〈사의 찬미〉의 가수이자 김우진과의 현해탄 정사(情死)로 유명한 윤심덕도 총독부의 관비 유학생으로 도쿄음악학교를 졸업했다. 기록에 따르면, 1925년 10월 말 기준 조선총독부의 '급비생(給費生)'은 일본 전역에 71명가량 있었다.[60]

제국대학 졸업생 중에도 총독부 관비 유학생 출신들이 있었다. 교토의 3고를 거쳐 도쿄제국대학 문학부 영문학과를 졸업하고 훗날 서울대 총장을 지낸 영문학자 권중휘는 가난했지만 관비 유학생으로 선발되어 유학의 꿈을 이룰 수 있었다. 수학자 최윤식도 관비 유학생 출신이다. 그는 히로시마고등사범학교와 도쿄제국대학 이학부 수학과를 졸업하고 서울대 문리과대학 학장 및 대한수학회 초대 회장을 역임했다.

만주국도 관비 유학생 제도를 운용했다. 1고를 거쳐 1946년 도쿄제국대학 철학과를 졸업한 조승복은 만주국 관비 유학생 출신이다. 만주의 조선인 이주민 가정 출신인 그는 정일권, 장준하, 문익환, 윤동주 등이 졸업한 젠다오(間島) 룽징(龍井)의 광명중학교를 졸업한 후 일본에 유학했다. 그에 따르면, 만주국은 중학교 졸업생을 대상으로 유학생 선발 시험을 거쳐 성적에 따라 1고 및 각 지방의 고등학교에 유학시켰다.

이 선발 시험을 우수한 성적으로 통과한 광명중학교 동창인 조승복과 이종민은 1고에 배치되었다. 이들은 각각 도쿄제국대학 문학부와 경제학부를 졸업했다. 이들의 기숙사비와 학비는 도

▲ 교토에서 만난 세 박사(우장춘, 이태규, 리승기)

쿄 주재 만주국 대사관 학무과에서 지불했다. 용돈은 따로 지급되지 않았기 때문에, 조승복 등은 중학교에 다니는 조선인 유학생을 가르치며 충당했다.[61]

관비 유학생 중에서도 도쿄제국대학 농학부에서 박사 학위를 받은 육종학자 우장춘은 특별한 경우다. 일본에서 나고 자란 이에게 조선총독부 장학금을 지불했기 때문이다. 우장춘은 '명성황후 시해사건'에 연루되어 일본으로 망명한 개화파 무인 우범선과 일본 여성 사카이 나카(酒井ナカ) 사이에서 출생했다. 우범선이 암살된 후 어려운 형편에 있던 우장춘은 아버지의 옛 동지들의 도움으로 조선총독부 관비 유학생 지원을 받게 된다.

수학 성적이 우수했던 우장춘은 중학교를 졸업한 후 고등학교를 거쳐 교토제국대학 공학부에 진학할 계획이었다. 그렇지만 학비를 지원해주는 조선총독부가 '도쿄제국대학 농학부(실과)'에 진학하도록 지시했으며, 우장춘은 총독부의 지시에 따랐다. 훗날 우장춘은 "공학부에 가지 않기를 잘했다. 전쟁에서 사람을 서로 죽이는 병기 같은 것을 만들고 있지 않아서 좋다."[62]라는 말을 딸들에게 남겼다고 한다.

관비 유학생은 친일파일까?

우장춘의 삶은 여러 가지를 생각하게 한다. 그는 명성황후를 시해하는 데 가담한 아버지를 둔, 한국 사회의 입장에서는 '악질' 친일파의 자식이다. 그가 관비 유학생이 될 수 있었던 것도 아버지의 옛 동지들인 당대 친일파들의 도움 덕분이었다. 농학부 실과를 졸업한 후 그는 코노스(鴻巢)에 있는 일본 농림성의 농업시험장과 교토의 다키이(瀧井)종묘주식회사 농장에서 일본 국가를 위해 '농림 1호', '교토 3호' 등 무와 배추의 개량종을 개발했다.

1950년 우장춘은 가족을 모두 일본에 남겨두고 홀로 한국에 건너와 일본에서의 경험을 활용하여 한국형 무, 배추, 감귤, 무병 감자, 벼의 개량을 통해 한국 농업의 기틀을 마련했다. 1959년 죽기 직전에 우장춘은 "조국은 나를 인정했다."라는 말을 남겼다고 전해진다. 공훈을 기려 정부는 안익태에 이어 두 번째 문화훈장을 우장춘에게 수여했다.

총독부의 관비 유학 장학금을 받은 사람은 모두 친일파일까? 그렇다면 한국 정부가 우장춘에게 준 문화훈장은 어찌해야 할까? 이 문제를 교토제국대학 관비 유학생을 통해서 좀 더 고민해보자.

화학자 이태규는 북한의 리승기와 라이벌 관계 속에서 언급되는 한국의 대표적인 과학자다.[63] 이태규는 히로시마고등사범학교를 거쳐 교토제국대학 이학부 화학과를 졸업하고 프린스턴대학 연수 후 조선인 최초의 (교토)제국대학 (조)교수로 임용되었다.

'최초의 이학박사', '최초의 (교토)제국대학 (조)교수' 등 이태규가 이룬 성취는 식민지 조선인의 자긍심을 높이는 사건으로 보도되었다.[64] 해방 이후 서울대 문리과대학 초대 학장을 역임한 후 미국으로 건너가 유타대학 교수로 활동하다가 1973년 귀국하여 박정희의 존경과 지원 속에 카이스트에 재직했으며, 죽어서는 국립묘지에 안장되었다.

이외에도 교토제국대학 의학부를 졸업하고 세브란스의학전문학교 교수를 거쳐 해방 이후에는 서울대 총장을 지낸 윤일선도 월 50엔씩 받은 조선총독부 장학생이었다.[65] 그는 세브란스의전 시절부터 많은 제자들을 길러냈고, 집 한 채 없이 퇴직할 정도로 청빈한 삶을 살았다고 알려졌다.

마지막 사례로 최현배의 경우를 거론하고 싶다. 최현배도 총독부 관비 유학생으로 히로시마고등사범학교를 거쳐 교토제국대학 문학부에서 교육철학을 전공한 후 한국어 연구에 평생을 매진한 국어학자다. 알다시피 그는 1943년 조선어학회사건으로 옥고를 치렀다.

지금의 자리에서 총독부의 '더러운' 장학금을 받았다고 비난하는 것은 손쉬운 일이다.[66] 더 큰 지식을 구하려는 식민지 청년들의 꿈을 가난이 가로막았을 때, 조선총독부의 장학금은 어쩌면 하늘에서 내려온 동아줄 같았을지도 모른다. 관비 유학에 대해 비난하기 전에 그들이 관비 유학을 통해 얻은 지식을 어디에 썼고, 어떤 길을 걸어갔는지 세심하게 살펴야만 한다. 그럼에도 비판하려면 다음을 묻고 답할 필요가 있다. 그때 그곳에서 '나'라면 어떤 선택을 했을까? '나'는 자신 있게 포기했을 거라고 답하진 못하겠다.

인간적 후의와 제국의 이익 사이

'내선융화'라는 제국의 슬로건을 진심으로 믿고 그것을 실현하려는 민간 차원의 노력이 있었다. 그 민간 유지들은 제국 일본의 가치를 식민지인에게 적극적·조직적으로 전파하고 심어주려 했다. 일본 제국을 유지하고 나아가 더 확장해야 한다는 사명감, 식민지인을 제국의 일원으로 지도하고 교화하려는 동기, 자발적으로 헌신하고 정열적으로 활동했다는 점에서 볼 때, 그들은 서구의 식민지 선교사(colonial missionary)와 흡사한 존재였다.

식민지 조선 여성들의 일본 유학을 연구한 박선미가 인상 깊게 묘사한 야나기하라 기치베(柳原吉兵衛)는 그 전형적인 사례다. 그는 1920년대부터 1945년 3월 죽을 때까지 내선융화의 소명 의식 아래 식민지 조선의 여자 유학생들을 체계적으로 지원했다. 그는 "장래 조선인의 지도자가 될 사람들을 일본 문화 아래서 교양시켜 그들 자신을 융화의 이음쇠가 되도록 하는 것이 가장 지당한 일이라고 확신"[67]했다. 그는 식민지 지배에 단순히 협력하거나 굴종하는 인간보다 스스로 일본의 식민지 지배의 타당성을 받아들여 제국의 일원으로 적극적으로 협력할 인간을 키우려 했다.

야나기하라뿐만 아니라 적지 않은 민간 유지들이 이런 신념을 공유하고 있었다. 제국의 유지들은 향후 식민지 사회의 지도자가 될 제국대학의 조선인 유학생들을 장기적인 관점에서 문화적으로 감화시킬 필요성을 느꼈다. 그 가장 확실한 방법은 '교육'을 통해서 일본식 교양을 내면화하는 것이었다. 학비 지원은 그러한 교육을 지속시키고 제국의 후의를 각인시키는 가장 유력한 방법이었다.

제국대학 유학생에 대한 학비 지원에서 인간적인 후의와 제국적 가치의 전파를 명확하게 구분할 수 있을까? 다시 임문환의 경우를 살펴보자. 그에게 도움을 준 사람은 이와나미 사장만이 아니었다. 고학을 한 도시샤중학교 때부터 임문환은 교사인 하라 선생에게 유무형의 도움을 받았거니와, 이후 그의 주선으로 고베에 있던 유명한 무역회사 다무라상사의 사장 다무라 에이키치(田村榮吉)에게 지원을 받는다. 다무라 사장은 어릴 때 못 배운 것이 한이 되어 오랫동안 가난한 학생들에게 학자금을 지원했다. 하지만 어느 날 그중 한 학생이 카바레에서 노는 모습을 목격하고 실망하여 고학생에 대한 지원을 중단한다. 그러던 중 자신이 도운 학생 가운데서도 가장 성실한 사람인 하라의 요청으로 임문환에게 도쿄제국대학 입학금을 상회하는 100엔을 지원한다.[68]

임문환은 2학년 때부터 도쿄제국대학에서 등록금 면제에 월 40엔의 대형 장학금을 받게 되면서 그의 원조를 거절했지만, 다무라 사장은 방학 때마다 거액의 돈을 보내 일본 각지를 여행하여 견문을 넓히도록 도움을 주었다. 이와나미와 다무라 등은 배움을 구하는 식민지 청년에게 그 출신을 따지지 않고 온정을 베풀었다. 제국의 장학금과 유지들의 지원에 힘입어 학업을 마치고 조선에 돌아온 임문환은 "열여섯에 일본에 건너가 15년을 줄곧 일본어만 지껄이면서 살아온 덕분에 조선어 실력은 분명히 일본어 실력만 못"[69]했으며 일본화한 식성과 생활 습관을 가진 제국의 관료가 된다.

한편 식민지에서 이익을 추구하는 데 필요한 하수인을 육성하려는 직접적인 투자로 의심할 만한 경우도 발견된다. 도쿄제국대학 법학부 졸업생 이충영의 경우를 보자. 그는 서울대 총장과 국무총리를 역임한 이수성의 부친이자 기획재정부 장관이었던 윤증현의 장인으로 한국전쟁 때 납북되었다. 이충영은 식민지 시기 조선총독부 판사를 지내다 퇴직하여 각종 광산의 취체역(예전에 주식회사의 이사를 이르던 말)으로 일했다.

이충영이 법관이 될 때 조선총독부가 작성한 신원 조회 기록인 〈사법관시보 진퇴서류〉에 따르면, 그의 부친 이상준은 본적지인 경상북도 칠곡에서 논 여섯 두락을 경작하며 소규모로 약종상을 운영했고, 자산이 약 800엔으로 추산되었다. 구마모토의 5고등학교와 도쿄제국대학까지 오랜 기간 이어진 이충영의 일본 유학을 감당할 수 있는 가정형편이 아니었다. 실제로 〈사법관시보 진퇴서류〉는 이충영의 학자금을 부모가 아니라 미쓰이(三井)광산 대표 마키타 다마키(牧田環)가 제공했다고 기록하고 있다.[70]

마키타는 도쿄제국대학 공학부 출신으로 미쓰이 재벌의 주요 경영자 중 하나였다. 이충영과 마키타 사이에 어떤 연결 고리가 있었는지 아직까지는 확인하지 못했다. 다만 식민지에 이해관계가 얽혀 있던 미쓰이 재벌의 광산 대표가 식민지 청년 이충영에게 유학비를 지원했고, 교육을 마치고 돌아온 이충영이 총독부 판사 및 광산 취체역으로 일한 것은 무척이나 공교로운 일이다.

'자강회(自彊會)'는 왜 조선인 학생을 지원했나?

일본 제국의 민간 유력자들이 설립한 자강회[71]의 유학생 지원은 제국의 가치를 식민지 청년에게 전파하는 방식을 잘 보여주는 사례다. 1936년에 이루어진 울산 달리(達里) 농민들에 대한 사회위생학적 조사를 단서로 자강회에 접근해보자.

도쿄제국대학 농학부를 졸업하고 대학원 농업경제학연구실에서 조수로 있던 강정택은 고향 마을을 대상으로 한 학술 조사를 기획했다.[72] 이러한 계획을 전해 들은 최응석은 도쿄제국대학 의학부 학생 여덟 명, 경제학부 학생 한 명, 도쿄여자치과의학전문학교 한 명, 도쿄여자의학전문학교 두 명 등 총 열두 명으로 구성된 '조선농촌사회위생조사회'를 결성하여 강정택의 조선행에 동행한다.[73] 강정택과 최응석은 1고와 도쿄제국대학에 걸친 선후배 사이였다.

당시 조사 경비는 시부사와 케이조(澁澤敬三)가 부담했다. 울산 달리 조사의 결과물은 이와나미 서점에서 《朝鮮の農村衛生: 慶

尙南道蔚山邑達里の社會衛生學的調査(조선의 농촌위생: 경상남도 울산읍 달리의 사회위생학적 조사)》(1940)라는 제목으로 출간되었다.[74] 이 책의 발문에서 시부사와는 자강회를 통해 맺게 된 조선인 유학생들과의 인연에 대해서 다음과 같이 밝힌다.

> 자강회가 성립된 것은 생각만 해도 가슴 아픈 그 대지진이 계기가 되었기 때문에, 주로 고이시카와(小石川)구에 살고 계시던 분들, 그중에서도 사카타니(阪谷) 남작, 가노 지고로(嘉納治五郎) 선생님, 나가이 토오루(永井享) 박사, 시미즈쿠미(淸水組) 부사장 시미즈 가즈오(淸水一雄) 씨가 중심이 되었고, 후에 사이토(齋藤) 자작도 총독을 역임했던 관계상 열심히 진력해주셨다. 이 모임은 일본에 와서 공부하는 조선의 젊은이들을 돌봐주는 것이 주목적으로서, 세상에 특별히 선전하지 않고 아주 소박하게 일을 하고자 한 지 어언 16년이 흐르고 있다. 그동안 전술한 시미즈 씨 등은 민석현(閔奭鉉) 군 등과 함께 아주 친절하게 이 모임을 돌봐주었는데, 그 부단한 노력에 우리도 항상 감격하고 있는 바다.
>
> 1925년에 나는 요코하마쇼킨(橫濱正金)은행 런던 지점에서 도쿄로 전근 명령을 받아 귀국하고 나서 이 모임을 알게 되었고, 특히 영국에 있던 당시 대지진의 사정을 여럿 듣고 난 직후였기 때문에 기꺼이 그 동인으로 참가했다. 그리고 첫 번째로 돌봐주게 된 사람이 당시 제1고등학교 학생이던 강정택 군이었다. 그 후 이주영, 장영철, 강금복, 최응석, 한형기 등이 오게 되었다. 사람 수는 적지만 모두 훌륭한 사람들로서 기묘한 인연으로 그들과 진정한

친구가 된 것은 내게도 행운이란 생각이 들어 매우 기뻐하고 있다.[75]

자강회는 고이시카와구 오쓰카(大塚) 사카시타(坂下)정에서 결성되었다. 사카시타정의 정(町)회장이자 강도관 유도를 창설한 가노 지고로가 같은 마을에 사는 민석현, 박사직 등의 천도교 동경종리원 인사들과 교류를 맺고 자강회 설립을 주도했다.[76] 조선인도 실무에 참여했지만 주요 후원자는 도쿄의 일본인 유력자들이었다.

시부사와가 언급한 사카타니 요시로(阪谷芳郎) 남작은 대장성 대신을 역임한 정재계의 유력자였다. 사카타니는 일본 자본주의의 아버지로 불리는 시부사와 에이이치(澁澤榮一)[77]의 사위다. 시부사와 에이이치는 제일국립은행(지금의 미즈호은행)과 도쿄증권거래소 등 500여 개 기업을 설립해 일본 자본주의의 주춧돌을 놓은 대표적인 기업가다.

시부사와 재벌은 구한말 경인철도와 경부철도 개설에 관여했고, 1878년 부산에 제일은행 지점을 설립한 이래 금융·화폐 분야에서 일본 정부의 대리인 역할을 하며 여러 특권을 획득했다. 시부사와 재벌은 1930년대 만주에 진출하는 일본 군대에 군복을 납품한 인천의 동양방적을 운영하는 등 식민지에 많은 이해관계로 얽혀 있었다.

사카타니 역시 대장성 관료 시절에 처가의 사업을 도와 경부철도 부설과 제일은행 설립 등에 관여했으며, 이후 조선중앙협회 회장을 역임했다. 위의 발문을 쓴 시부사와 케이조는 시부사와 에이이치의 손자로 일본은행 총재, 대장성 대신을 역임했다. 말하자면 자강회는 식민지 조선에 중요 사업장을 가지고 있었던 시부사와 가문을 포함한 일본인 정재계 유력자들의 후원을 받고 있었다.

자강회는 1923년 간토(關東)대지진 이후 조선과 일본의 친선을 목적으로 세워져서 1940년대까지 존속되었다. 창립 이후 여러 문제가 생긴 그 밖의 다른 지원 단체에 비해 자강회는 식민지 말기까지 활발하게 운영되었다. 자강회가 오랜 기간 유지된 이유는 "조선인이 실무를 담당하고, 천도교 관계자가 많았으며, 동경 유학생 전체 중에서 평안도 출신의 유학생이 많았던 당시의 상황에서 조선인 회원의 약 4할이 평북 출신자인 자강회가 다른 '내선융화' 단체에 비해서 조선인 학생들에게 받아들여지기 쉬웠"[78]기 때문이다.

자강회의 육영사업이란 주로 남자 유학생을 대상으로 '조선인의 문화 발전'을 도모하기 위해서 '지도적 인재'를 양성하는 것이었다. '주로'라고 말한 이유는 장학금 수혜자 중에서 적어도 한 명 이상의 여성을 확인할 수 있기 때문이다. 시부사와 케이조가 장학금을 주었다고 말한 위의 명단 중 강금복은 그 사례다. 강금복은 강정택의 여동생으로 니혼(日本)여자대학에 재학 중이었는데, 오빠의 주선으로 자강회의 장학금을 받은 것으로 보인다.[79]

매년 열 명 내외의 학생들에게 장학금이 전달되었다. 주로 대학의 전문부 이상의 고학력자들이 그 대상이었다. 학자금을 오랜 기간 제공하고, 고학생에게는 일자리를, 졸업생에게는 취직을 알선했다. 자강회 유학생의 다수가 상급 학교로 진학했으며 대학원 졸업자도 있었다.

자강회의 장학금을 받은 유학생들

시부사와 케이조가 발문에서 언급한 강정택, 최응석, 장영철, 한형기 등은 이후 도쿄제국대학에 진학한다. 자강회에서 장학금을 지원받은 도쿄제국대학 유학생은 이외에도 많았다. 현재까지 확인한 자강회 장학금을 받은 도쿄제국대학 학생은 총 열여덟 명이다. 그들 대부분이 고등학교부터 대학을 거치는 오랜 기간 동안 학비를 지원받았다.

도쿄제국대학 졸업생 163명을 기준으로 보자면 대략 10퍼센트를 상회하는 학생들이 자강회의 원조를 통해 고등학교, 대학 과정의 학업을 이수했다. 자강회 장학금은 정식 장학금과 자강회에 관여하던 일본인 유지가 개인적으로 지원한 찬조 장학금의 두 가지 방식으로 구성되었다. 자강회 장학금은 연 180엔, 300엔, 360엔, 480엔 등의 차등이 확인된다.

시부사와와 케이조에게 찬조 장학금을 받은 이는 강정택, 최응석, 한형기, 장영철 등이다. 다케다 히데오(武田秀雄)의 찬조 장학금을 받은 이는 이종일, 김희덕, 강명옥 등이다. 다케다는 일본 해군 장성 출신으로 미쓰비시 조선(造船) 회장, 미쓰비시 전기 회장 등을 역임했다. 김병길과 박수목 등은 시미즈쿠미 부사장 시미즈 가즈오에게 찬조금을 받았다. 강정택과 최응석 등을 비롯한 여러 사람이 정식 장학금과 찬조 장학금을 동시에 받기도 했다.

일본의 유지들은 제국의 선의로 식민지 소년들을 감화하여 그들을 통해 제국의 가치를 적극적으로 옹호하고 전파하려고 했다. 그들이 지원한 학생 중에서 김희덕, 박성대, 강명옥 등은 고등문관시험을 거쳐 총독부 관료가 되었다. 자강회 10주년 기념잡지에 소개된 졸업자 설명에는 이들의 이력 옆에 "재학 중 고등문관시험 합격"[80]이라는 문구가 진하게 박혀 있다. 말하자면 그들은 자강회 사업의 성공 사례였다.

그렇지만 자강회 장학금의 수혜자가 그들의 의도대로 성장했는가는 숙고해볼 필요가 있다. 해방 이후 농림부 차관을 지내며 북한 방식의 토지개혁안을 주장한 농업경제학과 강정택, 사회주의 관련 활동으로 구속되었다가 해방 이후에는 북한 보건의료 체계 수립의 산파가 된 의학과 최응석, 조선공산당과 남조선노동당(남로당)을 탄압한 수도경찰청장 장택상의 사위였지만 남로당의 비밀당원이었다고 전해지는 경제학과 채항석, 해방 이후 진보적 활동을 하다가 월북한 사회학과 신진균[81] 등의 도쿄제국대학 조선인 유학생들은 자강회 입장에서 보면 '빨간 속을 감추고' 장학금을 받아먹은 '먹튀'로 보일 수도 있지 않을까?

이외에도 남북한의 학계와 산업계에서 활동한 이종일(서울대·인하대 교수), 장영철(건국대 교수), 최성세(북한 국가기술위원회 위원장), 한형기(김일성종합대학 공학부장, 김책공대 교수) 등은 제국의 선의에 힘입어 학업을 마쳤지만, 이후 분단된 한반도에서 자기 공동체에 기여하는 삶을 살았다. 예컨대 도쿄제국대학 공학부 전기공학과를 졸업한 최성세의 경우, 북한 최초의 전동기와 수은정류기를 만들었고 수풍발전소 대보수 공사와 평양화력발전소 건설 및 운영, 북창화력발전소 건설 등 북한의 굵직한 국책 사업을 주도했다.[82]

이처럼 제국의 장학금으로 교육받은 유학생들이 모두 일본 국가를 위해 산 것은 아니었다. 진흙 속에서도 연꽃이 피듯이, 제국의 장학생 중에서 적지 않은 이들이 해방 후 남북한에서 자기가 습득한 지식으로 각자의 공동체에 기여하는 삶을 살았다.

5장

기술사에서 제국 엘리트의 정체성을 익히다

대학 예과로서의 고등학교

제국대학 학생들의 인간 형성 과정을 온전히 이해하려면 먼저 (구제)고등학교부터 살펴야 한다. 고등학교는 제국대학과 떼려야 뗄 수 없는 관계였다. 패전 이후 학제가 개편될 때까지 고등학교는 실질적으로 대학예과였다. 인격이 형성되는 중요한 학창 시절을 입시 준비로 허비하는 요즘과 달리, 당시 고등학생들은 정신적으로 여유가 있었다. 고등학교 졸업생 수와 제국대학 정원이 대체로 엇비슷해서 고교를 졸업하기만 하면 대학 진학이 별로 어렵지 않았기 때문이다.

도쿄제국대학 법학부 정치학과 출신으로 진보당 강령을 기초한 이동화에 따르면, "설사 도다이(도쿄제국대학) 입시에서 떨어져도 이 낙방생들은 규슈제국대학이나 도호쿠제국대학을 지원함으로써 그리 어렵지 않게 국립대학에 입학할 수 있었다."[83] 따라서 중학교에서 고등학교로 진학할 때 오히려 입시가 치열했고, 고등학교부터는 실질적인 대학 생활이 시작되었다.

도쿄제국대학 출신인 이인기에 따르면, 고등학교는 "대학에 가는 중간 단계로서 마음 놓고 청춘의 자유를 누리면서 지도자로서의 자격을 갖추게 하려는 교육제도의 일환"[84]이었다. 3년간의 자유로운 고등학교 캠퍼스 생활은 제국대학을 졸업한 국가 엘리트들의 인간 형성에 커다란 역할을 했다.

이인기뿐만 아니라 많은 유학생들이 고등학교를 소박하고 자유로운 생활이 가능하며 학업에 대한 부담이 없는 인생의 황금기로 꼽았다. 구제고등학교의 이러한 자유는 학교 제도에 의해 보장받는 것이었다. 미래의 엘리트인 구제고등학생이기 때문에 그들의 일시적 일탈은 세간의 허용뿐 아니라 심지어 칭찬까지 받았다.

기숙사(寮)라는 특수 공동체

고등학교 학생들의 인간 형성에 정규 교육과정 이상으로 큰 역할을 한 것은 기숙사(寮) 생활이었다. 고등학교는 일반 사회와 격리된 남성들만의 공동체였다.[85] 제1고의 초대 교장 기노시타 히로지(木下廣次)는 향후 국가 엘리트가 되어 일본을 지휘할 학생들을 세간의 악풍오속(惡風汚俗)으로부터 보호하고 순수한 덕의심을 길러주고 싶었다. 이를 위해 학생 전원이 기숙사에서 생활하는 것을 의무로 하는 전료제(全寮制)를 채택했다. 1고 이외의 고등학교에서도 입학 후 첫 1년 동안은 의무적으로 기숙사에서 생활하도록 했다.

일본의 고등학교에서 기숙사는 어느 정도의 비중을 가진 것일까? 5고의 사례는 그 가늠자가 될 듯하다. 5고의 기숙사는 '슈가쿠료(習學寮)'라는 이름을 갖고 있었다. '슈가쿠료'는 5고의 정중앙에 위치할 정도로 학생의 교육과 생활의 중심을 차지했다. 5고는 1937년에 개교 50년을 기념하는 행사를 했고, 1939년에 대략 600쪽짜리 《五高五十年史(오고오십년사)》를 펴냈다. 흥미로운 것은 이에 앞서 1938년에 700쪽짜리 《習學寮史(슈가쿠료사)》를 간행했다는 사실이다. 학교의 역사보다 기숙사의 역사(편찬)가 앞서고 또 중시되고 있다.[86]

고등학생들은 일반 사회를 '족까이(俗界)'라고 불렀다. 고등학교에 들어가는 것은 3년 동안 속계의 유혹 없이 공부하는 것이었다. 이 속계는 천황을 정점으로 하는 대가족주의와 치안유지법(반공법)으로 다스리는 사회였다. 고등학교 기숙사 생활에는 속계에는 없는 '독서와 사상의 자유'가 있었다. 교우회와 선거를 통해 뽑은 대표들이 운영하는 기숙사에서 학생들은 '자유와 자치'를 습득했다.

고등학교에서는 일반 사회에 비해 식민지적 차별도 심하지 않았다. 여러 유학생들의 회고에서 고등학교 시절 마을 사람과 교사, 동창생 들과 맺은 깊고 따뜻한 인간적 유대를 확인할 수 있다. 재일본조선인총연합회(조총련) 부의장을 지낸 백종원은 가나자와의 4고 시절 조선인 학생과 일본인 학생이 서로 인격을 존중하는 기풍 속에서 우정을 나누었다고 기억한다. 독서회 사건에 연루된 조선인 학생들을 경찰이 검거하자 일본인 기숙사생들이 항의하며 저항했고, 이들의 우정은 전후 일본 사회로 이어졌다.[87]

또래 집단 중에서도 특출한 소년들만이 격리된 시공간에 모여서 미래의 리더가 될 것이라 격려받으며 생활하면 어떻게 될까? 이러한 환경은 선민의식을 지닌 특권적인 집단을 형성시켰다. '자유와 자치'의 분위기와 속계의 일반인과 다른 특별한 인간이라는 자부심이 드러나 있는 당대 고등학생들의 풍속 몇 가지를 들여다보자.

'방(蠻)칼라'

당시 고등학교에서는 이른바 '방(蠻)칼라' 바람이 풍미했다. 오랑캐 만(蠻) 자를 쓰고 일본어 발음으로 '방칼라'라 읽는 이 유행어는 '하이칼라'의 반대말로 만들어졌다. '방칼라'란 한마디로 자유분방한 기질을 일컫는 말로, 속세를 낮추어보는 태도의 표현이었다. 고등학생들은 다듬지 않은 헝클어진 긴 머리에 찢어진 망토를 걸친 채 술을 퍼마시고 고성방가하며 대로를 활보했다. 그들은 이를 통해서 호연지기를 자랑했고, 사회에서도 이러한 일탈을 용인했다.

이런 풍습은 언제부터 시작되었을까? 바쿠후(幕府) 시대 오가타 고안(緖方洪庵)이 설립한 대표적인 양학숙(洋學塾)인 데키데키사이주쿠(適適齋塾)에서 청년 시절을 보낸 후쿠자와 유키치(福澤諭吉)가 묘사한 '서생 기질'을 참고할 만하다. 후쿠자와는 "학숙의 분위기는 불규칙이라고 할까 비정돈이라고 할까, 난폭하고 낭자하여 매사에 무관심했다. 그들은 무관심한 나머지 세상에서 말하는 청결과 불결, 추잡한 것을 마음에 두지 않았다."[88]라고 말하고 있다.

당시 서생들은 여름에는 속옷도 훈도시도 입지 않은 알몸이었고, 식사할 때나 모여서 글을 읽을 때는 "명주로 짠 하오리를 알몸 위에 걸쳤을 뿐"이며, 겨울에는 대개 속옷에 이가 끓어 "잠깐 벗으면 다섯 마리 열 마리쯤 잡는 건 어렵지 않았다."[89]고 한다. 그들은 번화가를 기세등등하게 누비고 다니면서 오늘날 말하는 불량배에 가까운 소행도 가끔 보여주었다. 그러나 이런 버릇없는 행동은 그들의 강렬한 면학 욕구와 조금도 모순되지 않았다.

후쿠자와 유키치는 "서양의 진보된 책을 읽는 것은 일반인이 할 수 없고, 자기 동료들만이 할 수 있다. 조의조식(粗衣粗食)으로 보기에도 몹시 초라한 가난한 서생이지만, 지력사상(知力思想)이 활발고상(活潑高尙)하여 왕후장상도 눈 아래로 내려다보는 자부심"[90]이 있었다고 적고 있다. 후쿠자와보다 한 세대 후배인 나쓰메 소세키의 소설《마음》에서도 '선생님'이 도쿄 1고에서 겪은 방칼라의 묘사와 함께 그 시절 학생들의 '순수함'이 묘사되고 있다.[91]

바쿠후 시절의 양학숙에서 확인되는 이러한 방칼라 문화는 나쓰메 소세키의 메이지 시대를 거쳐 1930~1940년대까지 이어지는 전통으로 자리 잡았다. 쇼와 시대의 고등학생들은 설령 부잣집 자식일지라도 송금을 많이 받는 것을 수치로 알았으며, "일류 레스토랑에 가서 5전짜리 밥 한 그릇만 주문한 다음 소스를 쳐서 먹는 것이 예사였고", 그것을 "소스 라이스"라고 부르며 희희낙락했다.[92] 이러한 자유분방한 생활 태도를 학교 당국도 묵인했는데, 사회의 중추가 될 이 고등학생들에게 대범한 태도를 길러주려는 의도가 숨어 있었다.

임문환이 회고하는 6고 시절의 경험은 당시 고등학생들의 호연지기를 잘 보여준다. 시간이 늦어 정문이 닫히더라도 울타리에 난 개구멍을 이용하지 않고 정문을 타고 넘어 다녀야 한다는 규칙, 여고생과의 연애는 허용되지만 사창가 출입은 금지하는 문화 그리고 '인터하이(interhigh)'라는 고등학교 사이의 시합 문화 등이 그것이다. 그들은 각종 스포츠와 동아리 활동을 하면서 공동체 정신을 키우고 수업과 학교 규칙은 우습게 여기는 자유로움 속에서 성장했다. 이발 또는 면도를 하거나 새 옷을 사 입는 경우도 일종의 사치로 간주하는 '방칼라'를 통해 '내실 있고 강건한(質實剛健)' 인품을 키웠으며, 정신적 우월성을 강조하는 교육이 이루어졌다.[93]

'스톰'

당시 고등학생들의 자유로운 지적·문화적 기풍을 보여주는 또 다른 사례로 '스톰(storm)'이라는 관습이 있었다.

기숙사의 풍속 중에 가장 신나는 것은 '스토무(storm, 暴風)'였다. 앞서 잠깐 얘기했듯이 '인터하이(interhigh)가 끝나고 2학기가 시작되면 금주령이 해제되므로 기숙사는 그야말로 술바다'가 된다. 저마다 한 되짜리 술병과 찻잔을 들고 각 방을 쏘다니며 닥치는 대로 술을 권하는 것이다. 그래서 웬만큼 주흥이 오르면 전 기숙생이 완전 나체로 복도에 나가 춤을 추고 다닌다. 이것이 바로 스토무였다. 물론 밖에서 볼 수 없도록 잿빛 유리창을 닫고 하지만 창문에 비치는 그림자만은 어쩔 도리가 없었다. 때로는 이쪽 건물의 기숙생들이 다른 건물의 기숙생들을 스토무로 습격하는 수도 있었다.[94]

12시쯤 된 밤중에 낯을 본 일도 없는 학생들 네다섯 명이 우리가 자고 있는 침실 문을 벌컥 열고 들어왔다. 잠자는 우리를 깨웠다. 우리가 침대에서 일어나, 파자마를 입은 채 침대 앞에 내려서니 잠에서 완전히 깨지 못한 우리한테 자기소개를 하라고 명령했다. 아무 영문도 모르고 서 있는 우리한테 의미도 없는 질문을 했다. 묻는 뜻을 몰라 주저하면 욕을 하며 꾸짖어댔다. "ばか!(바보!)", 혹은 "ばかやろ! なにもしないんじゃないか?(바보 자식! 아무것

도 할 줄 모르나?)" 하며 쓸데없이 꾸짖었다. 1고 학생 생활에 대하여 설교와 훈교 비슷한 말을 순서 없이 하며 우리를 꾸짖었다. 약 한 시간쯤 꾸짖다가, 우리 침실에서 물러 나갔다. 이것이 스토무였다. 후에 알고 보니 스토무로 우리 방에 들어온 사람들은 우리 곁방 남료 1번 실에 사는 3학년 학생들이었다.[95]

▲ 아소산에서 있었던 5고 신입생 환영 스톰

일본어로 스토무라고 읽는 '스톰'은 모든 구제고등학교 출신자들의 공통 기억이다. 그런데 구제고등학교 학생들이 기억하는 스톰의 유형은 두 가지 성격이 뒤섞여 있다.

첫 번째는 1930년대 초 6고에서 있었던 스톰의 풍경이다. 술을 억수같이 마시고 대취해서 떼 지어 노래 부르며 난동을 부리는, 말 그대로 질풍노도 같은 집단 주정을 스톰이라고 일컫고 있다. 다른 대학과의 교류전인 '인터하이'의 운동회나 집단 모임이 끝난 뒤에 주로 이루어졌다. 중산층 일본인들이 많이 오는 창경원 밤 벚꽃 놀이에서 경성제국대학 예과 조선 학생들이 벌인 스톰은 장안의 명물로 회자되었다. 경성제국대학 법문학부의 마지막 졸업생 이대원은 식민지 말기 만주의대와 겨룬 펑톈의 '인터하이'에서 축구부와 농구부가 압도적인 승리를 거둔 뒤 벌인 조선 학생들의 운동장 스톰을 평생 잊지 못할 순간으로 꼽고 있다.[96]

두 번째는 1930년대 말 1고에서 있었던 스톰의 풍경이다. 이러한 유형의 스톰은 신입생 길들이기의 관습으로 보인다. 4고의 백종원도 "모두가 고요히 잠든 한밤중에 갑자기 큰북을 두드리며 상급생 한 무리가 각 방에 난입하여 엉망진창으로 난폭하게 휩쓸고 가는 환영식"[97]으로 스톰을 기억하고 있다.

이러한 스톰의 풍속은 어디에서 유래한 것일까? 조승복은 1998년에 프랑스를 방문했다가 그랑제콜(Grandes Écoles)의 학생 풍속에서 스톰과 같은 비주타주(Bizutage)를 발견한다. 조승복은 서구에서 지금도 여전히 남아 있는 신입생 길들이기 풍속이 근대 초창기 학문의 수입과 더불어 일본의 고등학교에 전달된 것으로 추정하고 있다.

'데칸쇼'의 노래

'방칼라', '스톰'과 더불어 고등학교의 자유롭고 호방한 문화와 생활 기풍을 잘 보여주는 풍속이 '데칸쇼'의 노래다. 데카르트, 칸트, 쇼펜하우어의 첫 자를 합친 '데칸쇼'를 후렴으로 반복하는 이 노래는 구제고등학교의 자유로운 문화와 교양주의를 상징한다. 도쿄제국대학 불문학과를 졸업하고 박정희 정권 시절 국회의장을 역임한 이효상은 자서전에서 야마구치고등학교 재학 시절 자신이 불렀던 '데칸쇼의 노래' 가사를 소개한다.

이왕이면 사쿠라나무 밑에서 죽자
죽은 시체에 꽃잎이나 떨어지리
요이 요이 데칸쇼

박사나 대신들의 근본을 아느냐
데칸쇼 데칸쇼 부르며 자랐지
요이 요이 데칸쇼

이왕 할 양이면 억센 일 하여라
나라의 부처님을 방귀로 날려라
요이 요이 데칸쇼

논어와 맹자를 다 읽어보아도
술 먹지 말라고 한 마디도 없다
요이 요이 데칸쇼[98]

이 노래에는 세속의 명예나 물질적 성공을 우습게 여기는 청년의 호기가 가득하다. '박사나 대신들'도 그 근본에서 보자면 자신들처럼 '데칸쇼, 데칸쇼'를 불렀던 고등학생 출신이라는 자부심, 이왕에 세속의 일을 하게 된다면 기성의 권위와 업적을 날려버리는 '억센 일'을 수행하라는 호방함이 드러나 있다.

이러한 '데칸쇼'의 노래 판본이 하나만은 아니었던 듯하다. 식민지의 구제고등학교였던 경성제국대학 예과생들은 "데칸쇼, 데칸쇼, 한 반년 지내세, 그다음 반년은 누워서 지내세!"라는 내용의 '데칸쇼'의 노래를 불렀다. 특히 일본인 학생들은 이런 노래를 부르며 몰려다니다가 정복 순사가 보이면 때려주고 파출소에 소변을 보기도 했다.[99] 사회와 학교는 학생들의 이런 만용을 대체로 눈감아주었다. 미래의 리더인 학생들이 앞으로 국가를 지도할 수 있는 큰 기상을 키우는 데 도움이 된다고 생각했기 때문이다.

그렇지만 쇼와 10년대(1935~1945)가 되면서 고등학교는 자립적인 인간 형성의 장으로서의 특색을 서서히 잃어버리기 시작한다. '자유와 자치'가 옅어지고, 방칼라, 스톰, '데칸쇼'의 노래 등 고등학교의 교양과 정신적 여유로움을 상징하던 문화는 그 외형만이 남게 되었다. 고등학교가 늘어나면서 제국대학에 가기 위한 대입 경쟁이 격화되었기 때문이다.

학생들은 입시에 필요한 과목만 공부했으며, 사색의 깊이와 정신적 여유는 점차 사라졌다. 도쿄제국대학 학생 주사인 오무로 데이치로(大室貞一郎)는 과거 고등학교, 특히 기숙사의 공기는 "청춘의 꿈을 키우기에 어울리는 멋과 정취가 있었"지만 "지금은 대학 입학시험이라는 것이 결핵균과 같이 청년의 뇌리에서 똬리를 틀고 앉아 그들의 공상을 늘 어둡게 하고 있다."[100]라고 개탄했다.

고등학생의 독서

고등학생들은 어떤 책을 읽었을까? 도쿄제국대학

법학부 법률학과를 다니다 학병으로 징집된 신상초는《탈출》에서 자신의 고등학교 시절 독서 생활의 편린을 남겨두고 있다. 그는 후쿠오카고등학교 문과 재학 당시 "구라타 하쿠조(倉田百三)의《사랑과 인식의 출발》, 니시다 기타로(西田幾太郎)의《선(善)의 연구》, 이데 다카시(出隆)의《철학 이전(以前)》, 자유주의자로 도쿄제국대학에서 쫓겨난 가와이 에이지로가 주간이 되어 편집한 10여 권의 학생 총서 그리고 이와나미 문고에 수록된 일본 문학작품부터 손을 댔는데, 매일 놀러 다니느라고 깊이 읽어보지도 못하고 흥미도 갖지 않았다."[101]라고 회고한다. 그는 자신이 읽었던 이 책들이 고등학교 신입생들이 읽게 되는 전통적인 독서목록이었다고 기억하고 있다.

이러한 독서 생활은 고교 2학년이 되면 더욱 본격적인 철학이나 사회과학 서적 읽기로 발전한다. 신상초는 문과생들끼리 조직한 철학연구회에 드나들며 칸트에서 시작하여 헤겔에서 완성되는 난해한 독일관념론 문헌을 읽고, 불어를 전공한 까닭으로 데카르트와 베르그송을 거쳐, 니체, 하이데거, 야스퍼스 등의 생철학, 실존철학의 계보에 발을 들여놓는다.

이어서 관념론에 대한 반대 견해를 알기 위해 포이어바흐의 저서와 마르크스의《독일 이데올로기》, 레닌의 철학 저작 등을 읽는다. 신상초는 관념론, 실존철학, 유물론 관련의 주저들을 이미 고등학교 2학년 때 읽었다. 이러한 저작을 얼마나 깊이 있게 이해했는지는 의문이지만, "대체 칸트나 헤겔이 어렵다면 얼마나 어려운 것인가 알기 위한 탐구심에서 그렇게 독서를 했던 것"[102]

이다. 신상초의 독서 경험이 당대 구제고등학교 학생들의 독서를 그대로 대표하는 것은 아니지만, 전체적인 고교생들의 지적 분위기와 생활 태도를 엿보는 데는 부족하지 않을 듯하다.

제국대학 입시

구제고등학교 졸업생들에게는 제국대학 입학이 대체로 보장되어 있었다. 고등학교 졸업생과 제국대학 입학생의 수가 거의 같았기 때문이다. 규슈와 도호쿠 제국대학은 물론이고 교토제국대학도 학과 대부분이 1차 지망이면 무시험으로 들어갈 수 있었다. 그렇지만 도쿄제국대학만큼은 입시를 거쳐야 했다. 임문환은 "다른 제국대학에서는 정원 미달인 과가 수두룩했지만 동대(도쿄제대)만은 언제나 머리가 터지는 경쟁률을 보였"기 때문에 고등학교 3학년이 되면 "그야말로 목숨을 건 입시 준비가 벌어지고 더러는 이 때문에 병을 얻어 불귀의 객이 되는 경우도 드물지 않았다."[103]라고 기억한다.

한국 수산(水産)학계의 원로였던 정문기도 회고에서 자신의 재수 경험을 기록하고 있다. 스포츠를 좋아한 그는 마쓰야마고등학교에서 야구 및 축구 선수로 활약하느라 도쿄제국대학에 갈 준비를 하지 못했다. 그래서 정문기는 규슈제국대학 공학부 응용학과에 입학한 뒤 재수를 거쳐 도쿄제국대학 수산학과에 입학한다.[104] 요즘 한국식으로 말하자면, 도쿄제국대학과 규슈제국대학은 서울대와 지방 거점 국립대학의 격차에 대응한다고 볼 수 있겠다.

그렇다면 도쿄제국대학 입학시험의 수험 과목은 어떠했나? 수험 과목은 "영(독/불)문 일역, 일문 영(독/불)역, 작문의 셋뿐이고 점수 배정은 작문이 절반을 차지했"다. 작문 과목은 "단순히 문장력을 보는 것이 아니라 외국어 실력을 제외한 나머지, 즉 지리·역사·일본고전·철학·한문·윤리학 등 요컨대 외국어 이외의 실력과 인격의 정도를 종합적으로 평가하는 바로미터"[105]였다. 일종의 본고사 논술 시험이라고나 할까?

입시에서 당락의 성패는 결국 어학 실력에서 판가름 났다. 고등학교는 진학 희망의 단과대학에 따라 1부(법학·문학), 2부(공학·이학·농학), 3부(의학)로 나뉘었으며, 공통 과목은 국어, 윤리, 한문, 외국어뿐이었다. 가장 중시한 공통 과목은 영어, 독어, 프랑스어의 외국어였다. 고등학교에서는 3년간 외국어 수업 시수가 총 수업 시수의 50퍼센트 이상을 차지하는 외국어 중심 교육이 이루어졌다.

신상초는 당시 도쿄제국대학 입시에 대해 다음과 같이 기억하고 있다.

> 동경대 법률학과에 들어가기 위해 시험공부를 좀 했다. 입시 과목은 제1외국어하고 논문 작성밖에 없었으므로 시험공부란 불어 원서 읽기나 계속하고, 논문 작성에 대비하기 위해 역사나 사회과학 지식을 정리해두면 된다. 이 때문에 나는 데카르트의 《드 라 메토드(방법서설)》와 파스칼의 《팡세》를 원서로 읽어나갔다. 그때

《팡세》에 깊은 감명을 받았기 때문에 나는 후일 사회에 나와 이 책을 우리말로 옮겨 출판했다. 역사 공부로는 오루이 노부루(大類伸)의 서양사신강, 사회과학 공부로는 미키 키요시(三木清)의 역사철학, 오다카 토모오(尾高朝雄)의 법철학 그리고 몇 권의 경제학 입문 등, 그 당시 고교 학생들이 대학 입시를 위해 많이 읽어 보는 책을 통독해보았다.[106]

고등학생들은 갑류(영어), 을류(독일어), 병류(불어)의 외국어 중에서 하나를 선택할 수 있었다. 신상초는 불어를 선택하여 외국어 시험을 보고, 논술 시험을 위한 역사와 사회과학 공부로 입시 준비를 하고 있다. 이때 읽은 파스칼의 《팡세(Pensées)》를 훗날 우리말로 번역할 수 있었다는 담담한 진술에서 당시 고등학교의 외국어 학습 강도를 짐작할 수 있다.

공부와 오락 그리고 연애

1938년도에 이루어진 문부성의 〈학생생도 생활조사〉에는 '강의 외 1일 평균 공부 시간'이라는 설문 항목이 있었다. 설문 결과에 따르면, 두세 시간이 46퍼센트로 가장 많고, 세 시간 이상이 41퍼센트, 여섯 시간 이상도 4퍼센트나 되었다. 1934년도에 실시한 도쿄제국대학 학생에 대한 별도의 조사에 따르면, 고등문관시험을 목표로 하는 법학부에서는 세 시간 이상이 74퍼센트, 여섯 시간 이상도 8퍼센트나 되었다.

그렇다고 제국대학 학생들이 공부만 했던 것은 아니다. 1925년의 1차부터 대략 5년여마다 반복한 도쿄제국대학 학생에 대한 조사 결과를 근거로 취미와 오락의 변천 내용을 기록한 글에 따르면, 1925년 조사에서 1위는 바둑 두기, 2위는 음악 감상, 3위는 연극 관람, 4위는 영화 감상이었다. 1929년에는 바둑이 1위, 영화가 2위, 음악이 3위의 순서였다. 1934년이 되면 영화가 1위, 음악이 2위, 바둑이 3위로 바뀐다. 1934년부터 다른 대학에서도 조사가 이루어졌는데, 역시 부동의 1위는 영화였으며, 1938년도 조사에서는 제국대학 학생 47퍼센트가 영화를 1위로 꼽았다. 1934년도 조사에서 영화와 음악의 차이는 그리 크지 않았는데, 1938년도 설문에서는 영화를 좋아한다는 응답이 음악에 비해 두 배 이상에 달했다.[107]

제국대학생들도 요즘 학생들처럼 대학에서 자유롭게 연애했을까? 나이도 많고, 기혼자도 많아서 그러기가 어려웠다. 《문부성 연보》에 따르면, 1905년도 도쿄제국대학 입학자의 평균연령은 최고령인 의학부와 법학부가 각각 25세 2개월과 24세였으며, 최저인 이학부도 21세 6개월이었다. 당시 법학부와 의학부는 4년 졸업제였던 점을 감안하면 순조롭게 학업을 끝마쳐도 거의 서른 살이 되어서야 졸업할 수 있었다.

당시는 여섯 살에 입학하는 심상소학교가 4년, 고등소학교가 2년, 중학교는 5년, 고등학교는 3년으로 총 14년이 제국대학 입학에 필요한 최소 수업 연한이었다. 탈락 한 번 없이 진학했다면 제국대학의 최소 입학 연령은 스무 살 전후였지만, 엄격한 선발의 연속 중에 지체되어 더 늦은 나이에 입학하는 경우가 많았다.

조혼 풍습이 남아 있던 조선의 유학생들은 대개 고향에 아내가 있었다. 염상섭의 소설은 이런 사정을 잘 보여주는 사례다. 《만세전》에 나오는 도쿄의 사립대학 유학생 이인화는 아내의 병이 위중해져 귀향하고 있고, 《삼대》의 주인공인 3고등학교 학생 조덕기는 이미 처자가 있는 몸이다. 조선을 떠들썩하게 한 스캔들의 주인공인 교토제국대학 법학부의 김우영과 서양화가 나혜석이 연애하고 결혼할 수 있었던 이유는 김우영이 상처한 홀아비였기 때문이다.

그런 중에도 캠퍼스 커플의 연애담이 아예 없었던 것은 아니다. 《삼천리》 1932년 2월호의 한 기사는 당시 보성, 연희, 이화, 숭실, 세브란스 등 조선의 5대 사립전문학교 출신 인재를 소개하고 있다. 그중 신의경을 "이화여자전문학교에서 초대로 졸업한 이라. 문과를 마친 후 일본 동북대학(도호쿠제대)에 입학하여 다년 연찬하는 사이에 역사과를 마치고 지금은 씨를 곱게 길러준 모교에 돌아와서 교편을 잡고 있다."라고 소개한다.

이어서 "조선 여성으로 제국대학을 졸업하기는 씨가 처음"으로 "조선의 자랑"이라고 소개한 후 기자는 그녀에게 "젊은 로맨스가 있으니 그것은 동북대학 재학 시에 광산과에 있는 동급생인 모 학생과 알게 되자 두 젊은이는 그로부터 동정하고 사랑했다."[108]라고 쓴다. 신의경의 로맨스 상대는 도호쿠제국대학 광산학과를 졸업한 박동길이었다. 캠퍼스 커플인 신의경과 결혼한 그는 이후 경성고등공업학교 교수를 거쳐 서울대·인하대 공대 교수를 지냈다.

도호쿠제국대학의 신의경·박동길 커플 외에도 규슈제국대학 법문학부를 함께 다니며 이역의 캠퍼스에서 사랑을 꽃피운 황종률·조현경과 같은 또 다른 제국대학 유학생 커플도 있었다. 제국대학 캠퍼스의 조선 여학생들에 대해서는 뒤에 살펴보겠다.

6장

제국대학의 교수들은 누구인가

제국대학의 캠퍼스 풍경과 교수들

제국대학 학생들은 어떻게 공부했을까? 1930년대 도쿄제국대학 캠퍼스 풍경이다.

> 학생들의 공부하는 기풍도 볼만했다. 동대(도쿄제대)생이라면 천하의 수재라는 뜻이 되던 시대였는데도 언뜻 보면 누구 하나 공부하는 기색이 안 보인다. 어떤 친구는 1년에 두세 번 강의실에 나올까 말까 할 정도로 학교를 등지고 살았다. 그리고 정도의 차이는 있지만 거의 모든 학생이 학교 강의에는 그다지 열을 안 올렸다.
>
> 그러나 이들이 정말로 공부를 하지 않는 것은 절대 아니다. 오히려 사회 진출을 앞두고 그 어느 때보다도 뼈를 깎는 듯한 면학의 길을 강행군했다. 그러면서도 언뜻 불성실해 보인 것은 이들이

강의실 대신 도서실과 집에서 공부했기 때문이다.

이와 같은 공부 방식은 교수들이 권하는 것이기도 했다. 동대에 입학한 직후 6고 출신의 두 친구와 헌법학 교수 미노베 다쓰키치(美濃部達吉)의 집으로 찾아가서 공부하는 방식의 교시를 청한 적이 있었다. 이 유명한 헌법학자는 단정한 모습으로 소파에 앉아 간단하고도 명백한 지시를 내렸다.

"진심으로 공부할 생각이 있거든 내 강의를 듣겠다고 학교에 나오는 짓을 하지 말게. 내 강의는 내가 쓴 책 속에 다 적혀 있으니까 1년 강의를 일주일이면 모두 마스터할 수 있을 걸세. 이렇게 해서 절약된 시간은 동서고금의 헌법학 저서를 읽는 데 투자하게."

그러나 기회 있을 때마다 자기 강의를 듣지 말라고 충고한 이 교수의 시간에는 늘 700~800명의 학생들이 운집했다. 그 대신 수강 선택권이 학생들에게 있어서 가치 없는 강의라고 판단되면 그런 강의에는 출석하지 않았다. 학생들을 모으려고 점수를 후하게 줘봤자 누구 하나 거들떠보지도 않았다. 예컨대 형법의 마키노 에이이치(牧野英一) 교수는 매년 600여 명의 시험지를 꼬누면서도 최고 점수인 우(優)는 기껏해야 세 명이었다. 하지만 그의 강의실은 언제나 초만원이어서 목소리를 제대로 들으려면 강의 한 시간 전부터 자리를 잡아야 하는 반면 점수가 후하기로 유명했던 다른 헌법 교수의 강의실은 늘 10여 명을 넘지 못했다.[109]

1930년대 도쿄제국대학을 다닌 임문환의 회고다. 강의실에 매이지 않는 자유로운 면학 분위기와 다양한 책을 통해 공부에 집중하는 당시 제국대학 학생들의 학업의 한 단면을 엿볼 수 있다. 천황도 국가의 한 기관이라는 '천황기관설'의 헌법학자 미노베 다쓰키치, 일본 근대 형법학의 권위자인 마키노 에이이치 등 법학부 교수들에 대한 존경심도 느껴진다.

제국대학 교수들은 어떤 이들이었나? 그들도 대부분 일본의 고등학교를 거쳐 제국대학을 졸업한 사람들이었다. 제국대학의 성적은 '우(優)·양(良)·가(可)·불가(不可)'의 네 가지로 구분되었으며, '불가'를 받으면 다음 해에 한 번 더 시험을 치러야 했다. 졸업에 필요한 18과목에서 모두 '우'를 받은 학생에게는 교수가 될 수 있는 길이 열렸다. 이런 성적을 내는 사람은 몇 년에 한 명 나올까 말까 하는 정도로 어려웠다고 한다.

이러한 성적을 받으면 대학원에 진학하여 수년간 조수 생활을 한 다음 교수회의의 평가를 받는다. 여기에서 합격하면 풍족한 장학금을 지원받는 국비 유학의 길이 열린다. 외국 유학을 마치고 돌아와도 보통 마흔을 넘긴 뒤에 교수로서 강의를 맡았다. 하지만 일단 교수가 되면 정년퇴직할 무렵에는 내각의 원로 각료와 동등한 지위와 급여가 수여되었으며, 사회적으로도 최고의 존경을 받았다.

제국대학의 교수진들은 모두 이러한 과정을 거쳐서 임용되었다. 그들은 당대 일본을 대표하는 지식인들이었다. 조선인 유학생들이 이끌렸던 근대적 학문의 인격적 표상이 바로 제국대학의 유명 교수들이었다. 많은 제국대학 교수 중에서도 식민지에서 온

청년들에게 큰 감화를 준 제국대학의 몇몇 교수들을 만나보자.

요시노 사쿠조와 김우영

다이쇼 데모크라시를 대표하는 지식인 요시노 사쿠조는 미야기(宮城)현 후루카와(古川)시에서 상인의 아들로 태어났다. 센다이 현립중학교를 거쳐 1897년에 센다이 제2고등학교에 입학했다. 이듬해 세례를 받아 기독교에 입문한다. 1900년에는 도쿄제국대학 법학부 정치학과에 입학하고, 같은 해 에비나 단조(海老名彈正) 목사가 주재하는 혼고(本鄉)교회에 가서 교회의 기관지인 《신징(新人)》의 편집에 적극적으로 관여했다. 혼고교회에서의 활동이 요시노의 인격과 사상 형성에 큰 영향을 미친 것으로 알려졌다.

1904년에는 정치학과를 수석으로 졸업하고 대학원에 진학했다. 1906년부터 중국 톈진에서 위안스카이(袁世凱)의 장남을 가르치는 가정교사로 3년간 체재하다가 1909년에 귀국했다. 귀국 이후에는 도쿄제국대학의 조교수로 임명되어 정치사를 담당하던 중 1910년 유럽 유학을 떠나 3년 만인 1913년 7월 귀국한다. 이듬해에 도쿄제국대학 교수로 복귀했고 법학박사 학위를 받았다.

요시노 사쿠조는 시기에 따라 조선에 대한 인식이 조금씩 변화했다. 유년기 및 청년기에는 조선에 대한 일본의 침략을 '선정(善政)'이라는 관점에서, 또 대국주의의 관점에서 긍정했다. 이를테면 1905년 요시노는 조선문제연구회라는 모임에 참여한다. 조선문제연구회는 '인도주의적인 견지에서 합리적인 조선 통치 정책을 연구한다'는 목적 아래 혼고교회의 주요 멤버들이 조직한 단체다. 조선문제연구회는 선정주의에 의거한 동화를 전제로 일본의 한국 강점에 동의했다. 요시노의 대외 인식도 여기서 크게 벗어나지 않았다.[110]

그러나 1913년 유럽에서 귀국한 뒤부터 요시노는 민본주의를 주창하며 보통선거 제도를 통한 정당내각 제도의 확립을 제창하고, 이를 저해하는 군부와 보수적 관료 세력을 통렬히 비판했다. 이른바 다이쇼 데모크라시의 시작이다. 이러한 민주주의적 입장과 더불어 조선 문제에 대해서도 이전보다 더 비판적인 입장을 취하게 된다.

요시노는 민본주의에 근거하여 일본의 식민지 통치 문제를 치열하게 고민하고 비판한 보기 드문 지식인이었다는 평가를 받는다. 그는 대국주의적 민족 차별 의식에 물든 일본인의 조선 인식에 충격을 주었다. 그는 데라우치 마사타케 총독의 무단정치의 실태를 폭로하고 비판했다. 또한 3·1운동을 조선 민중의 내셔널리즘 운동으로 인식한 다음 일본인의 반성을 촉구했고, 독립운동가를 '불령선인'이라고 부르는 것은 양심에 꺼린다고 공언했다. 더욱이 간토대지진이 일어났을 때는 자경단에 저항하여 조선인 학생을 자택에 숨기는 등 조선인 학살을 공개적으로 비난했다. 이러한 일련의 비판적 담론과 양심적인 행동을 통해 요시노 사쿠조는 조선인에게 가장 우호적이었던 일본인 가운데 한 사람으로

손꼽힌다.[111]

요시노가 이렇게 변화한 데는 조선인 유학생과의 만남이라는 계기가 있었다. 요시노와 조선인 유학생의 만남을 매개한 이는 김우영이었다. 마쓰오 다카요시(松尾尊兊)가 소개한 도쿄제국대학 기독교청년회(YMCA)의 기록인 《대학기독교청년회관일지》를 통해 김우영과 요시노 사쿠조의 만남을 재구성할 수 있다. 《대학기독교청년회관일지》 10호(1913. 9. 15)에 따르면, 신학기 1회 총회가 개최되어 19명의 기숙사생 사이에서 숙소 배정을 위한 추첨이 이루어졌는데, 김우영이 '중3' 방에 배정되었다고 기록되어 있다. 또 7월 6일자 일지에는 "6고의 김군(조선인)이 수험을 위해 오늘 아침 입사했다."라는 기록이 남아 있다. 즉, 김우영은 신학기 총회 이전에 기숙사에 들어왔다.

이 일지에 따르면, 도쿄제국대학 YMCA는 1913년 9월 20일에 '신입 회원 및 요시노 교수 환영회'를 열었다. 7월에 유럽에서 돌아온 요시노 사쿠조와 그해 도쿄제국대학에 입학한 신입생을 함께 환영하는 이 모임에서 두 사람은 처음 만났을 것이다. 김우영은 요시노와의 만남을 다음처럼 회고하고 있다.

> 오카야마(岡山) 제6고등학교를 졸업하고, 동경제국대학 법학부 정치과 입학시험에 응했더니 낙제했다. 그때 나는 동경서 정치학을 연구할 마음이 간절했음으로, 동대 문학부 사학과에 입학을 하여 두고 법학부서 청강했다. 그때 우리 조선 청년의 경우가 그러했듯이, 나는 학과를 연구할 시간보다 우리 유학생들과 접촉하

며 더욱 일본인의 교수라든지, 대학생 중에서도 자유주의 사상을 가지고 조선에 동정을 표하는 인사들과의 교제에 공부할 여유가 없었다. 특히 동대 교수 요시노 사쿠조(吉野作造) 박사는 자유주의자로 기독교 신자이며 우리 동대 기독교청년회 선배라 나는 그 때 동대 기독교청년회 기숙사에서 기숙했음으로 요시노 박사와는 매양 면회할 기회가 있었다. 동대 법학부 중심으로 신인회가 학생 간에 조직되었다. 이 회합은 주로 요시노 교수를 중심으로 자유사상을 가진 학생들의 회합이고, 총회 변론부의 위원들이 대부분이었다. 조선 문제에 대하여도 거개가 독립론자다. 동대 변론부의 부장이 요시노 박사라 나는 대소 변론회를 막론하고 연사로 선정이 되어 열변을 토했다.[112]

김우영은 6고를 졸업하고 도쿄제국대학 법학부 정치학과에 진학하고자 했지만 낙방한다. 김우영은 문학부에 적을 걸어두고 정치학과 강의를 청강하며 법학부 진학을 모색했다. 특히 그는 기독교청년회 기숙사에 기거하며 기독교청년회 선배이자 정치학과 교수인 요시노 사쿠조와 그를 중심으로 한 법학부 재학생들의 모임인 '신진카이'의 변론부 활동에 참여하고 있다. 김우영은 도쿄제국대학 정치학과 입시에 재도전하지만 또다시 떨어졌다. 요시노는 교토제국대학의 진보적 법학자 사사키 소이치(佐佐木惣一) 교수에게 김우영을 추천하여 교토제국대학 법학부로 전학시켰다.

도쿄 체류 당시 자칭 '조선의 독립론자'였던 김우영은 장덕수, 김준연 등을 요시노 사쿠조에게 소개했다. 요시노는 이들 외에도 재일본조선기독교청년회의 총무이자 재일본도쿄조선유학생학우회 회장을 지낸 백남훈과도 친분을 나누었다. 이들 조선인 유학생들과의 만남을 통해서 요시노는 총독정치의 문제를 절감했으며, 이후 조선과 만주를 둘러본 후 《중앙공론》에 〈만한을 시찰하고〉[113]를 발표하여 파문을 일으킨다.

그렇지만 요시노 사쿠조의 조선 인식에 대해서는 여러 한계가 지적되어왔다. "조선의 독립운동을 민본주의의 틀 안에 가둠으로써 자치권 획득 운동 정도로 완화시키고자 기대했다."[114]라며 그의 민본주의를 제국주의와 동일시하는 비판적 관점이 전후 일본에서 제기된 바 있다. 정치학자 한상일은 요시노가 제국주의를 반대한 것이 아니라 세계가 인정하고 식민지민조차도 받아들일 수 있는 합리적인 식민정책이 필요하다고 주장하는 '자유주의적인 동화주의자' 또는 '부드러운 제국주의자'였다고 비판했다.[115]

근원적인 한계를 지녔지만, 그래도 요시노가 현실의 총독정치에 대해 신랄한 비판을 한 진보적 지식인이었다는 것은 부정하기 어렵다. 많은 조선 청년들이 그에게 감화를 받은 것 또한 사실이다. 김우영이 도쿄제국대학 법학부 정치학과에 진학하려고 갈망한 이유 중 하나도 그곳에 바로 요시노 사쿠조가 있었기 때문일 것이다.

요시노 사쿠조는 식민지 유학생들과의 만남을 통해 대국주의적이고 다소 노골적인 제국주의적 입장에서 총독부의 폭력적 통치를 비판하는 '자유주의적 동화주의자'로 변신해갔다. '조선의 독립론자'였던 김우영을 비롯한 식민지 유학생들은 제국대학의 일본인 교수들과의 만남 속에서 일본 제국의 헤게모니를 수락하며 협력의 길로 나아갔다. 제국의 스승과 식민지 청년은 서로를 변화시켰다.

가와이 에이지로와 이동화

도쿄제국대학 정치학과에는 요시노 이외에도 진보적인 지식인들이 존재했다. 그중에서도 가와이 에이지로 교수는 일본 파시즘에 저항한 저명한 사회민주주의자로 식민지 청년들에게도 큰 영향을 끼쳤다. 《학생과 교양》을 비롯하여 가와이 교수가 편집한 학생 총서 시리즈는 식민지 청년들에게도 필독서였다.

가와이 에이지로는 1891년에 도쿄에서 태어나 도쿄제국대학 법학부 정치학과를 졸업하고 에든버러대학에서 영국의 고전 정치사상들을 연구했다. 특히 옥스퍼드대학 교수로서 자유주의적이고 이상주의적 정치사상을 정립한 정치학자로 꼽히던 토머스 힐 그린을 깊이 연구했다. 그는 《토머스 힐 그린의 사상 체계》와 《사회사상가 평전》 등을 출간했다. 가와이는 본질적으로 사회주의자라기보다는 자유주의를 옹호한 이론가였다.

그렇지만 동시에 가와이는 독일 사회민주당과 영국 노동당을 깊이 연구하면서 자유주의와 사회주의의 접점을 찾고자 노력했고, 이러한 맥락에서 일본 사회에서 사회주의의 전파에 일정하게 기여했다. 가와이 교수에게 직접 배운 이동화는 그가 스스로를

'유럽적 사회주의자'[116]라고 불렀다고 회고한다.

이동화가 졸업 후 보인 삶의 궤적은 청년기에 만난 교사가 얼마나 중요한 역할을 하는가를 증거한다. 이동화 스스로 가와이 교수에 대한 존경의 마음을 표시하고 그에게 큰 영향을 받았음을 밝히거니와, 이후 조선으로 돌아온 그는 몽양 여운형 그룹의 일원으로 식민지 독립운동을 모색한다. 해방 이후에는 건국준비위원회 서기국의 일원으로 활동하다가 평양으로 월북하여 김일성종합대학 국제정치학 강사, 《평양민보》 주필 등을 역임했다.

한국전쟁 때 다시 월남하여 1950년대 성균관대 등에서 정치학 강의와 더불어 진보당 강령의 기초, 민주혁신당 정책위원장, 통일사회당 당수 등을 역임하며 평생 한국의 혁신운동에 투신했다. 그는 볼셰비키즘을 비판했으며 사회민주주의를 자신의 정치적 신념으로 견지했다. 이러한 그의 정치적 입장은 청년 시절 만난 스승 가와이 에이지로의 사상에서 영향을 받은 바가 크다.[117]

가와카미 하지메와 연희·보성 전문학교의 상과

가와카미 하지메는 교토제국대학은 물론이고 근대 일본을 대표하는 경제학자로 제국대학의 조선인 유학생들에게도 깊은 영향을 끼친 인물이다. 염상섭이 《삼대》에서 묘사하는 주인공 조덕기의 유학의 동정은 흥미롭다. 교토경찰서의 동향 감시에 따르면, 교토 3고생 조덕기는 "하숙방에 마르크스나 레닌의 저서가 놓여져" 있는 다소 불온한 조선인 유학생이다. 부르주아의 자제인 조덕기는 "제일선에 나서서 싸울 성격도 아니요 처지도 아니니까 차라리 일(一) 간호졸(看護卒) 격으로 변호사나 되어서 뒷일이나 보면 좋겠다는 생각"[118]으로 교토제국대학 법학부에 진학하여 '형법' 관계의 공부를 한 후 변호사가 되려고 마음먹고 있다.

이러한 조덕기에게 그의 부친 조상훈은 "경성제국대학으로 오면 입학에 경쟁이 심한 것도 아니요 또 집안 형편으로도 좋"[119]겠다며 다시 상과를 권하거니와, 조덕기는 "경제과는 해도 좋지만 상과는 싫어요."라고 답하는데 이것을 "몽롱하나마 제 속따짐이 있는 것"[120]이라고 설명하고 있다.

조덕기의 생각에는 내지/식민지의 지식의 위계와 이에 대한 당대적 인식이 잠재되어 있다. 조덕기 발화에서 치부(致富)의 방법을 배우는 '상과'와는 다른 학문으로 간주되는 '경제과'는 '내지'에 존재하는 특별한 경향성을 띠는 제도였다. 특히 조덕기의 '속따짐'이 지향하는 것으로 보이는 교토제국대학 경제학부는 마르크스주의 경제학자인 가와카미 하지메를 직접적으로 연상시킨다.[121]

가와카미 하지메는 1916년에 착취를 격정적으로 비판한 《가난 이야기(貧乏物語)》를 출간하며 일본 사상계에 등장한 이래 마르크스경제학을 연구한 경제학자이자 사회사상가로 큰 족적을 남겼다. 그는 1915년 이래 교토제국대학 경제학부 교수로 있었으며, 1928년 대학 당국의 압력을 받아 교수직을 사퇴했다. 공산주의 활동을 이유로 1933년부터 1937년까지 수감 생활을 했고, 1943년부터 1945년까지 다시 투옥되었다. 그때 기록해둔 장문의 자서전이 패전 이후 일본의 출판계에 등장하면서 가와카미 붐이 일어났다. 자서전은 진보 잡지에 연재되었는데, 그는 그것을 묶은 1권이 출판되기 바로 직전인 1946년 1월 31일에 예순일곱 살의 나이로 세상을 떠났다.

▲ 가와카미 하지메

가와카미는 조선인 유학생 및 조선의 사상계에도 큰 영향을 끼쳤다. 염상섭이 쓴《삼대》의 조덕기처럼 많은 조선의 학생들이 가와카미 하지메를 찾아 교토로 갔다. 교토제국대학 경제학부를 졸업한 이관구는 청춘 시절 자신의 지적 방황을 회고하면서, "1차 세계대전이 세계적으로 사상의 일대 전환기"를 가져오고, "기존 질서에 대한 비판과 부정의 세력이 팽배하여 사회 개조 내지 혁명의 이론이 급하게 전개"되는 분위기 속에서 "나 역시 사상의 격동을 느꼈으며 경도제국대학을 찾아간 것도 '마르크스경제학'의 태두이던 가와카미 하지메 박사의 강의를 듣기 위함"[122]이었다고 회고했다.

교토제국대학 경제학부를 졸업하고 동광당서점 사장과 해방 후 국회의원을 지낸 이정래도 대학 시절 만난 가와카미 교수에 대해 다음과 같이 회고했다.

경대(교토제대)에서는 마르크시즘의 세계적 권위자인 가와카미 하지메 교수가 있어 그분의 강의를 많이 듣고 따랐다. 한국 사람으로 독립을 위해서는 일본 제국주의와 싸워야 하는 것인데 가와카미 교수도 마르크시스트로 일본 제국주의와 싸우고 있어 투쟁 대상이 일치했기에 사상 문제를 떠나 그를 따랐던 것 같다.

가와카미 교수는 바싹 마른 분으로 그의 강의가 명강의일 뿐만 아니라 조크도 섞어가며 재미있게 했기 때문에 학생들 사이에서 대단한 인기였다. 경대에서 제일 큰 강당에서 주 2회 두 시간씩 경제원론을 강의했는데 인문계 학생뿐만 아니라 공대, 농대 학생들도 몰려와 인산인해를 이루기 때문에 새벽 6시부터 나와 자리를 잡으려고 야단이었다.

가와카미 교수는 월간으로 《사회문제연구》를 발행하면서 학생들 가운데 똑똑한 사람들을 골라 자기 집에서 매주 목요일에 그 잡지를 중심으로 세미나를 했다. 그 세미나에 일인 학생 여덟 명과 한국인 학생 세 명이 참가했다.[123]

명강의로 인기가 높은 가와카미 교수의 강의를 들으러 인문계 및 공대, 농대 학생들까지 몰려 새벽 6시부터 자리를 잡으려 법석이었나 보다. 요즘도 대학의 인기 과목은 수강 신청 사이트가 열리면 금세 정원이 모두 찬다. 심한 경우 학생들 사이에서 수강 과목이 거래되기도 한다. 이처럼 스타 교수의 강의에 학생들이 몰리는 것은 예나 지금이나 마찬가지다. 이정래의 회고를 통해 가와카미 교수의 강의가 누린 인기를 가늠할 수 있다.

잡지 《사회문제연구》를 간행하며 똑똑한 학생들을 모아 가진 세미나에 조선인 유학생들이 참여했다는 사실은 흥미롭다. 아쉽게도 이정래는 구체적인 학생들의 이름은 기록해놓지 않았다. 가와카미가 강단에 있던 1928년까지 최초의 경제학부 졸업생인 김연수로부터 이순탁, 이관구, 노동규, 서춘, 김수학 등 근 30여 명의 조선인 유학생들이 경제학부를 거쳐 갔다. 이정래가 언급한 조선인 학생 세 명은 아마도 이들 중에 있었을 것이다.

가와카미가 조선인 경제학 전공자들에게 끼친 영향은 특히나 컸다. 유학 시절 "조선의 가와카미 하지메"[124]란 별명을 들을 정도로 가와카미 교수에게 경도되었던 이순탁은 귀국 후 연희전문학교 상과 교수로 재직하면서 학내에 백남운, 노동규 등 동료 교수들과 함께 마르크스경제학의 학풍을 세우려고 노력했다. 그러다 이순탁, 백남운, 노동규 등은 학과 학생들과 함께 좌익사상을 공부하고 선전한 혐의를 받아 1938년 치안유지법 위반 혐의로 체포된다. 이른바 '연희전문 적색교수 사건'이다. 이들은 구속되었다가 1940년에 보석으로 풀려난다.

노동규 역시 가와카미에게 감화를 받은 교토제국대학 경제학부 출신의 연희전문학교 교수다. 그가 전향하며 법원에 제출한 전향서인 〈(感想錄—マルクス理論克服日本精神體得記(감상록—마르크스이론극복일본정신체득기)〉에는 감수성이 예민한 한 소년의 사상 편력이 회고되어 있다. 이 자필 기록에서 노동규는 열여섯 살에 접한 '만세 소요'(3·1운동)와 '데모크라시', '민족사상'이 자신에게 어떤 감화를 주었는지 서술한 뒤, 연희전문학교 재학 시절 톨스

토이의 인도주의에 경도된 후 구세군의 기독교 사회주의적 운동을 거쳐 교토제국대학 경제학부 입학 이후에는 가와카미 하지메에게 감화되어 유물사관적 세계관에 공명하게 되었다고 쓰고 있다.[125]

노동규는 가와카미 하지메에게 감화되어 습득한 좌익적 이론을 기초로 삼아 연희전문학교에서 강의했지만, 1935년경부터 마르크스 사상이 동요하기 시작했고 광둥(廣東)과 한커우(漢口) 함락 이후 사상적 미몽에서 각성하게 되었다며 전향을 선언한다. 한 지식인의 정신이 붕괴하는 순간을 엿볼 수 있는 이 전향서에 기술된 사상 편력에서 알 수 있듯이, 가와카미의 감화는 노동규의 인생에서도 큰 비중을 차지한다.

연희전문학교와 함께 식민지의 양대 사학으로 꼽히는 보성전문학교 상과의 교수진인 윤행중과 박극채도 교토제국대학 경제학부 출신들이었다. 윤행중은 가와카미 하지메의 퇴임 직전에 입학하여 그 강의를 들었던 것으로 보인다. 박극채는 가와카미가 퇴임한 이후에 입학하긴 했지만 가와카미로 대표되는 교토제국대학의 마르크스경제학 학풍과 그 프로그램 속에서 학문적 정체성을 형성했다.

이처럼 가와카미 하지메가 끼친 영향은 개인의 차원에만 그치지 않는다. 유학을 통해 특정한 프로그램에서 훈련된 조선인 유학생들이 졸업 후 식민지 조선에서 자신이 교육받은 제국의 '학지(學知)'를 모방 혹은 길항하며 식민지에서의 가능성을 탐색했기 때문이다. 이순탁, 노동규, 박극채, 윤행중은 연희와 보성 양대

전문학교 상과 교수진의 중추를 형성했으며, 식민지 조선의 청년들에게 자신들이 배운 마르크스경제학을 전파했다.

해방 이후 박극채와 윤행중은 월북하여 김일성종합대학의 학부장 및 과학원 원사가 되어 제국의 '학지'를 북한의 지식 제도로 연속·변용시켰다. 이순탁은 가와카미 하지메의 정치사상에서 받은 영향을 심화하여 식민지 조선의 토지제도 개혁에 대한 구상을 1920년대 《동아일보》에 연재했다. 해방 이후 기획처 장관으로 입각한 이순탁은 남한의 토지개혁안을 입안하는 데에도 관여했다. 이순탁의 토지개혁안이 전면적으로 관철되지는 않았지만, 가와카미 하지메의 사상은 이순탁을 거쳐 탈식민지의 새로운 제도 수립에도 부분적으로 영향을 끼친 셈이다.[126] 이처럼 제국의 학지를 표상하는 교수들과 그들의 식민지 제자들은 해방 후 남북한 사회에도 흔적을 남겼다.

후지나미 아키라와 윤일선

해방 이후 서울대 총장과 대한민국학술원 초대 원장을 지낸 윤일선에게도 잊을 수 없는 제국의 은사가 있었다. 그는 1919년 7월에 일본 제6고등학교 3부 의과를 졸업하고 9월에 교토제국대학 의학부에 입학했다. 1학년 78명 중에 그는 유일한 조선인이었다.

윤일선의 기억에 따르면, 교토제국대학은 도쿄제국대학보다

학교 분위기가 매우 자유로워 다른 학부 강의도 청강할 수 있었다. 그래서 기독교청년회 기숙사에 동숙하던 친구와 종교·철학·미술 강좌도 듣고 교양서적도 많이 읽으며 의학 공부를 병행했다고 한다.[127] 대학 시절 윤일선은 다이쇼 데모크라시의 영향 속에서 사상적 고뇌에 빠졌다.

가와카미 하지메를 비롯해 기독교 사회주의자로서 저명한 빈민 운동가 가가와 도요히코(賀川豊彦), 불교계 수양 단체인 잇토엔(一燈園)을 이끈 니시다 덴코(西田天香) 등 기라성 같은 인물들이 1920년대 청년들에게 영향을 끼쳤다. 윤일선과 함께 하숙하던 경제학부의 이관구는 가와카미의 강의를 수강하고 니시다 덴코의 잇토엔을 방문하는가 하면, 고베 빈민굴에 있는 가가와 도요히코도 찾아갔다.

이관구는 윤일선도 자신과 함께 니시다 덴코를 자주 심방(尋訪)했으며, 둘이서 무샤노코지 사네아쓰(武者小路實篤)가 규슈의 휴가(日向) 마을에 건설한 이상촌(理想村)에 찾아가 며칠 묵기도 했다고 전한다.[128] 윤일선은 사상적 고뇌 속에서 세상을 위한 자신의 역할에 대해 깊이 고민했다. 이때 그는 인생의 지침을 준 스승 후지나미 아키라(藤浪鑑) 교수를 만난다.

교토제국대학 의학부의 후지나미 교수는 "의학도는 임상의가 되어 질병을 고쳐주는 일도 중요하지만 이보다는 기초의학을 발전시키고 나아가서 훌륭한 임상의를 길러내는 일이 인류에 보다 봉사하는 길이라고 역설"[129]했다. 후지나미 교수와의 인연으로 병리학을 전공하게 된 윤일선은 다음과 같은 기억을 남기고 있다.

교토제국대에는 병리학의 일본 대표적 학자 후지나미 교수가 있었는데 그는 나를 깊은 관심을 갖고 대해주었다. 한편 후지나미 교수는 매주 수요일 한 시간 동안 학생들과 같이 점심 식사를 했다. 기숙사 식당엔 의학부 학생뿐 아니라 경제, 법학, 이공학부 학생들까지 북적이는 속에서 식사를 하며 많은 학생들의 질문에 응해주는가 하면 세상 돌아가는 이야기까지 해주곤 했다.

지금과는 달리 그때는 스스로 학생들 틈에 끼어서 점심을 들며 이야기해주는 교수는 후지나미 교수밖에 없어 학생들의 인기를 높이 샀으며 그 교수의 가르침을 받던 그때가 오래도록 내 기억에 남는다.

1923년 6월 교토제국대학 의학부를 졸업한 나는 후지나미 교수가 수업료를 주어 대학원 병리학 교실 부수, 지금의 조교로 들어가게 되었다. 요즘은 인턴까지 보수를 받고 그것도 모자라 처우 개선을 요구, 환자 곁을 떠나는 실력 행사까지 벌여 돈을 더 타내기도 하지만 그때는 처음부터 무보수였다. 월급을 받으러 들어가는 것이 아니고 오직 공부만을 하기 위해 들어가는 것이다. 그래서 나는 생활비가 떨어질 때가 한두 번이 아니었다. 그럴 때마다 후지나미 교수를 찾아가 도움을 받기 일쑤였다.[130]

교토제국대학의 후지나미 교수와 윤일선의 관계는 마치 부자 사이처럼 느껴진다. 윤일선은 후지나미 교수에게 인간적인 애정은 물론, 경제적 원조도 계속 받았다. 후지나미 교수는 등록금을 대신 내주고, 월 90엔의 장학금을 알선해주는가 하면, 대학원 시절에는 '제국학사원'의 연구비 3,000엔을 주선해준다.

윤일선은 교토제국대학 연구실 부수를 끝내고 경성으로 돌아와 경성제국대학 의학부 병리학 부수로 부임한다. 이러한 이직에도 후지나미 교수의 도쿄제국대학 졸업 동기인 시가 의학부장의 도움을 받거니와, 이 또한 후지나미 교수가 편지를 보내 주선한 것이었다.

윤일선은 경성제국대학에서 조교수가 되었지만 1년 뒤에 세브란스의학전문학교 교수로 자리를 옮기고 교토제국대학에서 박사학위를 취득했다. 윤일선이 회고에서 밝히듯이, 그의 주 전공인 병리학, 그중에서도 암 연구는 바로 후지나미 교수의 발견과 학설에 힘입은 바 크다. 후지나미 교수는 1934년에 사망한다. 윤일선은 이후 후지나미 교수에게 받았던 사랑을 세브란스의전 및 서울대 제자들에게 전하는 삶을 살았다.[131]

7장

총독부 '나리'가 되어 돌아온 조센징들

제국대학 유학생들의 진로

제국대학 유학생들은 졸업 이후 어디에 취직했을까? 도쿄제국대학 졸업생의 3분의 1에 해당하는 64명이 조선총독부 및 만주국, 일본 본토의 (준)관료 경력을 가지고 있다. 사망 등 여러 사정으로 행적을 확인하기 어려운 41명을 제외하면 대략 50퍼센트 정도가 관료였다. 교토제국대학 졸업생도 96명이 관료가 되었다. 확인이 어려운 55명을 제외하면 관료가 차지하는 비율이 대략 55퍼센트다.[132]

관료 다음으로 큰 비율을 차지하는 직종은 각종 관공립·사립학교의 교원이다. 일본과 조선 및 만주의 대학과 전문학교, 해방 이후 남북한의 교수직을 거친 사람이 도쿄제국대학 53명, 교토제국대학 46명에 달한다. 이력이 확인된 사람 중에서 대략 40퍼센트 전후의 비중을 차지한다.

이것을 제국대학 전체 졸업자와 비교하면 어떨까? 1935년 현재까지 제국대학 졸업생 6만 528명을 대상으로 진로를 조사한 《문부성 연보》에 따르면, 관공청의 직원(관료)이 25퍼센트, 학교 교원이 21퍼센트, 의사가 10퍼센트 등이며, 은행·회사원 30퍼센트 등을 포함한 민간 부문 취업자가 44퍼센트다.

이러한 통계 수치는 제국대학이 국가 관료 양성 학원에서 점차 자본주의사회의 대학으로 변해가고 있음을 일러준다. 이런 전체적인 추세와는 반대로 식민지 유학생의 민간 부문 취업은 아주 드물었다. 자본주의화가 더뎠던 식민지에는 괜찮은 일자리가 부족했기에 유학생들은 관료와 교원 자리로 몰렸다.

유진오가 쓴 소설 〈김 강사와 T 교수〉에서는 교원 자리조차 구하기 어려웠던 당대의 사정을 잘 보여준다. 도쿄제국대학 독문학과 출신 김만필은 대학 은사와 동향인 총독부 유력 과장의 주선으로 간신히 S관립학교 강사로 취직할 수 있었다. 그마저도 일본인 T 교수의 농간으로 결국 쫓겨나지만 말이다. 이처럼 식민지의 1930년대는 도쿄제국대학 출신 엘리트마저도 구직난으로 고통을 받는 시대였다.

이런 상황에서 식민지 출신들에게 관료는 가장 확실한 일자리였다. 특히나 (고등) 관료는 '관존민비'의 전통이 있던 조선 사회에서 권력을 맛볼 수 있는 달콤한 자리였다. 제국대학 학생들은 고등문관시험을 거쳐 군수 혹은 판검사가 되었다. 푸른 꿈을 안고 현해탄을 건너간 소년들이 군수 '나리'가 되어 돌아오는 과정을 살펴보자.

식민지판 과거(科擧), 고등문관시험

고등문관시험은 고등 관료를 선발하는 시험이다. 고등관은 주임관(奏任官) 이상을 일컫는다. 통상 고등관은 군수, 도청의 과장급인 이사관 또는 도경시(道警視)에서부터 시작했다. 주임관 위에는 칙임관이 있었다. 칙임관 중 천황에게 직접 임명장을 받는 관리를 친임관이라고 한다. 조선에서 친임관은 총독과 정무총감 두 사람뿐이었다.

고등관은 '관계(官界)의 꽃'으로서 조선총독부 전체 관료 중에서 대략 10퍼센트에 불과했다. 그중 조선인은 극히 소수만이 있었을 뿐이다. 조선인 관료는 대부분 총독부 말단이었는데 "수십 년을 판임관으로 떠돌다가 운이 좋아야 쉰 살이 넘어서 겨우 고등관인 군수로 특채"[133]될 수 있었다. 고등관의 출발점인 군수 직위가 조선인에게는 관직 생활을 화려하게 마감할 수 있는 최대의 성취였다.

하지만 고등문관시험에 합격하면 사정이 달라졌다. "고등시험 합격이 관계 등용문의 유일한 패스포트"였고, "고등시험에 합격하면 아무리 바보라도 내무부장까지는 보장"[134]되는 분위기였다. 한 수험생은 고등문관시험 합격자 명단을 보는 순간 "내 앞날의 인생이 보장된 듯한 안도의 기분"[135]을 느꼈다고 고백한다. 경성제국대학을 졸업한 후 평안북도 도청에서 근무하다 고등문관시험에 합격한 이홍배의 육성을 들어보자.

고등시험에 내가 합격했다는 소식이 전해지자 신문기자의 인터뷰 신청이 쏟아져 들어오고 지방 유지들의 내방 인사가 줄을 이었다. 그리고 도청 내에서는 모두들 나의 이야기를 하는 것 같았고 평소에 인사도 없었던 다른 부나 과 직원이나 급사까지도 나와 마주치면 정중히 인사를 하곤 했다. 나는 그날부터 도청 내의 고등관식당 출입이 허용되어 도지사를 비롯한 고등관 간부들과 점심을 들게 되었고 외부로부터 도청 간부를 초청하는 행사나 연회에도 초청을 받게 되었다. 나는 고등시험 합격 2개월 만에 월급 65원의 사회서기에서 85원 월급의 도속으로 승진되어 농촌진흥과에 근무하게 되었다.[136]

고등문관시험에 합격하자 우선 월급이 올랐고, 다른 고등관들과 겸상이 허락되었으며, 내외부의 유지들에게 인정받는 등 사회적 신분이 상승했다. 출세에 도움이 되는 든든한 배경을 가진 혼담도 쇄도했다. 고문 합격이 열어준 '관운'은 해방 이후로까지 이어져, 그는 경기도지사와 국방부 차관을 역임했다.

고등문관시험은 예비시험과 본시험으로 나뉘었다. 예비시험은 본시험의 수험 능력을 확인하는 장치로, 시험 과목은 논문 및 외국어였다. 예비시험의 수험 자격은 중학교 졸업자를 기준으로 했으며, 고등학교 고등과 및 대학예과 수료자 등은 예비시험을 면제받았다. 본시험은 행정과·외교과·사법과로 나뉘었으며, 동시에 두 시험에 응시할 수 있었다.

그렇다면 조선인 합격자 규모는 대략 어느 정도가 되었을까?

해방 이전 고등문관시험 행정과의 조선인 합격자는 총 135명이었다. 경성제국대학 45명, 도쿄제국대학 18명, 교토제국대학 17명, 도호쿠제국대학 여섯 명, 규슈제국대학 아홉 명 등으로 제국대학 출신자가 70퍼센트를 차지했다.[137] 일본 전체로 보면 도쿄제국대학 출신자가 가장 많았지만, 조선인의 경우는 경성제국대학이 단연 수위를 차지했다. 대학 평판의 주요 기준인 고등문관시험 합격자 수를 늘리려고 신생 경성제국대학이 학교 차원에서 응시를 적극적으로 권유·지원했기 때문이다.

1943년 고등문관시험이 중단될 때까지 사법과 합격자는 총 272명가량으로 경성제국대학 50명, 도쿄제국대학 12명, 교토제국대학 16명, 도호쿠제국대학 다섯 명, 규슈제국대학 다섯 명, 경성법학전문학교 27명 등 관립학교가 115명으로 대략 40퍼센트 정도를 차지했다.[138] 외교과 합격자는 도쿄제국대학 출신 장철수 혼자였던 듯하다. 관료 양성을 목적으로 설립되었으며, 고등시험 위원 대부분이 교수로 재직하던 제국대학 출신자들이 고등문관시험 합격자의 다수를 차지한 것은 어찌 보면 당연한 결과처럼 보인다.

행정 관료들의 변명

고등문관시험에 합격하여 식민지 관료가 된 제국대학 출신들은 자신의 '출세'를 고통에 신음하는 식민지 동족을 구하려는 불가피한 선택이었다고 합리화했다. 유능한 행정 관료가 되어 동족의 삶을 향상하는 데 기여했고, 민족애를 품고 사법 관료가 되어 억울한 일을 당하는 동족을 보살폈다는 변명은 그들이 흔히 내세우는 알리바이이다.

▲ 임문환

우선 행정 관료의 변명을 들어보자. 임문환은 자신의 생애를 술회하면서 도쿄제국대학 진학, 고등문관시험 합격, 총독부 관료로 이어지는 경력을 '실력양성론'으로 미화했다. 그는 도시샤중학생 시절부터 "일본인에게 뒤지지 않는 실력의 배양이 우선 나의 의무다. 먼저 고등학교에 입학하고 일본 정부에 대해 고양이 가죽을 뒤집어쓰고 얌전한 척하라. 그러고서 제국대학을 졸업하고 관리가 되어서 정치적으로 우리 민족을 해방해보자."[139]라고 결심했다.

청년 임문환의 결심을 믿어주고 싶어도, 총독부 관료가 되어 그가 걸어간 행로는 이런 초심과는 한참 거리가 있다. 식민지 말기 그는 총독부 식산국 산금과, 광공국 서기관 등으로 재임하며 조선에 매장된 자원을 파악하여 아낌없이 동원하는 데 그 수완을 한껏 발휘했다.

생활의 수단으로서 사무 지식과 행정 기술을 습득한 관료 계급의 생리 중 하나는 체제에 대한 비판을 회피하고 그것에 복종하는 것이다. 독립된 국가에서도 그러하거늘 하물며 식민지 체제에서야 말해 무엇하랴? 그들은 동족에 대한 징용·징병·공출에 앞장선 사람들이다. 제국대학을 나온 우수한 두뇌와 유능함은 행정의 대상이 된 조선 민중에게는 큰 해악이었다.

경성제국대학 재학 중에 고등문관시험 행정과에 합격해 1941년부터 해방이 될 때까지 경상남도 하동군수와 창녕군수를 지낸 법학자 이항녕은 자신의 과오를 여러 차례 고백했다. 일제 말기 군수는 "고등관으로 한국 사람이 고등관이 되었다고 하면 그것은 일본에 적극적으로 협력한 것"이고, 징용·징병·공출을 독려하는 그러한 직업을 선택한 것 자체가 죄악이었다고 참회한 바 있다.[140]

식민지를 배경으로 한 영화 〈모던보이〉에서 주인공 이해명은 총독부 서기관이었다가 사랑하는 연인의 죽음을 계기로 만주에서 싸우는 조선 독립 단원으로 새롭게 태어난다. 영화 〈밀정〉의 소재가 된 황옥의 사례가 있긴 하지만, 독립운동에 투신하는 총독부 관료란 영화적 상상력에 가깝다. 특히나 제국대학 출신 고등관 중에서는 찾기 어렵다.

실제로는 제국대학 출신의 유능한 총독부 관료들은 만주로 전출하여 대륙 침략의 첨병이 되었다. 민생단을 조직하여 참혹한 풍파를 일으킨 도쿄제국대학 출신의 박석윤을 비롯한 적지 않은 제국대학 출신들이 만주를 누비고 다녔다. 최남선의 매제이기도 한 박석윤은 1922년 도쿄제국대학 법학부를 졸업한 후, 영국 케임브리지대학에서 유학하고 총독부 기관지 《매일신보》 부사장을 거쳐 만주로 건너갔다. 박석윤은 이주한 조선인의 이익 보호를 명분으로 일본에 우호적인 자치 조직 '민생단'을 조직했다. 그가 뿌린 공작의 씨앗은 1930년대 만주 공산 유격대 내에서 조선인 공산주의자들이 일본 스파이 혐의로 숙청되는 이른바 '반민생단 투쟁'의 원인이 되었다. 이로 인해 2년 반 동안 대대적인 마녀사냥이 벌어져 500여 명이 넘는 조선인 혁명가가 희생되었다.[141]

박석윤을 위시하여 도쿄제국대학 일곱 명, 교토제국대학 세 명, 도호쿠제국대학 두 명, 규슈제국대학 두 명, 홋카이도제국대학 한 명, 경성제국대학 여덟 명 등 제국대학 출신들이 만주국의 고등 관료로 활동했다.[142] 교토제국대학 출신인 한웅길과 진양근 등은 만주국 수도 신징(新京)에 세워진 관료 양성 학교인 대동학원을 1기로 졸업하고 만주국의 유능한 관료가 된다.

이들이 만주에서 한 일은 무엇일까? 만주국의 대다수 조선 관료들은 '동남지구특별공작후원회'에 가입했다. 박석윤이 본부 총무로 활약한 이 후원회에서는 항일 조선인을 '선비(鮮匪)'라 부르며 그들을 토벌하는 관동군을 적극 지원했다. 그때 그들이 내세운 논리 또한 만주로 이주한 '민족의 이익'이었다.

사법 관료들의 변명

사법 관료의 변명도 들어보자. 불완전한 인간이 같은 인간을 심판한다는 건 쉬운 일이 아니다. 계급과 학연·지연,

정치적 입장과 이해관계 등에 휘둘리지 않는, 권력과 자본에서 자유로운 법관은 민주 사회의 이상이다. 하지만 정치권력과 재판을 거래한 혐의로 대법원장이 구속되는 참담한 사법부의 오늘은 그러한 이상이 얼마나 요원한가를 알려준다.

해방된 지금도 법조의 독립성을 두고 많은 논란이 있는데 식민지 사회의 판검사야 말해 무엇하랴. 민족문제연구소가 《친일인명사전》을 간행할 때, 선별 기준의 임의성과 친일과 저항의 이분법적 구분 등에 대한 여러 비판이 있었다. 하지만 판검사 이력을 지닌 사람에 대한 선별만큼은 별다른 이견이 없었다. 왜 그랬을까?

총독부 관료 중에서도 사법 관료, 즉 판사와 검사는 더욱 특별한 존재였다. 그들은 고등문관시험 사법과에 합격한 후에 다시 철저한 총독부의 신원 조회를 통과하고 '사법관시보'라는 견습 과정을 거쳐서 임용되었다. 조선총독부의 사법관 채용은 제국대학 출신이거나 고등문관시험 성적이 우수하다고 되는 게 아니었다. 그 핵심 기준은 바로 지원자의 사상 경향이었다. 1942년의 고등문관시험 사법과 합격자로 사법관시보 선발에서 탈락한 양회경의 회고에 따르면, 면접관들은 공공연하게 "천황에 대한 충성심만 바로 박혀 있으면 되는 것이지 법률을 알고 모르고는 문제가 아니"라고 이야기할 정도였다.[143]

교토제국대학 법학부 출신의 길원봉·임헌평·한종건 등은 고등문관시험 사법과에 좋은 성적으로 합격했지만 '사법관시보' 임용에서 탈락했다. 당시 사법관시보 임용 관련 신원 조회 서류에 의하면, 길원봉은 3·1운동에 가담한 이력, 임헌평은 민족주의적 경향을 지닌 교토제국대학조선유학생동창회 간부를 맡은 경력, 한종건은 신간회 교토지회에 가입하고 총독부 정치 반대 연설을 하다가 경찰관에게 제지당한 활동 등 과거의 사상적 문제 때문에 탈락한 것으로 보인다.[144] 조선인은 조선총독부 당국자에게 '사상운동' 혹은 항일 민족운동과 어떠한 관련도 없다는 사실을 인정받지 않고서는 사법관으로 임용될 수 없었다. 총독부 판검사 경력이란 한마디로 총독부가 보증한 친일파의 증명서였다.

그들은 총독부 체제에 저항한 동족에게 실형을 구형하거나 판결했다. 그럼에도 불구하고 사법관 경력을 비정치적인 영역으로 특화하거나 동족을 위한 행위로 합리화한다. 이를테면 총독부 판사 이충영을 옹호하는 가족의 논리는 한 사례다. '오성과 한음'으로 유명한 이덕형의 후손인 이충영은 도쿄제국대학 법률학과를 졸업하고 고등문관시험 사법과에 합격, 사법관시보를 거쳐 함흥지법과 광주지법 판사 등을 역임했고 한국전쟁 때 납북되었다.

그의 후손들은 모두 사회적으로 성공했다. 서울대 총장과 국무총리를 지낸 맏아들 이수성을 비롯하여 나머지 세 아들도 모두 국회의원 및 교수가 되었다. 하버드대학 교수 에드워드 와그너(Edward W. Wagner)는 이러한 이충영 가(家)를 '한국의 명가'라고 추켜세우기도 했다.

그의 가족은 이충영이 평양복심법원을 마지막으로 판사직에서 사임한 이유가 창씨개명을 반대했기 때문이며, 이로 인해 변호사 개업 허가도 받지 못했다고 밝힌다. 하지만 1943년 그는 경성에서 변호사로 개업했다.

또한 가족은 이충영이 조선인을 판결할 때 동정적인 감형을 많이 내렸다고 주장한다.[145] 하지만 그가 내렸다는 동정 어린 판결은 확인되지 않는다. 대신 확인되는 것은 그가 이병식·김영훈·한철환 등 조선공산당 재건 함흥평양위원회 조직 준비위원회 사건 관계자 49명에게 실형을 판결한 판사였고, 일본 군사기밀 수집 활동을 한 독립운동가 문정손 재판 판사의 일원이었다는 사실이다. 이충영은 적색노동준비위원회 활동을 한 김한동·강점수·진상국 등을 감옥에 가두었으며, 학병 지원 선배격려대의 연사로 도쿄의 후배 유학생들에게 출정을 권유하는가 하면 국민동원총진회 중앙지도위원, 대화동맹 심의원 등으로도 적극 활동했다.[146]

이충영이 동족에 대한 동정심과 민족애를 품고 있었다는 그의 가족과 친지의 주장을 믿어준다고 해도, 총독부 사법 관료로서 그가 내린 판결이 사라지진 않는다. 그에 대한 평가는 그의 판결로 감옥에 갇혔던 저 청년들과 그의 연설을 듣고 학병으로 끌려갔던 그의 후배들의 위치에서 이루어져야 한다.

'고병국', 혹은 예외적 인간

한편 고등문관시험 합격이 곧바로 친일로 이해되어서는 곤란하다. 예외적 인간이 존재하기 때문이다. 1909년 평안북도 의주의 한학자 집안에서 태어난 고병국은 신의주고등보통학교, 시즈오카고등학교를 거쳐 1934년 도쿄제국대학 법학부를 졸업했다. 대학 재학 중인 1932~1933년에 고등문관시험 사법과와 행정과에 연거푸 합격한다. 그는 관료가 되라는 주변의 권유를 뿌리치고 대학원에 진학해 민법학을 전공했다.

고병국은 대학원을 마치고 도쿄에서 잠시 변호사 개업을 했다가 1937년 귀국하여 다시 변호사 개업을 한다. 관료를 거부하고 변호사 개업을 한 것이 돈을 좇은 것으로 오해될 수도 있지만, 학문에 침잠한 그의 전체 삶의 경로에 비추어보면 그리 합당한 이해는 아닌 것 같다. 변호사 활동도 금세 그만둔 그는 1938년 9월부터 1941년까지 연희전문학교에서 학생들을 가르쳤다. 고등문관시험 행정·사법 양과를 합격하고도 대학원 공부나 변호사, 연희전문학교 교수로 일관한 그의 태도는 식민지 권력에 대한 거부로 이해하는 것이 온당하다.

고병국은 왜 일본 관료의 길을 거부했을까? 말년에 그는 한 신문의 좌담에서 의주 영상장터에서 일어난 3·1운동에 열 살 어린 나이로 참여하고, 독립지사들이 중국의 베이징(北京)·톈진·상하이(上海) 등으로 망명해가는 길목에 있는 신의주에서 학창 시절을 보내며 독립사상의 영향을 받았다고 회고했다.[147] 이런 소년기의 경험이 일본 관료가 되는 것을 막은 것으로 보인다.

해방 직후에는 경성법학전문학교 교장이 되었으며, 1946년 경성법학전문학교와 경성(제국)대학 법과가 합쳐진 서울대 법대의 초대 학장에 취임해 그 기틀을 마련했다. 1948년 헌법제정 전문위원, 법전편찬위원회 위원으로 헌법 제정과 민법전의 총칙을 기초하는 등 건국 초창기 입법에도 크게 기여했다. 이후에는 대학에서 후학을 가르치며 단국대 학장과 경희대 총장 등을 역임했다.

도쿄제국대학 후배인 신상초는 고병국이 법학자로서의 전문성에도 불구하고 언론 및 사회적 노출을 최소화하며 학문 속으로 칩거한 이유를 전한다. 고병국은 집권자가 제멋대로 헌법을 제정해 국가 사회를 주무르는, "헌법학자가 개헌상인(改憲商人)이 될 우려가 충분히 있는 사회에 있어서는 침묵이 오히려 망신을 면하게 해주는 방패가 될 것"[148]이라 판단했다.

"술, 담배는 아예 입에도 안 대었으며 YMCA 기숙사에서는 일본인 학생들조차 경외의 눈길을 보냈"을 정도로 "청교도적인 생활"[149]을 이어갔다는 도쿄제국대학 유학생 고병국. 그에게 법학은 입신출세의 수단이 아니라 세상을 바로 세울 수 있는 가치 있는 학문이었다. 후배 법학자에 따르면, 그는 법체계를 어떻게 민주주의의 이념에 따라 수립할 것인가, 또 그 운영을 어떻게 민주화할까를 고심한 진정한 법학자였다.[150]

식민지 관료들의 해방 이후

매국노는 친일파를 낳고, 친일파는 탐관오리를 낳고, 탐관오리는 악덕기업인을 낳고, 악덕기업인은 현을 낳고

…… 동학군은 애국투사를 낳고, 애국투사는 수위를 낳고, 수위는 도배장이를 낳고, 도배장이는 남상이를 낳고…….[151]

작고한 박완서 작가가 쓴 《오만과 몽상》(1979)의 한 구절이다. 이 작품에서 소년 현과 남상은 각각 소설가와 의사를 꿈꾸며 진실한 우정을 나눈다. 그러다가 할아버지에게서 집안이 영락하게 된 사연을 듣게 된 남상은 그 절망과 분노의 감정을 친일파의 후손인 친구 현과의 절교로 표출한다.

청산하지 못한 친일의 역사가 현실에서 어떻게 이어지는가를 아프게 보여주는 이 소설 속 남상과 현의 자리에 현실의 인물들을 놓아보자. 총독부 판사 이충영의 과오는 그 아들 이수성 전 총리가 책임질 일은 아니다. 하지만 이충영의 판결로 감옥살이를 한 독립운동가의 후손은 이수성의 사회적 성공을 그 개인의 성취로만 받아들일 수 없을 것이다.

이항녕은 홍익대 총장과 문교부 차관을 역임했고 1986년 국민훈장 무궁화장을 받았다. 그의 아들은 김앤장 법률사무소의 대표변호사를 지낸 이재후다. 식민지 시기 자신의 과오를 이항녕만큼 통절하게 반성한 사람은 거의 없다. 그렇지만 '남상'이의 위치에서 이항녕과 그 아들의 사회적 성공은 불편할 수밖에 없다.

총독부 이력을 '준비론'으로 합리화한 농림부 장관 임문환, 내무부 장관과 자유당 정책위원장으로 3·15 부정선거를 주도한 장경근, 조봉암에게 사형을 판결한 대법관 변옥주 등 식민지 행정·사법관을 거쳐 해방 이후에도 승승장구한 너무나 많은 이들이 있다.[152] 그들 대다수는 식민지 경력을 부끄러워하지 않았으며, 그들이 축적한 사회자본은 다시 그 후손들의 사회적 신분으로 상속되었다.

제국대학과 식민지 관료라는 사회자본이 해방 이후 한국 사회에서 어떤 역할을 했는가를 보여주는 극적인 사례가 지난 1997년과 2002년 한나라당 대선 후보였던 이회창이다. 그는 본가·외가·처가가 획득한 제국대학, 고등문관시험, 식민지 관료라는 사회자본의 종합적 구현체다. 이회창의 할아버지는 충청남도 예산의 지주다. 이회창의 백부는 교토제국대학 교수(교육 관료) 이태규이며, 아버지는 경성법학전문학교 출신으로 총독부 검사서기를 거쳐 해방 이후 검사를 역임한 이홍규다.

이회창의 외가는 담양의 만석꾼 지주 집안이다. 외삼촌인 김성용은 도쿄제국대학 법학부를 졸업하고 고등문관시험 행정과에 합격한 후 일본 군수성 관료를 역임했다. 김성용 등 이회창의 외삼촌 3형제는 모두 국회의원을 지냈다. 이모인 김삼순은 홋카이도제국대학 식물학과 출신의 농학박사다.

이회창의 장인은 1942년 고등문관시험 사법과에 합격하고 해방 이후 대법원장 직무대행 및 대법관을 지낸 한성수다. 한성수의 장남인 한대현도 헌법재판관을 지냈다. 알다시피 이회창도 대법관을 역임했다. 이처럼 이회창의 본가·외가·처가는 구한말 이래 지주 집안이면서 제국대학과 고등문관시험, 관료라는 제국의 사회적 신분 상승의 주요 장치를 공유하고 있다.

지난 2002년 대선 당시 그 장인의 빨치산 경력을 이유로 노무

현을 '빨갱이'라고 공격했던 것이 잘못이듯이, 이회창 친인척들의 식민지 관료 이력을 가지고 '연좌제'적 비난을 하는 것은 옳지 않다. 그렇지만 본가·외가·처가의 네트워크 속에서 그의 성장과 사회적 성공을 도왔을 사회자본의 성격과 의미를 비판적으로 들여다보는 것은 그것과는 성격이 다른 이야기다.

사회경제적 지위가 높은 계층의 사람들은 현대사회 각 분야에서 두드러질 가능성이 더욱 크다. 이러한 좋은 배경을 타고난 것이 그 개인의 잘못은 아니지만, 그것의 역사성은 문제 삼아야 한다. 내게는 1997년과 2002년의 두 번에 걸친 대선 결과가 근 한 세기 동안 공고하게 계속된 귀족적 기득권에 대한 한국 사회의 (무)의식적 거부로 여겨진다.

8장

식민지인, 과학기술을 통해 제국의 주체를 꿈꾸다

과학(자)과 조국

식민지 시기 조선인 과학기술 관료를 어떻게 볼 것인가? 흔히 과학은 언제 어디서나 객관적이고 보편타당한 것이라고 여겨진다. 하지만 그 과학을 실행하는 과학자는 각각의 공동체에 속해 있는 역사적 인간이다. 루이 파스퇴르(Louis Pasteur)는 프로이센이 프랑스를 점령했을 때 본(Bonn) 대학에서 받은 박사 학위를 반납하며 지금까지도 회자되는 말을 남겼다.

"과학에는 국경이 없지만, 과학자에게는 조국이 있다."

'과학자의 조국'이라는 파스퇴르적 명제를 식민지에 비추면 문제는 복잡해진다. 제국대학의 공학부·이학부·농학부 출신 조선인 유학생 다수가 일본 본토와 조선총독부, 만주국에서 기술 관료로 일했기 때문이다. 그들은 식민지 개발과 식량 증산에 헌신했다. 그들에게 제국과 민족의 이익은 대립적이지 않았다.

윤리의 준거를 해방 이후로 옮기면 사태는 달라진다. 식민지 광산 자원 공출을 독려한 총독부 광공국 서기관인 도쿄제국대학 법학부 출신 임문환이 친일파라면, 그 광산 자원을 과학적으로 선별한 총독부 식산국 광산과 기사인 도쿄제국대학 공학부 광산야금학과 출신 김성호도 친일파일 것이다.[153]

그렇지만 식민지 기술 관료의 '친일성' 여부는 판단하기 어려운 애매한 경우가 많다. 교토제국대학 토목공학과를 졸업한 최경렬은 총독부 기수가 되어 1936년 완공된 한강인도교(지금의 한강대교)를 설계하고 공사를 직접 감독했다. 총독부로부터 실력을 인정받은 그는 평양 보통강 직강공사, 인천 제2갑문공사 등에도 관여했다.

최경렬의 토목공학 지식은 총독부의 식민지 개발에 긴요하게 쓰였지만, 그 결과물인 한강대교는 식민지 민중들이 안전하게 한강을 오가는 데 도움을 주었다. 최경렬은 총독부 시절 한강대교를 설계한 공로로 해방 후 1960년 3·1문화상을 받았다. 과학기술의 업적은 이처럼 '국가'를 넘나든다.

제국대학 농학부 출신 기술 관료들도 일본과 조선, 만주 등지에서 식량 증산에 기여했다. 유명한 육종학자 우장춘은 코노스의 일본 농림성 농업시험장에서, 수입에 의존하던 종자의 전량 국산화(일본화)를 위해 혼신의 힘을 다했다. 그는 조선총독부의 농정 자문에도 적극적으로 협조했다. 식민지 시절 일본 농업시험장 경험은 해방 이후 한국에서 무와 배추 종자를 국산화하는 데 밑거름이 되었다.

식민지 농업 기술 관료들의 노력으로 식량 증산이 이루어지면서 곤궁한 농민들의 소출이 늘었지만, 그만큼 공출도 늘어 일본의 전쟁 자원이 되었다. 식민지는 개발과 수탈이 동시에 진행된 공간이었다. 개발을 통해서 근대화가 조금씩 진척되었지만, 그를 통해 향상된 생산성은 다시 수탈의 대상이 되었다. 식민지의 식량 증산과 산업화에 기여한 기술 관료들은 부역자인가?

식민지판 '문송합니다'

과학기술 영역이 식민지인들에게 어떤 환각을 불러일으켰는가를 이해하기 위해서 거꾸로 인문사회 계통의 전공이 사회적으로 어떤 위상을 지녔는가를 보는 것도 한 방법일 듯하다. 요즘 젊은 세대들이 '문과라서 죄송합니다'라는 뜻으로 쓰는 '문송합니다'라는 말이 있다. 취직이 잘되지 않는 인문·사회 과학 전공자들의 자조가 느껴지는 말이다. 제국대학 문과 학생들도 '문송합니다'의 상황에 처해 있었다.

보성전문학교 교수, 초대 법제처장, 고려대 총장, 신민당 당수 등 화려한 경력을 자랑하는 유진오는 그 적실한 사례다. 이미 학생 시절부터 그는 식민지를 떠들썩하게 한 '민족의 수재'였다. 경성제일고등보통학교(해방 이후 경기고)를 졸업한 그는 경성제국대학 예과에 수석 입학하여 법문학부를 수석으로 졸업했다. 일본인 학생들을 포함한 성적이었기에 더욱 큰 성과로 받아들여졌다.

조선인이 경성제국대학 예과에 수석 입학한다는 것은 사실 불가능에 가까운 일이었다. 당시 입학시험을 들여다보면 그 까닭을 알 수 있다. 여러 과목 중에서 '외국어'와 '국어'는 조선 학생이 절대적으로 불리했다. 조선어를 모어로 한 조선 학생은 외국어 영역의 '해석'과 '국문영(독)역'에서 이중 번역에 직면했다. 즉, 조선어를 작동시켜 외국어를 해석한 후 그것을 다시 일본어로 변환하고, 다시 일본어 텍스트를 조선어로 변환한 후 외국어로 재번역하는 과정을 거쳐야만 했다.

더구나 국어 영역의 '국문 해석'은 일본 학생조차 어려워한 〈겐지 모노가타리(源氏物語)〉, 〈마쿠라노소시(枕草子)〉, 〈호조키(方丈記)〉 등 고대 일본어로 쓰인 것을 현대 일본어로 번역하는 문제였다. 비유하자면 일본인 유학생에게 향가, 고려가요 등을 현대 한국어로 옮기라는 꼴이다. 이런 사정 때문에 당대 조선의 저널리즘은 "조선인 학생더러 일본인 학생과 같은 조건 아래에서 해석하라는 것은 무리일뿐더러 조롱"[154]이라고 격렬히 비판한 것이다.

이런 근원적인 난관을 뚫고 예과 입학과 본과 졸업에서 모두 수석을 꿰찬 유진오는 이후 모교 대학원에 진학하여 4년 동안 법문학부 연구실 조수로 있으며 대학 강사로도 출강했다. 1회 졸업생으로 이 정도의 성적이라면 모교 교수를 꿈꾸었음직하다.

그렇지만 식민지 출신들에게 문과 계열 제국대학 교수직은 막혀 있었다. 1928년에 윤일선이 경성제국대학 의학부에서 잠시 조교수로 임용되었고[155], 도쿄제국대학 지질학과 출신 김종원이 일본 패망 직전인 1945년 7월에 이공학부 교수로 임용된 것이 경성제국대학에서 조선인이 교수가 된 사례의 전부다. 이런 상황에서 청년 유진오가 울분을 느낀 것은 당연한 일일 것이다.

작가이기도 했던 유진오는 꿈이 가로막힌 식민지 수재의 설움을 여러 작품에 새겨두었다. 〈김 강사와 T 교수〉는 관립전문학교가 배경이고 도쿄제국대학 독문학과 출신 김만필을 주인공으로 내세웠지만, 일본인 중심의 지식 제도에서 제국대학 졸업생이 받는 설움을 담았다는 측면에서 보면 유진오 자신의 이야기로 읽어도 무방하다.

유진오는 경성제국대학 대학원을 직접적인 배경으로 삼은 소설도 썼다. 〈수난의 기록〉[156]은 겉보기에는 경성제국대학 대학원생의 연애담을 그린 통속소설이다. 하지만 그 심층의 서사는 사회주의적 전망이 막힌 시대에 마르크스경제학을 방법론으로 식민지를 분석해온 경성제국대학 출신 조선 지식인의 좌절을 다룬다.

소설의 주요 서사는 연구실 소속의 일본인 동료들에 비해서 뒤지지 않는 실력을 지닌 김세민이 대학의 강사나 교수직으로 나아갈 수 없는 암울한 상황을 그린다. 김세민이 경성제국대학 대학원 경제학연구실 조수이고 연구 주제가 농촌 현실 분석이라는 점에서 유진오의 1년 후배로 북한 초대 농림상을 지낸 박문규를 떠올리는 사람도 있을 것이다.

그렇지만 김세민은 유진오를 비롯한 차별의 벽에 부딪혀 좌절해야 했던 제국대학 출신 식민지 수재 모두를 상징한다고 보는 것이 타당하다. 가령, 박문규와 동기생으로 북조선인민위원회 초대 외무국장을 지낸 이강국은 식민지 시기 원산 적색노조에 관계하다 체포되어 남긴 자술서에서 자신이 운동에 나서게 된 배경을 이렇게 적고 있다.

> 경성제국대학이 그 표방을 배신하지 않고 조선인인 나를 포용하여 학구 생활을 계속시킬 것인가가 심히 의문이었다. 과연 연구실 생활 겨우 2년 만에 나는 승진의 길이 막혔고 따라서 조만간 학원으로부터 쫓겨나야 하는 것이 사실상 판명되었다. 연찬(硏鑽)의 희망에 타오르던 학도가 그 동경의 대상인 상아탑으로부터 단지 조선인이라는 이유만으로 추방되었을 때 느낄 수밖에 없었던 것은, 제도의 모순에 대한 해결의 필요가 아니고 무엇이었겠는가.[157]

이강국은 실력이 있지만 식민지 출신이라는 이유로 대학에 자리를 잡지 못한 엘리트가 그 제도적 모순의 근원적 해결을 위해 사회혁명에 나서게 된 사정을 밝히고 있다. 유진오는 자신을 비롯한 재능 있는 후배들이 겪은 지식장에서의 차별과 울분을 김세민의 방황을 통해 표현했다. 그렇지만 자연과학의 영역은 인문사회 계통과는 형편이 달랐다.

차별을 극복하는 '과학' 판타지

식민지인들에게 과학이란 무엇이었을까? 앞질러 결론을 말하자면, '과학'은 차별을 극복하고 세계적 수준의 학문 주체로 비약할 수 있다는 환각을 제공했다. 식민지인은 삶의 전 영역에서 차별을 겪었다. 일반 민중뿐만 아니라 일본에 적극적으로 협력한 (친일) 엘리트들도 이러한 차별을 피할 수 없었다. 똑같이 고등문관시험에 합격하여 총독부에서 같은 직급으로 근무하더라도 가봉(加俸) 제도에 따라 일본인이 더 많은 급여를 받았다.

대학과 지식인 사회도 다르지 않았다. 제국대학 문과 계열의 교수직은 조선인에게 허용되지 않았다. 문과 계열 출신의 뛰어난 조선 지식인이 갈 수 있는 자리는 관립과 사립의 전문학교가 그 최대치였다. 도쿄제국대학 문학부 철학과 출신의 윤태동이 1934년 몇 달 동안 경성제국대학 예과의 교수로 있었지만, 고등학교를 대신한 제도인 예과의 교수는 대학교수가 아니었다.

일본 본토의 제국대학과 경성제국대학을 졸업한 조선인은 1천수백여 명이 넘는다. 그러나 8·15 해방 때까지 제국대학 문과 계열 교수직에 진출한 조선인은 단 한 명도 없었다. 일본은 식민지인이 제국대학에서 배우는 것은 허용했지만, 가르치는 권위만큼은 패망 때까지 내놓지 않았다.

그러나 과학기술 분야만큼은 상황이 달랐다. 이태규와 리승기가 차례로 모교인 교토제국대학 이학부와 공학부의 교수가 되었기 때문이다. 이태규와 리승기의 제국대학 교수 임용 소식에 식민지 저널리즘은 열광했다. 이태규가 프린스턴대학으로 연수를 떠났다가 돌아오거나 리승기가 '합성 1호' 같은 인조섬유를 발명한 일은 조선인의 자긍심을 높이는 업적으로 곧바로 보도되었다.[158]

과학기술은 과학자의 출신, 즉 민족이나 국적, 계급, 성별보다는 그 업적으로 평가되는 대표적인 영역이다. 퀴리 부인이 노벨상을 받은 것은 식민지 폴란드 출신의 여성 과학자이기 때문이 아니라, 라듐 원소를 발견한 과학적 업적 때문이다. 그렇지만 식민지인들은 그녀가 식민지 출신이라는 사실에 더 크게 반응했다.

식민지 저널리즘은 과학 내용보다 그 성취가 얼마나 '세계적 수준'이며 그를 통해 어떤 사회적 성공을 이루었는가에 초점을 맞추었다. 이를테면 도쿄제국대학 농학박사 학위를 취득한 우장춘의 업적은 '피튜니아 겹꽃 종의 합성' 이론의 내용보다는 세계 농학계에 명성을 남기고 '조선인 **최초**'로 '동양 **최대**의 농업시험장'의 '**최고** 기수'가 되었다는 사실에 방점이 찍혔다.[159]

이런 보도에서 확인할 수 있듯이, 식민지에서 과학은 스포츠 내셔널리즘과 유사한 기능을 했다. 식민지 조선에서 세계적 과학자는 민족의 울분을 풀어준 스포츠 스타와 비슷한 방식으로 소비되었다.

《동아일보》는 1939년 1월에 〈세계에 빛나는 우리 명장(名匠)〉을 연재한다. 세계적 성취를 이룬 조선인을 소개하는 이 연재의 9회 차는 마라톤 금메달리스트 손기정 편이었다.[160] 바로 그 앞의 8회 차 제목은 〈비타민 E 결정 발견 세계 학계에 대충동—노벨상

비타민E結晶發見
世界學界에大衝動
무명두루마기에집신을신고玄海灘을
노벨賞候補金良

▲ 김양하 기사(《동아일보》)

후보 김양하 씨〉[161]다.

함경남도 정평 출신인 김양하는 함흥고등보통학교와 오카야마의 6고를 거쳐 도쿄제국대학 이학부 화학과를 졸업하고 당시 일본의 핵심 국책 연구 기관인 '리켄'(이화학연구소)의 스즈키 우메타로(鈴木梅太郎) 연구실에서 연구원으로 근무했다. 김양하는 1935년 쌀눈에서 비타민 E 결정을 추출하는 독창적인 방법을 발견하여 '리켄'의 학술지에 발표했다.

《동아일보》는 이 어려운 과학 논문을 한글로 번역해 네 번에 걸쳐 연재하는 성의를 보였다.[162] 〈비타민 E 결정 발견 세계 학계에 대충동〉에서 《동아일보》 기자는 "일본 학계에서 '노벨상' 후보자를 추천한다면 단연 우리의 김씨를 꼽지 않을 수 없다."라고 단언한다. 아쉽게도 경쟁 연구자들의 성과가 쏟아지면서 김양하는 노벨상을 수상하지 못했다. 손기정의 '올림픽 금메달'에 감격하고 김양하의 '노벨상'을 열망하는 저널리즘 기사에서 차별을 넘어서려는 식민지인들의 슬픈 열망을 확인할 수 있다.

유진오가 남긴 유일한 장편소설인《화상보》는 대중 연애소설이지만, 당대의 차별적인 지식 제도에 대한 그의 날카로운 통찰이 담겨 있다. 소설의 주인공 장시영은 수원고등농림학교 중퇴생으로 중학 시절부터 10여 년간 독학으로 조선의 식물을 연구한 성실한 인물이다. 그는 새로운 '식물속'을 발견하면 그것을 수원고농의 은사인 무라마쓰 교수에게 보낸다. 그러면 무라마쓰는 다시 도쿄제국대학의 식물학 권위자 나가이 박사에게 '식물속'에 대한 감정과 명명을 요청한다. 결국 이 새로운 '속'의 발견은 제국대학을 배경으로 지닌 나가이의 이름이 붙어서 세계 학계에 보고된다.

식민지-제국의 지식 제도는 '나가이(도쿄제국대학)/무라마쓰(수원고농)/장시영(식민지 민간학)'으로 위계화되어 있다. 소설은 장시영이 도쿄에서 열린 제국식물학회 석상에 초청되어 논문을 발표한 후 교수 자리가 예약된 수원고등농림학교 조수로 임명되며 끝난다. 중졸의 식민지인 장시영은 식물학(과학)의 업적으로 제국 과학계의 시민권을 획득한다.

카프 작가 김남천도 식민지 말기 새로운 모색을 시도한 여러 소설 속에서 제국대학에 대한 인식을 남겼다. 장편소설《사랑의 수족관》(1940)은 남자 주인공 김광호가 대흥콘체른 사장의 외동딸 이경희와 만나 오해로 헤어졌다가 그 오해가 풀려 결혼으로 이어지는 전형적인 대중소설이다.

단순한 대중 연애소설처럼 보이지만 이 작품에는 식민지 말기 새로운 주체 형성의 모색이 담겨 있다. 주인공 김광호는 교토제국대학 출신의 토목기사다. 그는 수학적이고 과학적인 객관성의 세계가 펼쳐지는 자신의 직업에 자긍심을 가지고 있는 기술자다. 이런 점에서 김광호는 이전까지의 소설에서는 볼 수 없는 유형의 주인공이다.

이 소설에서 재벌인 이신국 집안은 퇴폐와 치정과 음모가 넘실대는 부정적 형상으로 제시된다. 카프 작가 김남천이 자본가의 가정을 부정적으로 형상화한 것은 충분히 이해할 만하지만, 주목할 점은 그 부정적 윤리의 대척점에 놓여 있는 바람직한 윤리적 주체의 면모가 과거와 같이 사회주의자가 아니라 과학기술자라는 사실이다.

소설집이 간행되었을 때 채만식은 "조선 문단의 허다한 장편들 가운데 《사랑의 수족관》의 김광호처럼 젊은 사람으로 치기가 없는 인물을 그려낸 작품은 아마도 전무했다고 해도 과언이 아닐 것이다. 《무정》의 형식이나 《고향》의 김희준은 김광호에 비하면 완연히 어린애들이다."라고 평한 바 있다.[163]

채만식에게 김광호는 이전 세대의 대표 격인 이형식, 김희준을 어린아이로 보이게 만드는 '치기가 없는 성인'이며 '만년 반석'이라는 안정된 과학적 지식에 단단히 뿌리박고 있는 인물로 이해된다. 채만식은 김남천이 민족주의(이광수)와 사회주의(이기영)를 대체한 새로운 과학기술적 남성 주체를 창출했음을 간파한 것이다.

이 작품이 발표된 시기는 중일전쟁이 전면화하고 일본군이 중국 대륙의 요충지를 파죽지세로 점령하고 있던 때다. 일본군의 전승과 그를 통해 재편되는 제국의 질서 속에서 식민지의 '민족주의'와 '사회주의' 등은 낡은 사상으로 치부되었다. 사상이 사라진 시대에 과학은 열등한 식민지적 자아가 보편자가 될 수 있는 유력한 수단처럼 보였다.

김남천의 《사랑의 수족관》은 바로 이러한 흐름을 반영한 소설이다. 만주로 출장 가서 그 땅을 측량하며 "기술이 하나하나 자연을 정복해가는 그 과정에 흠뻑 반"한 김광호는 이성과 과학정신(남성적 힘)을 표상하는 제국의 기술적 주체였다. 그는 식민지인이라는 굴레를 과학기술이라는 보편의 수단을 통해 벗어던지고 만주를 종횡할 수 있었다.

이렇게 말하고 나니 김남천의 사상적 모색이 제국 이데올로기를 의심 없이 받아들이는 것으로 귀결된 것처럼 오해할까 두렵다. 김남천은 같은 제국대학 출신이더라도 과학기술적 주체가 아니라 인문사회적 지식인을 다룰 때는 다른 상황을 제시했다. 식민지 말기에 김남천이 발표한 〈낭비〉, 〈경영〉, 〈맥〉 등 일련의 전향 연작소설 속 제국대학 출신 지식인의 형상은 그 사례다.

이들 연작에서 김남천은 경성제국대학 영문학과 출신 강사 이관형이라는 인물을 반복적으로 등장시킨다. 이관형은 제국대학 영문학과를 졸업하고 강사 임용을 기다리는 대학원 3년 차 학생으로 제시된다. 미국에서 태어나 영국에서 활동한 헨리 제임스(Henry James)의 이중적 정체성을 '부재 의식'으로 정의한 강사 임용 논문을 준비하지만, 제국대학 교수들은 논문의 집필 의도에 민족의식이 자리한 것이 아닌지를 추궁한다.

이관형은 끝내 제국대학 강사에 임용되지 못한다. 최근의 연구들은 이관형이 영문학과 출신의 최재서나 이효석 혹은 유진오 등을 모델로 삼았다고 추론하기도 한다. 누구를 모델로 했든 간에 제국과 식민지 사이에 걸쳐 있는 이관형의 이러한 분열적 정체성과 강사 임용의 좌절은 김남천이 끝까지 회의하고 동요했던 어떤 지점을 보여준다고 하겠다.

과학이 부리는 마술 같은 성공담의 결정판은 이광수의 소설 〈그들의 사랑〉[164]에서 만날 수 있다. 경성제국대학 의학부 학생 리원구는 일본인 교수 니시모도 박사 일가의 가정교사다. 박사의 딸 미치코와 애정 문제가 불거지자 리원구는 '피의 차이'를 극복하지 못하고 쫓겨난다. 리원구는 경성제국대학을 중퇴한 후 새로운 결심으로 K제국대학 이학부를 졸업하고 '가솔린 대용 액체연료 발명'으로 이학박사가 된다.

여기서 연재가 중단되어 결론을 알 수는 없지만, 이광수는 어쩌면 과학적 성취를 이룬 리원구가 '피의 차이'를 넘어서 미치코와 결혼하는 결말을 그리고 싶었는지도 모른다. 리원구가 다시 다닌 K대학은 교토제국대학을 연상시킨다. 저널리즘의 보도에 익숙한 식민지 독자들은 이학부를 졸업한 후 액체연료를 개발하는 리원구의 형상에서 당시 교토제국대학 교수로 있던 화학자 이태규와 공학자 리승기의 모습을 어렵지 않게 떠올렸을 것이다.

이제 한국 근대 과학계의 최고 스타인 두 교수를 만나볼 때가 되었다.

이태규와 리승기는 교토제국대학 선후배로 함께 모교에서 교수가 되었다. 해방 후 이들은 각각 남북한을 대표하는 과학자가 되었다. 그동안 이들의 삶은 냉전 시대의 라이벌적 구도 속에서 설명되어왔다. 특히 내셔널리즘과 진보가 결합된 역사관에서 보면, 이태규와 리승기의 삶은 도덕적으로 상반된 것처럼 느껴지기도 한다.

역사학자 강만길의 자서전《역사가의 시간》이 그리는 이들의 삶의 형상은 그 대표적인 사례다. 강만길은 이태규와 리승기의 식민지 및 해방 이후의 이력과 체제 선택의 행로를 검토하며 그 둘을 도덕적으로 다른 형상을 지닌 과학자들로 암시한다.

강만길은《특고월보》에 게재된 지원병제 실시에 대한 여론조사에서 "조선에도 의무교육령을 실시하고 징병제로 하면 일본 전체가 얼마나 강하게 되고 행복하게 될지 모른다."[165]라며 징병령을 희망한 이태규의 답신을 발굴하여 비판했다.

이태규의 행적과는 반대로 리승기는 '폴리비닐'을 군수용으로 바꾸는 연구를 하라는 육군부의 명령을 사보타주(sabotage)하고, '일본의 패망을 기다리며 연구를 지연시킨다는 말'을 조선 동포로 가장한 헌병대 끄나풀에게 털어놓아 체포되었다가 1945년 8월 15일에 석방된 행적이 거론되고 있다. (리승기가 투옥된 것은 사실이다. 다만 그것이 폴리비닐 군수용화에 대한 사보타주 때문인지는 명확하지 않다.)

해방 직후 이 둘은 신생국가 수립에 기여할 목적으로 함께 귀국하여 서울대에서 동료로 근무한다. 이후 이태규는 1948년 도미하여 1973년 귀국할 때까지 미국 유타대학에서 교수 생활을 했다.

이에 대해 강만길은 "일제강점기의 조선 청년들을 징병제로 내몰아 침략 전쟁의 전사가 되게 해야 한다고 주장한 또 다른 교토제국대학 교수 이태규 박사가 해방된 조국 땅에 살지 않고 미국에 가서 살게 된 일, 그러면서도 죽어서 국립묘지에 묻힌 사실을 어떻게 해석해야 할 것인가도 역시 우리 현대사가 풀어야 할 문제"[166]라고 쓰고 있다.

강만길의 진술에서 '국립대학설립안(이하 국대안)'의 분란 속에 당국의 입장을 대변하다 미국으로 건너가 한국전쟁의 민족적 재난에서도 홀로 떨어져 '안락한 삶'을 누리고 노후에 한국으로 돌아온 이태규의 삶의 궤적은 도덕적 비판의 대상이 된다. 강만길의 이태규 평가에는 한국 내셔널리즘의 저류에 흐르는 '검은 머리 외국인'에 대한 정서적 반감이 드러나 있다.

반대로 리승기는 미국의 나일론과 경합하는 세계적 발명인 합성섬유의 개발자이면서도 자신의 과학기술이 일본 제국주의의 전쟁 물자가 되는 것을 막다가 투옥된 민족적 지사로 묘사된다. 또한 해방 후 서울대에서 가르치다가 월북하여 비날론을 개발, 공업화에 성공하여 '북녘 주민들의 의생활 해결에 크게 공헌'한 삶의 궤적은 도덕적 정당성을 지닌 것으로 암시된다.

이태규와 리승기는 박정희와 김일성에게 각별한 존경과 지원을 받았던 인물들이다. 강만길이 직접적으로 의도한 것은 아니겠지만, 이태규의 친일적 형상은 박정희의 만주국 군관 이력을 연상시키고, 리승기의 민족주의적 열정은 김일성의 항일 투쟁을 연상시킨다. 과학자로서의 이태규와 리승기의 선택과 삶의 행로를 이처럼 민족·반민족의 기준으로 평가하는 것은 과연 타당한 것일까?

과학자의 선택: 도덕과 합리 사이

과학사가 김근배의 견해는 이러한 도덕적 관점을 재고할 수 있는 단서를 제공한다. 김근배는 해방기의 과학 건설이 이태규와 리승기 두 과학자의 개인 차원에서는 물론이고 국가 차원에서도 별다른 성과 없이 수포로 돌아갔으며, 이러한 난관에 봉착했을 때 과학자로서 이들이 취한 행동은 이데올로기적 선택이라기보다는 연구 분야와 활동 경력과 관련해서 그 실마리를 찾아야 한다고 주장한다.

김근배에 따르면, 이태규는 이미 식민지 시기 프린스턴대학에서 2년간 연수한 경험이 있는 이론과학자이기 때문에 새로운 과학의 중심으로 등장한 미국이 세계 과학을 추구하려는 자신의 연구처로 적합하다고 판단했다. 반대로 리승기의 경우 일본에서만 연구 활동을 했으며, 전쟁이 본격화되는 시기에 지역성이 강한 일본식 과학 연구의 경험을 쌓은 실험과학자였다는 점에 주목해야 한다.

또한 이태규는 서울대 문리과대학 초대 학장이었는데 '국대안'의 과정에서 좌우익 갈등에 휘말려 여러 비판에 직면했다.[167] 정치가 자신이 추구하는 순수과학의 연구에 파괴적으로 작용하는 경험을 한 그는 '정치로부터의 자유'를 절감했다. 또한 리승기의 경우에는 해방기 삼척 북삼화학의 실패를 통해 정치의 후원 없이는 대규모 설비가 필요한 응용과학의 연구가 불가능하다고 판단했다.

리승기의 합성섬유 연구를 위해서는 카바이드 공장이 필수적이었다. 당시 남한에서는 삼척의 북삼화학 카바이드 공장이 유일했다. 리승기는 북삼화학을 관장하는 부흥부 고문으로 있으며, 그 가동을 위해서 노력했던 것으로 보인다. 당시 신문 기사들은 북삼화학 공장이 가동될 것으로 보도하고 있지만, 최종적으로는 폐쇄되고 말았다.

이러한 그들의 경험이 자연스럽게 이태규의 도미와 흥남화학 공장 건설을 약속한 김일성의 제안을 받아들인 리승기의 월북으로 귀결되었다는 것이 김근배의 견해다.[168] 그들의 선택은 "최소한 자신들의 연구나마 제대로 할 수 있는 곳을 찾아나서는 것"[169] 이었다. 도덕을 걷어내고 보면 둘 다 과학자이자 인간으로서 내릴 수 있는 합리적 선택을 한 셈이다.

리승기의 과학은 도덕적인가?

식민지 시기 리승기의 과학은 이태규에 비해 도덕적이었나? 식민지 말기에 리승기가 남긴 진술을 하나 읽어보자.

> 李升基: 그러기에 서로 경쟁적으로 연구해가는 것입니다. 적어도 일대일 정도가 아니라 구미 사람이 한 가지를 발명하면 우리는 2나 3을 하도록 해야 할 것입니다. 전선서 분전하는 장병과 같이 과학자들도 그들에 지지 않도록 노력하고 있습니다. 전쟁이야말로 우리에게 과학 정진에 좋은 기회를 주었고 중대한 시련이라고 할 것입니다. 물론 미국이나 독일이 먼저 발달된 것은 사실이나 일본 과학 문명도 그 역사는 비록 한 세기도 못 될 만큼 짧되 그 수준이 저열하다고는 할 수 없습니다. 대전이 나기 전에는 외국 과학 서적을 갖다가 번역하기가 바쁜 감도 있었는데 지금 서적 유출입이 차단되었으니 서로 답답한 구석은 있으나 그것은 피차가 똑같은 현상일 것입니다. 그러니 대전 중에 서로 연구해서 전쟁이 끝난 후에 서로 비교해보고 누가 더 연구하고 성공했나 하는 것을 검토해보는 데 과학의 승리가 있을 것이요, 또 과학의 승리가 있는 데 더 큰 승리가 있을 것입니다. 그러므로 어느 나라에도 떨어지지 않으려고 우리 과학 전사들은 정진하고 있습니다.[170]

위의 인용은 1942년 교토에서 이태규, 리승기, 박철재 3인의 교토제국대학 박사가 참석한 〈삼박사 좌담: 과학세계의 전망—

특히 이공화학을 의제로 하야〉에서 리승기가 한 발언의 일부다. 리승기는 일본의 국가 과학이 미국, 독일을 능가하는 성취를 이루도록 노력하자는 취지의 주장을 펴고 있다. '전선서 분전하는 장병'과 동렬에 '과학자'를 위치시키는 리승기의 발언은 '총후'의 '과학 전사'라는 '전시 과학'의 프로파간다(propaganda)와 직접적으로 결부되어 있다.

전시 과학을 배경에 둔 리승기의 발언은 앞서 강만길이 비판한《특고월보》의 이태규 진술과 그리 먼 거리에 있는 것이 아니다. 전쟁이 끝난 뒤 과학적 성과의 우열을 비교해보자는 리승기의 진술은 나일론에 대항하여 석탄에서 뽑아내는 인공섬유 '합성 1호'를 성공시킨 리승기의 과학적 자부심의 피력이기도 하다. 나일론 대 '합성 1호'는 미국 대 일본이 벌인 태평양전쟁의 과학적 버전이다. 해방 이후 북한에서 이러한 대립은 나일론(미제 과학) 대 비날론(주체 과학)의 대결로 전환된다.

리승기가 연구를 통해서 헐벗은 대중들에게 염가의 피복을 제공하고자 한 휴머니즘의 소유자였다는 사실을 의심하진 말아야 한다. 리승기가 연민한 그 헐벗은 대중은 일본 국가 안의 조선인과 일본인 및 동아시아, 나아가 세계의 다양한 사람을 포함할 것이다. 실제로 리승기는 민족의식이 남달랐으며, 교토의 유학생들에게 깊은 존경을 받은 고매한 인격의 소유자였다.

리승기의 인품과 유학생들에게 받은 신뢰에 대한 증언은 좌우로 나뉜 이데올로기적 진영 모두에서 확인된다.[171] 이태규 역시 교토제국대학조선유학생동창회 발족을 제안하면서 리승기의 인품을 높이 평가해 교토제국대학 재학생과 졸업생을 연결하는 동창회의 특별 간사로 추천했다.

그렇지만 리승기의 과학은 일본 국가와 불가분리의 관계 속에 있었고, 그 결과도 전시의 일본 국가로 수렴되었다. 해방 이후 그의 과학은 새로운 국가와 관계를 맺게 된다. 리승기의 연구는 북한의 국가적 후원을 통해서 공업화될 수 있었고, 민족적이고 자주적인 주체 과학의 형상을 획득하게 된다. 이 과정에서 제국의 과학은 민족의 과학으로 탈바꿈했으며, 제국 일본의 전시 과학의 성과물인 '합성 1호'는 민족적 주체 과학의 상징인 '비날론'으로 거듭난다.

이태규는 국립묘지에 안장되어 있으며 '과학기술인 명예의 전당'에 올라 있다. 리승기도 애국열사릉에 묻혀 있으며 북한 과학원 앞에 그의 동상이 우뚝 서 있다. 그렇다면 문부대신이 임명한 고등관이었던 교토제국대학 교수 시절 그들의 과학이 봉사한 조국은 어디였나?

9장

제국의 지식으로 제국에 저항한 사람들

별이 된 청년, 송몽규

제국대학 유학생들이 볕바른 양지만 좇으며 산 건 아니었다. 고향의 캄캄한 밤을 밝히려다 죽어서 별이 된 청년들이 있다. 교토제국대학 문학부 서양사 전공의 유학생 송몽규. 영화 〈동주〉를 본 사람들은 청년문사 송몽규가 윤동주의 위성이 아니라 스스로 빛나는 별이었음을 느꼈을 것이다.

송몽규는 짧지만 열정으로 가득 찬 삶을 살았다. 1917년 옌지(延吉)의 명동촌에서 태어난 그는 민족주의 정서가 충만한 공동체에서 성장했다. 송몽규의 삼촌인 송창빈은 홍범도 부대에서 싸우다 전사한 독립군이었다. 송몽규도 룽징의 은진중학을 다니다가 가출하여 난징(南京) 중앙군관학교 뤄양(洛陽)분교 조선인반에 들어간다. 그의 나이 불과 열여덟 살이었다.

송몽규는 장제스(蔣介石)의 지원을 받아 김구가 운영한 이 학교에서 총을 들고 훈련하는 한편, 잡지 《신민(新民)》도 편집했다. 재정난으로 조선인반이 해체되자 1935년 11월 무렵부터는 산둥성(山東省)의 성도 지난(濟南)에 있던 한인 운동 그룹에서 활동한다. 그러다 1936년 3월 일본 영사관 경찰부에 체포되어 본적지인 함경북도 웅기경찰서로 이송되었다가 8월에 석방되어 집으로 돌아왔다. 이 모든 것이 겨우 스무 살 전에 겪은 일이다.[172]

1937년 4월 지린성(吉林省)의 대성중학교에서 학업을 재개한 송몽규는 1938년 4월에 윤동주와 나란히 연희전문학교 문과에 합격했다. 그리고 1941년 연희전문학교를 2등으로 졸업했다. 1942년 봄 송몽규는 일본으로 건너가 교토제국대학 입학 시험을 치르고 문학부에 선과생으로 들어간다.

일본으로 건너가기 위한 도항증명서를 받기 위해서 송몽규와 그의 사촌 윤동주는 복잡한 절차를 거쳐야 했다. 1940년 시점에 윤동주의 집안은 '히라누마(平沼)'로, 송몽규의 집안은 '소무라(宋村)'로 창씨했지만, 학교에 그 신고서를 제출하지 않고 조선 이름을 사용하고 있었다. 1941년 12월 졸업식에서도 송몽규와 윤동주는 조선 이름 그대로 졸업했다.

그러나 도항증명서와 입학원서를 받으려면 호적등본을 제출해야 했다. 호적상 두 사람의 본명은 소무라 무게이(宋村夢奎)와 히라누마 도주(平沼東柱)였다. 연희전문학교 졸업증명서에는 조선 이름으로 되어 있고, 호적에는 창씨명으로 되어 있기 때문에 두 이름이 일치하지 않아 동일인이라는 것을 증명할 수 없었다.

그렇기 때문에 일본 유학을 위해서는 반드시 창씨개명한 이름을 연희전문학교에 제출하여 학적부의 이름을 일본식 이름으로 바꿔놓아야 했다. 연희전문학교 학적부에 따르면, 윤동주는 1942년 1월 29일에, 송몽규는 1942년 2월 12일에 창씨개명 이름을 제출했다. 윤동주는 창씨계를 연희전문학교에 내기 닷새 전에 "뼈아픈 욕됨"을 시 〈참회록〉으로 남겼다.[173]

이러한 욕됨을 견디며 일본으로 건너가 유학 생활을 하던 송몽규는 1943년 7월 '재(在)교토 조선인학생 민족주의 그룹사건'으로 윤동주와 3고 학생 고희욱 등과 함께 체포되어 1945년 3월 7일에 스물아홉의 나이로 후쿠오카형무소에서 옥사한다. 이 사건에 관련된 유학생은 모두 여섯 명이었다. 이 중 송몽규가 고희욱과 1943년 7월 10일경에 체포되었고, 윤동주는 나흘 뒤인 7월 14일에 붙잡혔다. 나머지 세 명은 체포되지 않았다.

공개된 판결문에 따르면, 송몽규는 "징병제도가 언젠가 조선이 무장 실력을 갖춰 독립하는 데 유리할 것"이라는 정치적 발언을 했고, 윤동주는 일제가 조선어 과목을 폐지한 것을 비판하는 등 조선 문화 보존에 관한 이야기를 했던 것으로 보인다. 재판부는 이러한 발언들을 치안유지법 위반으로 판단하여 실형을 선고했다.

송몽규는 조선의 해방을 위해 늘 '총'을 염두에 두었지만, 문학에도 뛰어난 재능을 보였다. 윤동주가 열등감을 느낄 정도로 재기 넘쳤던 그는 연희전문학교 시절 동인지 《문우》의 편집을 맡기도 했다. 그가 연희전문학교 1학년 때 쓴 시 한 편을 읽어보자.

고요히 침전(沈澱)된 어둠
만지울 듯 무거웁고
밤은 바다보다 깊구나
홀로 헤아리는 이 맘은
험한 山길을 걷고
나의 꿈은 밤보다 깊어
호수군한 물소리를 뒤로
멀-리 별을 쳐다 쉬파람 분다.[174]

《조선일보》 신춘문예에 당선된 〈밤〉의 전문이다. 바다보다 깊게 침전된 어두운 밤의 깊은 무거움이 전해진다. 어두운 세상을 "홀로 헤아리는" 청년의 고운 마음은 "험한 산길"을 넘어 밤보다 깊은 꿈으로 이어진다. "멀-리 별을 쳐다"보며 휘파람을 부는 고독하지만 순결한 청년의 모습이 눈에 선하다.

송몽규가 느낀 어둠은 무엇일까? 《동아일보》 신춘문예 당선작 〈숟가락〉[175]에는 그 어둠의 원인이 암시되어 있다. 굶주리는 가난한 부부에게 남아 있는 건 멀리 해외로 망명한 아내의 아버지가 결혼 선물로 보내준 부부용 은숟가락뿐이다. 배고픔을 견디다 못한 부부는 이 은숟가락을 처분하여 쌀과 나무, 고기, 반찬거리를 사서 밥을 짓지만 막상 먹으려니 떠먹을 숟가락이 없어 망연해한다.

기발하면서도 서글픈 이 콩트에서 부부가 직면한 굶주림의 이유는 설명되어 있지 않다. 하지만 해외로 망명한 아내의 아버지라는 설정을 통해 송몽규는 그 원인을 식민지화로 암시한다. 열여덟 살의 소년은 이러한 식민지 현실을 바꾸기 위해 직접 총을 들고 나섰던 것이다.

송몽규는 마지막 시 〈하늘과 더불어〉에서 "미풍(微風)이 웃는 아침을 기원(祈願)"[176]하며 "그 아침에 하늘과 더불어 노래 부르기를 가만히 기원"했지만, 끝내 그 아침을 맞이하지 못했다.

'곰'이라 불린 투사, 박영출

1939년에 간행된 《교토제국대학조선인유학생동창회보》(이하 《동창회보》) 4호에는 "친구들이 곰(熊)이라 부른 B형이여/그처럼 힘도 세고 맘도 굳세더니/벗어진 이마 검은 얼굴로/강철 같은 이론을 뿜더니/하루아침 비보(悲報)로 옛사람이 될 줄이야!"[177]로 시작되는 추모시 한 편이 실려 있다.

교토제국대학 경제학부 졸업생 유형식이 쓴 이 시를 통해 친구들에게 곰이라고 불리고, 굳센 마음과 강철 같은 이론을 내뿜던 운동자 B형의 존재를 알 수 있다. 유형식이 추모한 B형은 교토제국대학 경제학부를 졸업하고 이재유, 이관술과 함께 '조선공산당 경성재건그룹'에서 활동하다 옥사한 박영출이다.

박영출의 반일 의식은 집안 분위기와 깊은 연관이 있었다. 아버지 박인표는 동래군 기장면의 대지주로 1910년대에 백산상회의 안희제 등 기장·양산 지식인들과 함께 '광복회'를 조직해 활동했다. 1917년경에는 김두봉 등과 함께 합자회사 고려상회를 인수·운영하며 독립운동 조직과도 연결되어 있었다.

작은아버지 박공표는 기장 3·1운동 주도자 일곱 명 가운데 하나였다. 그는 신간회 동래지회 간사, 해방 후 조선건국준비위원회(건준) 경남도지부 선전부장을 역임하는 등 지역을 대표하는 사회운동가였다. 외삼촌 김철수는 게이오대학 유학생으로 1919년 도쿄 2·8 독립선언을 주도하다가 도쿄형무소에서 복역했다.

이런 집안에서 성장한 총명한 소년이 반일 사상을 갖지 않는 것이 오히려 이상한 일이다. 박영출은 기장공립보통학교를 거쳐 1921년 동래고등보통학교에 입학한다. 이때부터 그는 반일 독립의식을 표출하기 시작한다. 그는 입학 후 기장향우회 회장을 맡았고, 5학년 때에는 전교학생회장이 되었다.

1925년 4월, 동래고보에 새로 부임한 일본인 교장 오다 노부유키(大田信之)는 조선어 사용을 금지하고 여러 교내 조직을 만들어 식민지 교육을 강요한다. 이에 박영출은 학생들을 규합, 일본인 교장을 배척하고 식민지 교육을 반대하는 동맹휴학을 주도해 무기정학을 당한다.

학부형들의 중재로 정학은 풀렸지만, 곧바로 다시 분규가 이어졌다. 1926년 2월 일본인 사감 마쓰다가 "조선인은 거지 근성이 많다."라는 비하 발언을 한다. 격분한 4학년생 이하의 조선인 학생들이 장산계곡에 모여 촛불시위를 벌이며 일본인 교사를 배척하는 동맹휴학에 돌입했고, 학교 측은 주동 학생을 색출하여 처벌하려 했다. 졸업을 불과 한 달 앞둔 박영출은 자신이 주모자임

▲ 박영출

을 자처해 결국 퇴학을 당한다.[178]

박영출은 1927년 4월 야마구치고등학교 이과 갑류에 입학한다. 그의 고교 1년 선배인 도쿄제국대학 정치학과 이동화는 생물학을 전공하려던 박영출이 사회사상에도 관심을 기울이고 많은 공부를 했다고 전한다.[179] 생물의 진화·발전에 흥미를 가졌던 이과 학생 박영출은 마르크스 서적을 읽으면서 인간 사회의 진화·발전을 규명하는 경제학 전공으로 방향을 틀어 교토제국대학 경제학부에 진학한다.

대학 시절을 거치며 박영출은 반일 의식과 운동에 대한 열정이 더욱 커졌다. 1931년에는 유학생들과 함께 일시 귀국하여 동래 수안동 광장에서 일본의 침략정책과 식민지 교육정책을 신랄하게 비판하는 귀국강연회를 개최해 대중의 호응을 얻었다. 이 사건으로 징역 6개월, 집행유예 2년을 선고받았고, 졸업을 1년 앞둔 1933년 2월에는 공산주의 운동을 원조한 혐의로 검거되어 기소유예 처분을 받았다.

1934년 봄, 졸업과 함께 귀국한 박영출은 이관술을 통해 1930년대 좌익운동의 핵심이었던 이재유를 만나 '조선공산당 경성재건그룹'의 일원으로 활동하다 검거된다.[180] 이후 1936년에 징역 4년형을 선고받고 대전형무소에서 복역하다가 1938년 8월 옥사했다. '곰'과 같은 우직함과 불꽃같은 열정으로 일관한 삶이었다.

사진은 '일제감시대상 인물카드'에 남아 있는 박영출의 모습이다. 1935년 4월 11일 서대문형무소에 수감되면서 찍은 것이다. 그가 '곰'이라 불린 이유는 그의 굳은 의지와 신념 때문이기도 하지만, '힘'과 체력도 강했기 때문이다. 박영출은 야마구치고등학교의 '타이거' 축구팀에서 손꼽히는 선수였다.

그처럼 강한 체력과 의지를 지닌 인물이 불과 4년의 형기를 채우지 못하고 죽은 건 왜일까? 열악한 형무소의 환경도 있었겠지만, 무엇보다 고문의 후유증을 꼽아야만 한다. 최근의 식민지 연구에서는 식민주의의 폭력성에 대한 언급을 다소 낡은 진술처럼 치부하는 경향이 있다. 그렇지만 식민지를 통제하는 근본적인 힘은 강력한 물리적 폭력이었다.

일본 고등경찰의 수기 모음인 《조선 사상범 검거 실화집》이라는 책이 있다. 이 책에서 평안북도 경찰부 경부보 스에나가 하루노리(末永淸憲)는 조선공산당 재건사건의 피의자인 김찬을 두고 "종래 다수한 사상범 중 검거 후 45일 만에 자기의 범행에 대하여 전연 개구(開口)한 인물은 김을 두고 타(他)에는 그 유례가 없을 것"[181]이라고 탄복한다.

고등경찰이 사상범을 취조하는 과정에서 겪은 "그 정신적, 육체적 고심은 도저히 필설로서 표현하기 어렵다."[182]라고 토로하는 데에서 역설적으로 그 물리적 폭력의 강도를 가늠할 수 있다. 일본 고등경찰에게 체포된 식민지 정치범이 고문과 취조를 견디고 조직에 관한 모든 비밀을 지킨다는 것은 거의 불가능에 가까운 일이었다. 이를테면 1941년 체포 나흘 만에 일본 '특고'의 고문으

로 죽은 도쿄제국대학 전기공학과의 박화영도 일본 고등경찰의 야만적인 폭력을 증언한다.[183]

박영출이 연루된 '조선공산당 경성재건그룹' 사건의 중심 이재유는 1930년대 운동의 신화적인 인물이었다. 당시 체포 후 극적으로 탈출한 이재유를 식민지 경찰은 눈에 불을 켜고 잡으려 했다. 박영출에게 이재유의 행방을 추궁하며 가해졌을 고문은 일본 경찰의 말마따나 "도저히 필설로서 표현하기 어려운" 것이었을 터이다. 그는 일제 경찰의 야만적 고문에 항쟁하며 결코 굴하지 않았다고 전해진다. 박영출은 비록 그 육체는 고문으로 무너져 내렸지만 자신의 신념을 지킨 진정한 승자였다.

유형식, 제국대학 출신 소시민의 초상

불꽃같은 투사의 삶을 사는 것은 쉬운 일이 아니다. 그 길은 내면의 공포와 안락한 일상의 유혹을 이겨낸 사람들만이 걸어갈 수 있다. 대다수는 대학 시절 지녔던 정의감을 가슴속에 묻은 채 남루한 일상을 견디며 살아간다. 흔히 그들을 소시민이라고 부른다. 박영출의 죽음에 추모시를 헌정한 후배 유형식이 남긴 기록에는 그런 소시민적 삶의 흔적이 새겨져 있다.

유형식의 삶에 관한 자료는 그리 많이 남아 있지 않다. 《동창회보》에 스치듯 남겨둔 그의 말에 따르면, 그는 반농반어의 강화도 소지주 집안의 아들이었다. 유년기를 어떻게 보냈는지는 모르겠지만 히로시마고등학교를 거쳐 1932년 교토제국대학 경제학부에 입학했다.

▲ 유형식

추모시에서 유형식은 "교토 하숙방에서 밤새우며 꾸미던 계획은 언제 어느 때 실천해볼 건가?"[184]라고 안타까워하는데, 한때는 그도 박영출과 함께 활동했음을 알 수 있다. 내무성 경보국(警保局)이 작성한 조선인 학생 검거 기록에 따르면, 1933년 박영출과 함께 유형식의 이름이 확인된다.[185] 공산주의에 원조한 혐의로 잡힌 선배 박영출의 사건에 연루된 것으로 보인다.

유형식은 1936년 3월에 교토제국대학 경제학부를 졸업했다. 《동창회보》에 따르면, 졸업 후 그는 화신연쇄점 원산배급소를 거쳐 경성 화신연쇄점 영업과장으로 재직했다. 여기에는 학연이 작용했다. 경제학부 1년 후배로 학교를 함께 다녔던 박병교가 주식회사 화신의 사장 박흥식의 조카였다.

위 사진을 잠시 주목해보자. 유형식은 제국대학 교복을 입은 채 여려 보이는 얼굴로 앞을 응시하고 있다. 위 사진은 쇼와 11년(1936) 5월 2일에 고등계 형사 3과에서 복사한 것이다. 1936년 3월에 교토제국대학을 졸업하고 조선으로 귀향한 유형식은 재판 중인 박영출 사건과 관련하여 고등계에서 취조를 받은 듯하다. 무혐의로 방면되었지만, 이 서류 끝에는 '요시찰'의 낙인이 찍혀 있다.

요시찰인이 된 유형식은 대표적 친일 자본인 화신의 영업부에서 가족의 생계를 위한 돈벌이에 나서게 된다. 이 시절 그의 심정은 어떠했을까? 다행히 화신 영업과장으로 미수금을 받으러 강원도와 함경도를 여행한 소회가 담긴 〈인정(人情)·여수(旅愁)〉라는 기행문 한 편이《동창회보》에 남아 있다.

이 글에서 유형식은 강원도와 함경도 일대를 다니면서 미수금을 회수하는 여정을 실감나게 그린다. 그는 교토제국대학 출신이라는 자부심을 잃어버린 채 하나의 생활인으로, 그 자신의 표현을 빌리면 자신의 아버지와 같이 병들어 있는 노인에게 빚을 졸라대야 하는 "채귀(債鬼)의 여행"을 떠난다. 그는 이러한 자신의 여행을 통해 당대의 "인정(人情)을 전개(展開)"하면서 "소시민적 감상"을 적겠다고 밝히고 있다.

유형식의 시선이 포착하는 조선의 현실과 거기에 조응하는 그의 내면은 음울하다. 산골에 있는 "자원 증강, 소비 절약이라는 슬로건"과 "광산의 기계와 시커먼 광부의 얼굴"을 대조하면서 "갈피를 잡지 못할 여러 가지 생각"[186]을 하는가 하면, 석왕사에서 폐병에 걸린 친구 M을 만나 함께 약수를 마시면서 생에 고뇌하는 친구의 목을 자신이 면도칼로 그어주었으면 하는 가학적 연민을 느낀다. 함경북도에서는 자기 고향인 강화 출신 술집 작부의 신세를 애처로워한다.

앞서 읽어본 박영출의 추모시 〈두 동무의 추억〉은 이 기행문과의 관련 속에서 이해되어야 한다. 소시민의 삶을 살아가는 운동권 출신 유형식이 '채귀의 여행'을 하는 바로 그즈음 선배 박영출이 옥사했다. 유형식은 식민지 체제를 전복하려는 신념을 계속 실천하진 못했지만, 여전히 식민지 현실을 암울하게 응시했으며, 생활인으로 살아가는 자신을 자조했다.

유형식의 이름은 해방 이후 미군정기 '조선노동조합전국평의회(전평全評)' 상임집행위원회 재정부와 '민주주의민족전선(민전民戰)' 노동문제연구위원회 명단에서 다시 확인할 수 있다. 해방 후 그는 '채귀'의 삶을 청산하고 선배 박영출이 걸어갔던 길을 뒤쫓은 것으로 보인다.

친일파 아버지와 좌익 아들

1980년대에는 중산층 가정의 아버지 세대와 운동권의 자식 세대 사이에 갈등이 있었다. 체제에 순응하고 '세상 사는 이치'를 강요하는 아버지와 불의한 권력을 견딜 수 없는 자식 사이에는 깊은 심연이 가로놓여 있었다. 식민지 시기도 다르지 않았다. 당시 조선에서 가장 유명한 친일파 아버지를 둔 도쿄제국대학 조선인 유학생의 이야기를 조금 해볼까 한다.

기미독립선언서(3·1독립선언서)를 기초한 최남선은 식민지 말기 친일파가 되었다. 그는 한인, 한웅, 한검의 세 아들을 두었다. 첫째와 둘째 아들은 경성제국대학 의학부를 졸업하고 의사가 되었고, 막내아들인 최한검은 경성제일고보를 거쳐 교토의 3고를 졸업한 후 도쿄제국대학에 진학했다. 최한검과 3고에서 함께 공부한 역사학자 전해종은 그를 "공산주의를 찬양한 학생"[187]으로 기억한다.

도쿄제국대학에 진학하며 최한검은 당시 만주국 신징의 건국대에 교수로 있던 아버지 최남선에게 문과를 전공하겠다는 편지를 보냈다. 이에 최남선은 막내 아들 최한검에게 문과 전공을 반대하는 네 가지 이유를 편지로 써 보낸 듯하다. 최남선이 내세운 이유는 첫째, 문과 공부는 조선에서는 전도가 암담하고, 둘째, 교사 생활은 학구 생활과 배치될 수 있으며, 셋째, 현 단계에서 자력(自力)과 사회 설비가 준비되어 있지 않고, 넷째, 최한검의 건강이 그것을 감당할 수 없다는 취지였다.

조금 길지만 이에 대한 최한검의 답장을 읽어보자.

> 지금, 고대하옵던 하서(下書)는 반가이 받아 뵈었사옵나이다. 아직껏 편치 못하옵시다 하시오니 듣자옵기에 근심되옵기 한이 없사옵고 공연히 하늘만 쳐다보아지옵나이다.
>
> 금반(今般) 동계 휴가는 24일부터 정월 5일까지라 하옵는데 교토(京都)에 머물러 있으려고 했사오나, 역시 도로 귀성(歸省)하기로 변경했사옵나이다. 기차 제한 등의 관계로 19일 출발하여 20일에 입성(入城)할 예정이옵니다.
>
> 아버님 위화(違和)하옵신데 이러한 일로 더욱 근심을 드려서 죄송하온 줄은 잘 알면서도 요사이 저의 머리를 떠나가지 아니하옵는 일이와 자꾸 붓이 글로 돌아갑니다. 아버님께서 네 가지로 원인을 들어 말씀하여 주신 일은, 저의 결심에 대하여서는 정문(頂門)도 일침(一針) 이상, 온몸에 꽂힌 가시와 같사오나 거기에 대한

저의 의견을 말씀하라 하시오면은,

1. 조선과 같은 데에서는 문과(文科) 출신의 전도가 너무나 암담한 것.

이것은 법과(法科) 출신의 전도와 비교하여 생각해볼 때에 결국 법과 출신자도 대차(大差) 없지 않을까요. 그러나 생활의 보증이 있고 없다는 큰 차이가 있다고 하시겠지오만은, 문과 출신이 조금도 보증이 없다고는 생각되지 않습니다. 문과와 법과의 최악의 경우를 비교할 때에 그 비참의 정도는 결국 마찬가지가 아닐까요. 하물며 법과로 가서는 최악의 경우가 저에게는 제일 가능성이 많은 데에 이르러서이겠사옵나이까.

2. 교사 생활에 관하여는,

만약 교사 생활이 학구 생활과 위치(違馳)되지 아니 하온다며는 무방하다고 생각하옵나이다. 여하한 생활에도 의미를 붙이는 노력을 아끼지 말라 함은 삼고(三高)가 준 찬물(饌物)의 하나이옵나이다.

3. 자력(自力)과 사회 설비의 흠무(欠無)

이에 대하여서는 저의 회답이 가장 무력하오나 자력의 흠무는 그로서 약간의 해결을 얻지 아니하올까요. 사회 설비에 관하여서는 오직 그 모체이온 사회를 믿을 수밖에 없겠지요.

4. 체력에 관하여서는 무엇이라 여쭐 수 없사옵나이다.

요컨대 현실 속에 매여 사는 인간이, 현실을 결코 무시할 수는 없사오나 그렇다고 현실 앞에 굴복하여 살아간다 하며는 그 사회의 진보의 원동력은 어디서 나올까요. 현실 속에서 자연히 자라나가는 힘이 그것일까요. 그러나 저는 현실 앞에서 책(策) 없이 쓰러지는 인간 속에서 자연히 자라나가는 힘을 의심하옵니다. 그러나 역시 절대 불가항력으로 닥쳐오는 현실. 그것을 부정할 수 없사오나 그러나 꿈과 약간의 타협을 구함이 불가하올까요. 다시 귀성한 후에 여러 가지로 생각하여볼까 하옵나이다.

12월 7일 한검 상서(上書)[188]

최한검은 아버지에게 "사회의 진보의 원동력"을 말하며 현실에 굴복하지 않겠다는 뜻을 조심스럽게 밝히고 있다. 그렇지만 최한검은 결국 아버지의 뜻에 따른 것으로 보인다. 도쿄제국대학 법학부 정치학과에 진학했기 때문이다.[189] 도쿄제국대학에서 최한검이 어떻게 지냈는가에 대해서 상세히 알 수는 없다. 다만 같은 시기에 대학을 다닌 조승복이 그즈음의 최남선-최한검 부자의 에피소드를 전하고 있다.

총독부는 일본에 있는 조선인 유학생들의 지원을 끌어내기 위해서 졸업한 유학생 출신 명사들을 중심으로 '선배격려대'를 조직하여 권유단으로 파견했다. 1943년 11월 14일 자 〈격려대 제씨 활약〉이라는 기사에 따르면, 도쿄에 파견된 선배격려대는 "김연수(金季洙), 최남선(崔南善), 가야마(香山光郎, 이광수의 창씨명), 김명학(金明學), 이충영(李忠榮), 김양하(金良瑕), 강정택(姜鋌澤), 가네하라(金原光根, 김광근의 창씨명), 강병순(姜柄順) 씨 등"[190] 아홉 명이었다.

이들은 1943년 11월 11일 도쿄에 모여 총독부 도쿄사무소 장학회의 안내로 도쿄농업대학, 도쿄제국대학, 도요대학 등을 돌며 학병을 권유하는 연설회를 열었다. 격려대는 일본 유학 첫 세대 격인 최남선과 이광수를 위시하여, 3고와 교토제국대학을 나온 김연수, 도쿄제국대학 출신자들인 이충영·김양하·강정택 등을 주축으로 짜였다.

조승복에 따르면, 최한검은 "수치심에 자기 아버지가 일본에 오기 전에 종적을 감추었다."[191]라고 한다. 아들이 사라진 강당에서 최남선은 '특별 지원'의 은혜에 감사함을 느끼고 솔선해서 입대해야 한다고 열변을 토했다. 당시 법학부에 다니고 있던 신상초는 최남선 등을 찾아가 "일군에 들어가는 것이 그렇게 훌륭하고 좋거든, 당신들이나 당신들의 자식부터 내보낼 노릇이지, 우리 보고 권유는 왜 하느냐."[192]라고 따져 최남선 등을 당황케 했다고 한다.

최한검이 끝내 학병을 거부했는지, 아니면 다녀왔는지는 확실치 않다. 다만 해방 후 최한검은 아버지와는 다른 역사관과 정치적 노선을 선택했다. 그는 여운형의 근로인민당 중앙준비위원으로 활동하는 등 좌익 진영에 가담했다. 조카인 최학주에 따르면, 그 시기 최한검은 "집에 있는 시간보다 감옥에 있는 시간이 더 많았다."[193]

1950년 2월 27일 최한검은 국가보안법 위반으로 서울고등법원에서 2년형을 선고받았다. 형무소에서 복역하던 최한검은 당시 투병 중이던 최남선과의 상면을 청원했고 당국의 배려로 보석으로 풀려난다.[194] 최한검은 보석 중이던 1950년에 '국대안 반대

투쟁' 때 지도한 경성대학 약대 출신의 이정자와 결혼했다. 이후 인민군이 서울을 점령했을 때 조선노동당 서울시당 고위직으로 있다가 9·28수복 때 월북했다.[195]

월북 후 최한검은 문학대학에서 가르치다가 1960년대 초에는 김일성대학 문학부에서 근무했다. 이후 과학원 어문학연구소 등에서도 일했으며, 부친인 최남선의 친일 행적 때문에 더러 곤란을 겪기도 했다고 한다.[196] 1957년 육당 최남선이 죽었을 때, 최한검은 도쿄제국대학 재학 때의 일본인 친구 두 명을 보내어 대신 조문했다.

최한검은 "사회의 진보의 원동력"에 대한 믿음을 여전히 간직하고 있을까?

운동권 대학생에서 총독부 경찰로

대학을 다니던 시절 "20대에 마르크스주의자가 아니면 가슴이 빈 자이고, 40대에도 여전히 마르크스주의자라면 머리가 빈 자다."라는 말이 회자되곤 했다. 칼 포퍼(Karl Popper)의 말이라는데 정확한 출전은 모르겠다. 20대의 나는 이 말이 인간의 신념을 조롱하는 것처럼 느껴져 싫었다.

그렇지만 인간도 사상도 변하게 마련이다. 변하지 않는 사상은 아름다운 신념처럼 보이지만 관점을 달리하면 도그마다. '전향'은 그 자체로는 사상의 전환이지 도덕적 단죄의 대상은 아니다.

문제는 변해도 아주 더럽게 변하는 사람들이다. 권력욕을 사상의 변화로 치장하고, 민족과 사회 공동체를 위한 청년 시절의 '실천' 전체를 모독하는 사람들 말이다.

교토제국대학 법학부 졸업생 한종건은 그런 이들 중 하나다. 경상남도 함안에서 태어난 그는 함안공립보통학교, 경성의 중앙고등보통학교를 졸업했다. 중앙고보 2학년에 재학 중이던 1919년 남대문 일대에서 벌어진 3·1운동에 참여했다가 체포되어 징역 6개월에 집행유예 3년형을 받고 풀려났다. 조선에서 학업을 계속할 수 없게 되자 그는 일본으로 건너간다. 센다이의 도호쿠학원에서 1년간 수학한 후 가나자와의 4고를 거쳐 1926년 4월 교토제국대학 법학부에 입학하여 1929년 3월에 졸업했다. 이후 대학원에 진학하여 1930년 3월까지 1년간 법학을 연구했다.

아마도 현해탄을 건너 일본으로 가면서 한종건은 식민지의 슬픈 동족을 위한 혁명가를 꿈꾸거나, 적어도 변호사가 되어 운동가들을 돕고자 했을지도 모른다. 실제로 대학 시절 그는 교토 지역 학생운동에 적극적으로 참여했다. 그는 신간회 교토지회에 가입하여 활발히 활동했고, 조선청년총동맹 교토지회가 주최한 집회에서 조선총독부 통치를 반대하는 연설을 하다가 경찰에게 제지당하는 등 반일 활동을 하던 열정적인 투사였다.

교토조선유학생학우회의 기관지인 《학조》 2호에는 당시 한종건의 생각을 엿볼 수 있는 〈국가설에 관한 일고찰〉이라는 글이 남아 있다. 각종 국가설을 설명하면서 "독일은 지금 우리가 피정복자가 됨과 같이 불란서 나팔레온에게 정복을 당"[197]했으며, 독일의 철학자들이 국가전체사회설을 통해 해방운동을 제창했다고 적고 있다.

적어도 이때까지 한종건은 여전히 피식민자로서의 자신의 위치를 자각하고 동포에 대한 연민을 강하게 느끼고 있었다. 그러나 1930년에 귀국한 그는 학생 시절 자신이 열렬히 비판했던 조선총독부의 경기도 재무부 세무과 '속'으로 취직한다. 총독부에 근무하면서 1932년 고등문관시험 사법과에 합격하여 '사법관시보'에 지원하지만, 학생운동 전력이 신원 조회에 걸려 탈락한다.

그다음 해에는 다시 행정과에 응시하여 합격했다. 행시 합격 후 그는 전라북도 경찰부 경무과 경시를 시작으로 총독부의 고위직 경찰로 활동했다. 중일전쟁 때는 유언비어와 시국범죄 방지 등에서 세운 공으로 '지나사변공적조서'에 이름을 올렸고, 1940년에는 진무(神武) 천황 즉위 2600년을 기념해 포상한 '기원 2600년 축전 기념장'을 받기도 했다.

해방 이후에는 1946년 9월 6관구 경찰청장, 10월 경무부 공안국장 겸 대구 치안총사령관을 거쳐 1947년에는 경찰의 이인자인 경무부 차장이 되었다. 4·19 직후인 1960년 7월에는 민주당 소속으로 고향인 함안에서 민의원(국회의원)에 당선되었으며, 박정희 정권 아래에서 감사원 감사위원을 지냈다.

대학을 졸업할 무렵 한종건에게는 도대체 어떤 심경의 변화가 있었던 것일까? 1930년대 초반은 신간회가 해소되고 만주사변이 일어나는 등 운동의 전망이 암울하기만 했던 시기다. 미래가 보이지 않는 암담함을 충분히 이해한다고 해도 조선인 운동가들을 잡아들이는 경찰이 된 것을 합리화할 수 있을까?

마르크스주의자에서 도색영화 브로커로

김린이는 한종건만큼이나 극적인 타락을 보여주는 사례다. 평안북도 의주에서 태어나 신의주고보를 졸업한 그는 일본의 고치고등학교를 거쳐 1929년 교토제국대학 법학부에 입학했다. 1929년 7월 27일 자《동아일보》는 신의주에서 교토의 공산당 사건 혐의자로 교토제국대학 학생 김린이가 체포되었다는 기사를 싣고 있다.[198]

교토 공산당 사건이란 정확히 말하면 고려공산청년회 일본총국 간사이(關西)부 사건이다. 이 사건으로 고려공청 일본총국 책임자 인정식, 선전부장인 도시샤대학 조옥현 등이 검거되었다. 김린이는 조옥현에게 공청 가입을 권유받은 사실은 확인되었지만 가입 여부가 확실치 않아 석방되었다.

풀려난 김린이는 1930년 6월 일본 공산당과 관계있는 전협계(全協系)의《제2무산자신문》교토지국 책임자로 활동했다. 같은 해 10월에는 일본 공산당의 공판 투쟁을 지원하기 위해 교토형무소를 습격하다 체포되었다. 1931년 12월 치안유지법 위반으로 공판에 회부되었는데, 형을 살았는지는 확실치 않다.

이러한 운동의 과정 중에 김린이는 교토제국대학을 그만두었다. 이후의 행적은 식민지 저널리즘에서 확인된다. 그는 1934년 8

월경부터 《조선일보》 사회부 기자로 총독부에 출입했고, 1938년 5월 총독부 기관지인 《매일신보》로 옮겨 정치부장, 사회부장, 편집국장 등을 역임했다. 1939년 7월에는 영국 배격을 위해 조직된 배영동지회의 전무이사가 되었고, 흥아보국단과 조선임전보국단의 경성지역 발기인 등으로 참여했다.

김린이는 해방기에 다시 한 번 신문 사회면을 뜨겁게 달군다. 그는 명월관 등 시내의 요정에서 유부녀와 기생, 취객 들에게 포르노를 상영한 혐의로 체포되었다.[199] 마르크스보이 김린이가 해방기 가장 낯 뜨거운 도색영화 사건의 주인공으로 돌아온 것이다.

제국대학의 마르크스주의자에서 도색영화 브로커로 전락한 이 타락의 서사를 어떻게 이해해야 할까? 교토형무소를 습격했던 열혈 마르크시스트 김린이가 해방기 도덕적 타락의 대명사가 되기까지는 그 자신도 항변하고 싶은 여러 계기가 있었을 것이다.

그렇지만 세상에는 합리화하기 어려운 일들이 있다. 사상은 바뀔 수 있지만 신념을 모독하진 말 것, 자신의 생과 인간의 존엄을 능멸하진 말 것. 김린이의 삶에서 깨닫는 교훈이다. 우리 시대에도 어쩌면 무수한 김린이들이 활보하고 있는 것은 아닐까.

10장

금녀의 영역, 제국대학으로 유학 간 여성들

제국대학에 등장한 여학생들

알렉시스 드 토크빌(Alexis de tocqueville)은 볼테르의 애인이자 여성 과학자였던 샤틀레 후작 부인에 관해 흥미로운 이야기를 전한다. 그녀는 "시종들이 인간이라는 확실한 사실을 고려하지 않고" 그들 앞에서 거리낌 없이 옷을 갈아입었다.[200] 샤틀레 부인에게 시종(노예)들은 방에 있는 개나 고양이 같은 존재였던 셈이다.

서구에서는 프랑스혁명 이래 시민혁명이 진행되면서 시종과 남성 노예는 해방이 되어 선거권을 부여받는다. 하지만 여성의 경우에는 귀족 여성이나 대부르주아 집안의 여인조차 참정권을 행사하지 못했다. 여성은 20세기 들어서야 비로소 참정권을 획득할 수 있었다. 이런 측면에서 여성은 뒤늦게 해방된 노예다.

교육이라고 달랐겠는가? 이블린 폭스 켈러(Evelyn Fox Keller)는

《과학과 젠더》에서 문화적으로 유효하게 된 대부분의 지적·창조적 노력이 역사적으로 남자의 영역으로 간주되었다고 지적한다.[201] 과학적·합리적 사고는 남성의 전유물이며 여성은 비과학적이라는 사고방식 아래에서 여성에 대한 교육은 전혀 고려되지 않았다.

그러다가 근대에 들어서 국민국가의 필요에 따라 여성 교육이 점차 확대되었다. 하지만 근대국가 초창기의 여성 교육은 초등과 중등 교육으로 제한되었다. 일본에서도 여성 교육자를 양성하는 여자고등사범학교나 음악·미술학교 등 예술 분야를 제외하면 최고 학부에 진학하기 어려웠다.

교육 내용도 본격적인 지적 교육에는 소홀했으며, 가부장제 가정 내에서 여성의 역할 및 규율화가 강조되었다. 한 여자고등사범학교 교장은 "여학생들이 결혼하여 남편의 장서(藏書)에 앉은 먼지를 턴 후 위아래가 바뀌지 않게 책장 안에 넣을 수 있도록"[202] 하기 위해 유럽어를 가르쳐야 한다고 주장할 정도였다.

일본의 통치 엘리트 양성 장치였던 제국대학은 특히나 출범 이후 오랫동안 금녀(禁女)의 영역이었다. 일본은 천황을 정점으로 하는 대가족주의 국가였고, 사회는 뚜렷한 계층(신분)과 젠더의 위계에 의해 구획되어 있었다. 천황제 국가를 지탱하는 제도인 제국대학은 가르치는 자나 배우는 자나 모두 남성뿐이었다.

그러던 중 당시 문부성의 표현을 빌리면 "파격적인 중대 사건"이 일어난다. 1913년 8월 16일 도호쿠제국대학이 제국대학으로서는 처음으로 여학생을 받아들인 것이다. 화들짝 놀란 문부성은

▲ 야스이 코노

총장에게 항의 서한을 보냈지만, 화학과의 구로다 치카(黒田チカ)와 단게 우메(丹下ウメ), 수학과의 마키타 라쿠(牧田らく) 등 세 명은 도호쿠제국대학의 학생이 되었다.

구로다 치카는 사가현사범학교, 도쿄여자고등사범학교(지금의 오차노미즈여자대학)를 거쳐 도호쿠제국대학 화학과를 졸업하여 일본 최초의 여성 이학사(理學士)가 된다. 이후 여성의 제국대학 입학을 반대하던 그 문부성의 지원으로 옥스퍼드대학에 유학하여 이학박사 학위(1929)를 받은 후 도쿄여자고등사범학교 교수가 되었다.

여성의 제국대학 입학이 도호쿠제국대학을 시작으로 규슈제국대학, 홋카이도제국대학 등 후발 제국대학으로 확산되었다. 여성들의 입학으로 남성 중심 제국대학의 철벽에 약간의 균열이 생기긴 했지만, 제국대학의 남성 카르텔은 여전히 견고했다. 도쿄제국대학과 교토제국대학에서는 패전 때까지 여성들의 자취가 확인되지 않는다.

제국대학 여성 졸업생들의 진로도 제국대학의 남성 중심주의가 얼마나 견고한가를 보여준다. 구로다 치카는 제국대학의 남성 교수 후보자들과 같은 코스의 이력을 쌓았지만, 그녀의 최종 취직처는 도쿄여자고등사범학교 교수였다. 시카고대학과 하버드대학에서 유학하고 일본 최초의 여성 이학박사가 된 야스이 코노

(保井コノ) 역시 구로다의 동료로 만족해야 했다.

그렇다고 도호쿠제국대학의 여성 입학생들이 제국대학 시스템에 낸 작은 균열이 의미가 없었던 것은 아니다. 특히 '식민지 여성'이라는 이중의 차별을 받은 조선 여학생들이 그 작은 균열의 틈새를 비집고 들어간 것은 각별히 주목할 필요가 있다. 잘 알려지지 않은 조선 여성들의 제국대학 유학에 대해서 살펴보자.

신의경, 최초의 제국대학 여자 유학생

구로다 치카 등 일본의 제국대학 여학생들이 남자들만의 제국대학 시스템에 낸 균열의 틈새를 뚫고 도호쿠제국대학에 입학한 첫 번째 여자 조선인 유학생. 앞서 제국대학의 캠퍼스 연애담에서 거론한 신의경을 다시 불러와 보자. 신의경은 한국 역사상 최초의 여성 국회의원 네 명 중 한 명이기도 하다.

신의경은 1897년 서울의 신실한 기독교 가정에서 태어났다. 신의경의 어머니는 연동여학교(정신여학교의 전신) 교사이자 연동교회 초대 집사, 초대 여전도회 회장을 지낸 신마리아(원명 김마리아)였고, 큰이모는 한국 최초의 여의사 박에스더(김점동)였으며, 작은이모는 세브란스병원 부속 간호학교 1회 졸업생인 김베세였다.

신의경은 선교사가 세운 정신여학교를 졸업하고 이 학교의 교사가 되었다. 정신여학교 교사로 있으면서 3·1운동 이후 경성애국부인회를 조직하고 회장으로 활동했다. 이후 동창이자 동료였던 김마리아와 함께 상하이임시정부를 후원할 목적으로 비밀 독립운동 단체인 대한민국애국부인회를 조직하고 서기로 활동했다. 그러나 동료의 밀고로 조직과 활동이 탄로나 관련자들이 모두 검거되었고, 신의경은 2년간 옥살이를 했다.

신의경은 감옥에서 풀려나자 1922년 조선여자기독교청년회연합회(조선YWCA연합회) 창설에 참여해 서기로 일했다. 1924년에는 이화여자전문학교 문과에서 영문학을 전공하고 부전공으로 역사를 이수했다. 1927년 이화여전을 졸업한 후 일본으로 건너가 도호쿠제국대학 법문학부에서 서양사를 전공했다. 그녀가 도호쿠제국대학에 진학한 이유는 무엇이었을까?

> 누구보다도 더욱 참상에서 살아 나아가는 조선 여성은 그 자체의 장래를 위하야 배우지 아니하면 안 될 이 현상에 있습니다. 뿐만 아니라 국가와 사회의 근본인 가정을 맡을 여성으로서는 될 수 있는 대로 보다 높은 교양이 필요하외다. 나는 이 배움을 두 가지로 생각하는데 여성 전체에 맞는 일반적 교육과 동시에 특수한 교육 이것이외다. 혹은 말하기를 여성의 고등교육이 불필요하다 하고 일반적 교육만을 주장하나 이러한 주장만이 성립되는 날까지 이 인류 사회는 불구의 사회, 여성의 전도는 여전히 암흑일 것이외다. 나는 여성의 고등교육을 필요로 생각하는 동기에서 센다이로 갔습니다. 또 계속하여 마친 이유도 여기 주요히 있겠지요.[203]

1931년 2월 당시 명사들에게 학교 선택의 체험담을 묻는 설문지에서 신의경이 도호쿠제국대학을 선택한 이유를 답한 부분이다. 신의경은 여성에 대한 일반적 교육만 있다면 인류 사회가 불구가 되며, 여성에게도 고등교육이 필요하다고 주장하고 있다. 그 중요한 실천으로 여성의 입학이 허용된 센다이의 도호쿠제국대학을 찾아갔다고 밝힌다.

여학교 출신인 신의경은 "(남녀)공학을 하여야 학문의 깊은 맛을 얻을 수가 있고 장래 사업시대 준비로도 충분히 남성을 이해할 수 있는 기회"가 될 뿐만 아니라 "여학교에서 공부하는 것보다 여러 가지에 자극이 많아서 자연히 학문 연구에 열심"으로 임하게 되었다며, 자신의 도호쿠제국대학 선택을 "잘한 것"[204]이라고 정리하고 있다.

1930년에 도호쿠제국대학을 졸업한 후 신의경은 모교인 이화여자전문학교에서 교원으로 역사학을 강의했으며, 여전도회 경기(서울)연합회 회장으로도 활동했다. 1935년부터는 피어선기념성경학원 교사 및 부원장에 취임했다. 이외에도 1937년 연동교회 여전도회 3대 회장, 경기노회 여전도회 5대 회장으로 교회 활동에 열성을 다했다.

식민지 말기 전시동원체제가 더욱 강화되면서 신의경은 신사참배와 '황국신민서사(맹세)' 등 일본 제국주의에 협력 행위를 하지 않기 위해서 모든 공직 활동에서 물러나 가정에서 은둔했다. 이러한 결정을 내린 데에는 월남 이상재의 감화가 영향을 미쳤다. 1921년 당시 감옥에서 나온 신의경을 위로하며 이상재는 "작은 감옥에서 큰 감옥으로 나왔구나."라는 말을 남겼다. 그녀는 월남의 말에 깨달음을 얻어 나라가 독립될 때까지 더욱 험난한 길을 걸어야겠다고 각오했다고 한다.[205]

해방 후 미군정이 1946년 12월 남조선 과도입법의원(의장 김규식)을 발족시키자 신의경은 여성 의원으로 참여했다. 해방기에 신의경은 김규식과 일정한 관련을 맺고 활동하며 그의 정치 노선을 지지했다. 1947년 김규식이 총재를 맡은 대한적십자사 창립위원과 집행위원이 되었고, 마찬가지로 김규식이 주석으로 있던 민족자주연맹의 부녀국장으로 활동했다.

대한민국 정부가 수립된 이후에는 피어선성경학교, 정신여자중고등학교, 서울여자대학 등의 교육 활동과 여전도회 등의 교회 활동에 전념했다. 그녀는 대한민국애국부인회 활동으로 1990년 대한민국 애족장을 받았다. 최초의 제국대학 여자 유학생 신의경의 삶은 동시대 민족을 대표한다고 자임하며, 제국의 권력을 좇던 남성 엘리트들이 비추어봐야 할 거울이다.

조현경, 규슈제국대학의 첫 여자 유학생

신의경이 도호쿠제국대학에 입학하고 두 해 뒤 이번에는 규슈제국대학에 이화여자전문학교 출신의 여학생이 입학했다. 조현경은 이화여전을 졸업한 후 호수돈여자고등보통학교의 교사로 재직 중이던 1929년 규슈제국대학 법문학부 서양사학

과 입학시험에 합격하여 주목을 받았다.[206]

하지만 좀 더 앞서 조현경을 주시하던 시선이 있었다. 제국대학 입학 이전 조현경의 활동상을 보여주는 자료가 식민지 시기 한 사찰보고서에 남아 있다. 1927년 10월 21일에 종로경찰서장이 경성지방법원 소속의 검사에게 보낸 문건 〈京鍾警高秘 제11959호〉 '근우회 강연회 보고'는 바로 전날 있었던 근우회의 강연회에 대해 여섯 쪽에 걸쳐 상세히 정리하고 있다.

민족연합전선으로 조직된 신간회의 자매단체인 근우회는 계통이 다른 여러 여성 조직을 통합한 국내 최대의 여성 단체였다. 사회주의 계열의 '세 여자'인 주세죽·고명자·허정숙과 기독교 민족주의 계열의 김활란이 근우회에서 함께 활동했다. 총독부 경무국은 신간회 운동과 보조를 맞춘 근우회의 활동에 대해서 예의 주시하고 있었다.

이 사찰 문건이 보고한 강연회란 1927년 10월 20일에 천도교 기념회관에서 열린 여성 문제 토론회를 뜻한다. 성황리에 열린 이날 토론회의 주제는 "조선 여성의 해방의 첩경(捷徑)은 경제 독립이냐, 지식 향상이냐?"였다. 양측에서 각각 세 명씩 토론자가 나서서 논쟁했는데, 조현경은 지식 향상 편의 토론자였다.[207]

경제 독립을 주장하는 측은 사회주의 이론에 토대한 '무산부인론'을 강조했고, 지식 향상을 주장하는 측은 여성 문맹 퇴치와 계몽, 지식 계발에 초점을 맞추었다. 좌우합작체였던 근우회 속 두 흐름을 반영한 논쟁에서 이화여전 출신의 조현경은 은사인 김활란의 노선인 후자의 입장을 대변했다.

이러한 근우회 활동과 규슈제국대학 입학에 이어지는 조현경의 흔적을 《신여성》 1931년 12월호에 수록된 〈이동좌담 "내가 이상(理想)하는 남편"〉이라는 좌담회에서 찾을 수 있다. 《신여성》 기자인 송계월의 사회로 삼천리사의 최정희 등 당시 미혼 엘리트 신여성 여섯 명이 모여 바람직한 남편과 가정생활에 대해 의견을 나누었다.

좌담회에서 조현경은 가부장적이고 남성 중심적인 조선 사회를 통렬히 비판하면서 여성들이 가정의 노예로 만족하지 말고 "사회란 더 큰 무대에서 어린애를 등에 업고라도 나가서 어떠한 부내에서든지 활약해야 할 것"이라고 주장한다. 더불어 여성의 가사노동에 대해서 다음과 같이 역설한다.

> 하루에 열네 시간 착취를 당한다는 공장노동자의 사정도 극히 딱하지만 실제 가정 내에서 하루에 스물네 시간이면 스물네 시간 전부 노동으로 일관하여 일하는 것은 우리 여성들부터 생각이 당연한 노동이다 하고 느끼는 분이 많음에 언제나 섭섭함을 느낍니다. 한 가정을 유지해 나갈랴면 공동으로 부부가 책임을 져야만 할 것인데 부인 그 사람 혼자에게만 삼사 중의 책임을 전부 부담시켜 놓고 그러고도 잘하는 일이나 못하는 일이나 그저 공연히 트집만 잡으려 드니 이것이야말로 너무도 극단의 모순이 아닐까요.[208]

이 좌담회로부터 세 달 뒤인 1932년 3월 조현경은 김활란과 더불어 잡지《여론(女論)》을 창간했다. 이 잡지에는 심훈의 소설《상록수》의 주인공 채용신의 실제 모델로 알려진 최용신의〈농촌의 하소연〉이 실렸다.[209] 최용신은 죽기 직전 쓴 이 글에서 YWCA의 지원금이 끊긴 샘골학교에 대한 각계의 지원을 호소하고 있다.

그런데 최용신은 왜 이 잡지에 글을 실었을까? 당시 조현경은 협성여자신학교 교원이었고, 최용신은 협성여자신학교를 다니다 농촌 활동에 투신했다. 최용신의 샘골에서의 헌신적인 활동을 알고 김활란과 조현경 등은 그녀를 격려한 것으로 알려져 있다. 그런 사정으로 최용신의 마지막 '하소연'이《여론》에 실린 것으로 보인다.

이후 해방 때까지 조현경의 활동은 확인되지 않는다. 이러한 공백은 아마도 결혼과 관련된 듯하다. 그녀의 남편은 규슈제국대학 법문학부 출신의 황종률로 대동학원을 거쳐 만주국 경제관료(사무관)가 되었다. 남편의 임지였던 만주로 이주하면서 그녀의 공적 활동은 뜸해졌다. 다만 만주국 건국 10주년을 기념하여 만선학해사가 발행한《반도사화와 낙토만주》(1943)에〈만주의 풍속〉을 게재한 것이 확인될 뿐이다.

해방 후 조현경은 여러 지면에서 그 모습을 다시 드러내고 있다. 1946년 풍문여고에서 열린 '신탁통치배격여자대회'(회장 김활란)에서 경과보고를 했고,[210] 1947년에는 문화여성회를 결성하여 스스로 위원장이 되었다.[211] 1948년에는 월남 문화인들이 결성한 '대한문화협회' 준비위원으로 이름을 올리고 있다.[212]

1952년에는 자유당 중앙위원 18명의 후보자로 선출되었으며, 1961년 '5·16 군사정변' 직후에는 '군사혁명의 길'이라는 주제로 강연한 기록도 남아 있다. 남편 황종률은 이후 박정희 정권에서 재무부, 체신부 장관을 지냈다. 조현경은 1963년 배화여고 교장으로 재직하던 중 쉰일곱 살의 나이에 사망했다.

'내 이름은 김삼순', 최초의 여성 농학박사

〈내 이름은 김삼순〉(2005)은 촌스러운 이름과 뚱뚱한 외모 등의 콤플렉스를 가진 주인공이 인생을 당당하게 헤쳐 나가며 성취를 이루는 드라마다. 드라마는 여성들의 공감을 얻으며 '김삼순 신드롬'을 일으켰다. 이 드라마보다 약 40여 년 앞서 한국 사회를 들썩이게 한 또 하나의 '김삼순'이 있었다.[213]

1966년 규슈대학에서 쉰일곱 살의 나이에 한국 여성으로는 처음으로 농학박사 학위를 받은 김삼순(金三純)이 그 주인공이다. 그녀는 담양군 창평면의 면장이자 대지주인 김재희의 3남 4녀 중 셋째 딸로 태어났다. 남자 형제 셋은 모두 해방 후 국회의원을 역임했다. 여동생인 김사순의 아들, 즉 그녀의 조카가 이회창 전 총리다.

드라마를 본 사람들은 주인공 김삼순이 실의에 빠질 때마다 그녀의 환상 속에 나타나 당당하게 살라고 응원하는 죽은 아버지의 격려를 기억할 것이다. 농학박사 김삼순에게도 과학자로서의 삶의 출발에 아버지의 격려가 있었다. 김재희는 '여자도 배워야 한다'며 창평공립보통학교에 여자반을 만들어 딸들을 입학시켰다.

김삼순은 창평공보를 거쳐 경기공립고등여학교(지금의 경기여고)에 진학한다. 광주역에서 기차를 타고 경성에 도착한 시골 소녀는 자기 동네의 호롱불과는 비교할 수 없는 경성의 화려한 전깃불 야경에 충격을 받았다고 토로한다. 그녀는 신문명의 근원을 익히려면 과학을 배워야겠다고 결심했다.

김삼순은 1929년 경기공립고등여학교를 졸업한 후 일본으로 건너가 1933년에는 도쿄여자고등사범학교 이과를 졸업한다. 졸업 후 귀국하여 진명여자고등사범학교와 경기공립고등여학교에서 6년여 동안 수학과 화학 교사로 있었으나 식을 줄 모르는 학구열로 다시 일본으로 떠난다. 1939년 도쿄여자고등사범학교 연구과 수료 후 1941년 홋카이도제국대학 식물학과에 입학하여 1943년에 졸업했다. 그녀의 나이 서른넷이었다.

김삼순의 일본 유학이 시작되었던 도쿄여자고등사범학교에는 앞서 언급한 제국대학의 첫 여자 입학생 구로다 치카와 첫 여성 박사 야스이 코노가 교수로 재직하고 있었다. 김삼순은 일본인 여자 박사들을 보면서 "저들에게 지고 있을 수는 없다는 강렬한 투쟁심"[214]에 더욱 분발하여 공부했다고 회고한다.

과학자로서의 자신의 출발을 일본인 여자 박사들에 대한 민족적 투쟁심(혹은 경쟁심) 때문이었다고 말하지만, 그것은 다분히 사후의 진술인 듯하다. 그러한 경쟁심도 있었겠지만, 오히려 여성

박사들에 대한 깊은 존경과 동경이 그녀 마음의 진실에 가까워 보인다. 홋카이도제국대학 진학도 이들과 상의한 후 내린 결정이었다.

김삼순은 홋카이도제국대학에서 식물학 학사학위를 받고 농학부 대학원에서 응용균학(곰팡이·버섯·효모)을 연구하다가 태평양전쟁이 한창인 식민지 말기에 귀국한다. 해방 이후 그녀는 서울대 사범대학, 농과대학, 문리과대학의 강사로 지냈다. 그녀가 남자였다면 결코 대학 강사로 전전하진 않았을 것이다.

1961년 10월, 제국대학 출신 남자 학사들은 원로 대접을 받을 쉰두 살에 김삼순은 다시 일본 유학을 결심한다. 홋카이도대학 농학부 농예화학과 연구생(대학원생)을 거쳐 1963년 규슈대학 농학부의 학위 과정으로 옮겨 1966년 '다가 아밀라아제 A의 光不活性化 반응'이라는 주제로 박사 학위를 취득한다.

귀국한 김삼순은 서울여자대학 교수가 되어 학생들을 가르치며, 1972년 '한국균학회'를 창설하고 초대 및 2대 회장을 역임했다. 당시는 양송이를 제외하고 대부분 야생 버섯만을 따다 수출하던 시절이었다. 김삼순은 일본에서 종균을 들여와 한국에 맞는 느타리버섯 인공재배법을 농가에 보급하여 한국 버섯 산업의 기틀을 마련했다.

김삼순은 여든한 살의 나이에 한국의 야생 버섯들을 정리한 《한국의 버섯도감》(1990)을 출판하는 등 아흔한 살로 죽을 때까지 연구를 멈추지 않았다. 그녀는 여성 자연과학자로서는 처음으로 대한민국학술원 회원이 되었다. 미래의 과학자를 꿈꾸는 우리 사회의 아들딸들이 퀴리 부인만큼이나 기억해야 할 여성과학자, '그 이름은 김삼순'이다.

이화여자전문학교와 제국대학

현재까지 조사한 바에 의하면, 최초의 제국대학 여자 유학생인 신의경 이래로, 경기공립고등여학교 출신 김삼순을 제외한 모든 여자 유학생이 이화여자전문학교 출신이다.

이화여전을 졸업한 여학생들이 더 공부하고 싶으면 구미로 유학을 가거나 제국대학에 진학하는 수밖에 없었다. 식민지 시기 제국대학에 진학한 이화여전 졸업생들은 다음 표에서 알 수 있듯이 손에 꼽을 정도다.

성명	대학	전공
조현경	규슈제국대학	서양사
송혜보(송효선)	규슈제국대학	법학
계유림(계준태)	규슈제국대학	영문학
신의경	도호쿠제국대학	서양사
홍복유	도호쿠제국대학	영문학
조숙경	도호쿠제국대학	영문학
국정효	경성제국대학	영문학
신진순	경성제국대학	영문학
고옥남	경성제국대학	영문학
이남덕	경성제국대학	조선어문학

앞의 명단은 2002년 규슈대학 한국학센터에서 발간한 규슈제대 유학생 조사 보고서와 식민 시기 당시의 여러 자료를 종합하여 추출한 것이다. 각 제국대학 문서를 전수조사하면 그 수는 더 늘어날 수 있다. 규슈제국대학의 송혜보와 계유림은 저널리즘 기사에서는 괄호 속 이름으로 명기되어 있다. 아마도 개명한 것이 아닐까 추정한다.

일본 본토의 제국대학에 유학한 이화여자전문학교 학생 중에서 신의경, 조현경, 홍복유를 제외한 다른 이들의 이력에 대해서는 찾지 못했다. 홍복유는 이화여전 문과가 배출한 가장 뛰어난 수재 중 하나로 회자된다. 그녀는 이화여전에 재학한 4년 내내 '특대생'이었고, 1936년에 졸업한 이화여전 55명 중 최우등생이었다.

홍복유는 1936년부터 도호쿠제국대학 영문학과에서 유학했다. 모더니즘 비평가이자 시인인 김기림과 유학 시기가 겹치지만 그 시절에 대한 회고는 찾지 못했다. 그녀는 대학을 졸업한 후 모교인 이화여대 영문학과 교수로 재직하며 한국 영문학 발전에 기여했다. 홍복유는 1958년에 사무엘 베케트(Samuel Barclay Beckett)의 《고도를 기다리며》를 번역해 소개했는데, 이 번역본은 지금까지도 꾸준히 출판되어 읽히고 있다.

경성제국대학은 일본 본토의 고등학교를 대체하는 예과를 두고 있었다. 예과에서는 여학생을 뽑지 않았다. 그러므로 경성제국대학에 진학한 여학생들은 모두 학부에 선과(選科) 입학한 경우다. 선과 시험 과목은 일본어, 영어, 한문 및 선택과목으로 구성되어 있었다. 이화여전 출신 입학생들은 선택과목으로 모두 철학을 선택했다.

여기에는 까닭이 있었다. 당시 이 여학생들의 경성제국대학 선과 입학을 지도한 이는 이화여전 교수 박종홍이었다. 그 자신도 선과로 입학하여 철학과를 졸업한 박종홍은 경성제국대학 철학 교수들이 출제하는 시험 경향을 잘 알고 있었기 때문에 학생들을 집중적으로 지도할 수 있었다.[215]

이화여전 출신으로 맨 처음 경성제국대학 영문학 전공에 입학한 국정효는 1950년대 중반부터 서울대 상과대학과 법과대학 소속의 전임 영어 교수로 학생들을 가르쳤고, 1970년대에는 서울대 전체 영문학 관련 교수들이 영어영문학과로 통합되면서 문리대 영문학과에서 학생들을 가르쳤다. 이 대학을 졸업한 많은 이들이 윌리엄 서머싯 몸(William Somerset Maugham)의 《달과 6펜스》 등을 교재로 한 그녀의 교양영어를 명강의로 회고하고 있다.[216]

고옥남은 경성제국대학에서 영문학을 전공한 후 숙명여자대학교 영어영문학과 교수를 역임했다. 이남덕은 경성제국대학에서 조선어문학을 전공하고 해방 이후 동아대, 숙명여대, 이화여대 국문학과에서 학생들을 가르친 국어학자다. 《역사 앞에서》로 유명한 경성제국대학 출신 사학자 김성칠의 아내이자 역사학자 김기협의 어머니이기도 하다.

신진순, 북한의 문학예술을 움직인 제국대학생

지금까지 살펴본 제국대학의 여학생들은 해방 이후 모두 남한에서 활동했다. 제국대학의 여학생 중 북한 체제를 선택한 유일한 사례가 경성제국대학 법문학부 영문학과를 졸업하고 북한의 조선문학예술총동맹(문예총) 중앙위원회 부위원장을 역임한 신진순이다.

2000년 12월 8일 자 《로동신문》은 2면 전체를 할애하여 신진순의 일대기를 상세히 소개하고 있다. 신문에 따르면, 경기도 이천에서 태어난 신진순은 빼어난 수재였다. 그녀가 다닌 숙명여자고등보통학교의 한 일본인 교사는 30년 교사 생활 중에서 신진순처럼 재능 있는 학생은 처음 봤다고 평할 정도였다. 그녀는 숙명여고보 시절 일제의 식민 통치와 교육정책에 반대해 비밀독서회를 조직하고 동맹휴학을 주도하다 퇴학당한다.

이후 신진순은 배화고등여학교를 거쳐 이화여전 문과에서 영문학을 전공했다. 《로동신문》은 신진순이 '요시찰'인이었다고 전하는데, 실제로 당시 경성제국대학 반제동맹 사건과 이재유의 조선공산당 재건 사건 등의 독서회 관련자 명단에서 신진순의 이름이 보인다.[217]

이화여전을 졸업한 신진순은 경성제국대학 학부에 선과 입학한다. 선과생은 6단위의 학점을 받으면 본과생으로 편입할 시험 자격이 주어졌는데, 편입시험 과목은 열두 개로 많기도 했고 또 어려웠다. 신진순은 이 과목들을 모두 합격했지만, 대학 당국은 1

년 이상 본과 진학을 미루고 구실을 붙여 자퇴를 유도했다고 한다. 하지만 결국 그녀는 본과에 진학해 1945년에 졸업한다. 신진순은 일본인과 조선인을 통틀어 경성제국대학의 본과를 졸업한 유일한 여성이었다.

해방 후 11일 만에 신진순은 평양을 선택하여 북한으로 건너갔다. 해방 직후 그녀는 평안남도 당 선전부와 평양시당 부녀회장 및 민주여성동맹(여맹) 부위원장으로 활동하며 김일성과 그의 첫 부인인 김정숙 등과 연계를 가지고 본격적인 정치 활동을 벌였다. 그녀의 이름은 1946년 설립된 김일성종합대학의 예비과 교원 명부(영어 담당)에서도 확인된다.[218] 특히 김정숙은 대학을 나온 여성 인텔리인 신진순이 평양을 선택한 것을 높이 평가하며 그녀를 보살폈고, 그녀의 외동딸 이름을 '자유'라고 지어주었다고 한다.

1960년대 중반까지 주로 여맹에서 활약하던 신진순은 이후 김일성의 권유에 따라 작가의 길에 들어선다. 장편소설《산천의 새 역사》(1983),《남녘마을 아이들》(1988),《고향으로 가는 길》(1992) 등과 수십 편의 시와 노랫말을 창작했다. 그녀는 1970년 당중앙위원회 후보위원으로 선출되었고, 1971년 2월에 조선문학예술총동맹 부위원장에 선출되어 죽을 때까지 그 지위를 유지했다. 또 1991년부터는 조국통일범민족연합(범민련) 북측본부 중앙위원이 되었다.[219]

신진순은 북한 문예 대표단을 이끌고 스리랑카 등 여러 나라를 방문했으며, 1985년 8월에 방북한 세계적 여성 작가인 루이제 린저(Luise Rinser)와 면담하기도 했다. 신진순은 7개 국어를 구사할 수 있었다고 알려져 있는데, 루이제 린저는 그녀의 재능과 교양에 감탄해 북한 작가들의 수준을 새로 인식했다고 전한다.

김일성은 신진순의 공로를 평가해 1987년 칠순을 맞은 그녀에게 '김일성훈장'을 수여하며 자신의 이름이 새겨진 금시계를 선물했다. 김정일도 1997년, 신진순에게 여든 살 생일상을 보내면서 두터운 신뢰를 표시했다고 한다. 2002년에 죽은 신진순은 평양의 애국열사릉에 묻혀 있다.[220]

비록 10여 명 안팎의 적은 수였지만, 제국대학의 조선 여학생들은 식민지와 해방 이후 남북한의 대학과 과학계, 문학예술계에서 의미 있는 역할을 했다. 이력을 재구성하지 못한 송혜보·계유림·조숙경과 혹시 빠뜨렸을지 모를 또 다른 여자 유학생에 대해서는 후일을 기약하겠다.

11장

식민지인들의 제국대학 동창회

연합 학우회에서 제국대학 동창회로

우리는 '일제 36년'이라는 표현에 익숙하다. 이러한 표현은 식민 시기가 변화 없는 균질적인 시간이었다는 착각을 불러일으킨다. 하지만 일본의 식민지 경영에는 부침이 있었고, 식민지인들의 인식도 시기에 따라 변했다. 제국대학 유학생들의 인식도 1920년대와 1930년대 중·후반 이후가 크게 다르다.

두 시기의 차이를 설명하는 기록이 남아 있다. 1940년도 '교토제국대학조선유학생동창회(이하 교토제대동창회)' 재학생 위원장인 현영익은 〈동창회사론〉에서 1920년대 만들어진 '재교토조선유학생학우회(이하 교토학우회)'에서 1933년 교토제대동창회가 분리되는 과정을 정리했다.

현영익은 교토제국대학 유학생을 지도 세력으로, 교토의 조선인 남녀 학생과 졸업생 전체를 망라한 '순수 친목 기관'인 교토학우회가 조직되어 만주사변 전까지 이어졌다고 설명한다. 교토제대동창회가 따로 없었던 이유는 "당시의 사회 풍조였던 학생의 이상주의에 의해서 한 학교 내의 동창회의 필요성이 간과"[221]되었기 때문이라고 적고 있다.

현영익은 만주사변 이후 "교토조선인유학생회(교토학우회)도 점점 인원이 증가하여 통제가 곤란해지고 학생의 질적 저하가 진행되면서 동시에 불순분자의 악이용의 위험성이 가중"[222]되었다고 설명한다. 이러한 상황에서 이태규의 주장으로 1933년 10월 교토제대동창회가 조직된다.

현영익은 교토제대동창회 발생의 이유를 다음 다섯 가지로 꼽는다. "첫째, 교토제국대학 내에서 자기 친목 기관도 갖지 못하고 직접 학외 친목 단체에 가입하는 것은 본말전도의 모순이다. 둘째, 학외 운동에 의한 교토제국대학 학생의 희생을 줄여야만 한다. 셋째, 지식이 균등한 제국대학 학생 사이의 학문적 연계 계발을 위해, 즉 진리 탐구의 욕구 때문이다. 넷째, 사회 시국의 중대성에 의한 압력 때문이다. 다섯째, 동서(東西) 각 대학에서 동창회 성립 속출에 의한 자극 때문이다."[223]

만주사변 이후 일본은 군부 주도의 파시즘 국가로 폭주하기 시작한다. 치안유지법 등이 강화되고 다이쇼 데모크라시의 기운도 수그러든다. 이런 시국의 변화와 함께 교토학우회의 운동성이 문제가 되었는데, 이에 따라 제국대학 학생들이 학우회로부터 거리를 두려던 분위기가 전해진다.

잘 살펴보면 논리적인 어조를 취했지만, 결국 '수준 떨어지는'

여타 학교들과의 격차 때문에 '급이 같은' 자신들만의 모임이 필요하다는 주장이다. 민족의식에 눌려 있던 제국대학생의 특권 의식이 표면화되기 시작한 것이다.

정식 학부생이 아닌 교토제국대학 내의 '선과생 및 의학부의 전수과생'을 포함시킨 것을 동창회의 "자유평등의 색채가 드러난 것"으로 자화자찬하는 대목은 그래서 아이러니가 아닐 수 없다. 1930년대 교토제국대학 유학생들은 자기들끼리의 자유평등은 용납해도, 학력 차이가 나는 여타의 조선인 학생들과는 구별 짓고자 하는 전형적인 학벌 의식을 보였다.

마지막으로 현영익은 1938년부터는 교토제대동창회의 재학생 위원장이 전체 교토학우회의 위원으로 가지 않는 것을 불문율로 삼았다고 전한다. 이것은 교토제대동창회를 학우회의 산하 조직으로 인식하는 것을 막으려는 조처였다.

간토대지진과 1920년대의 교토학우회

현영익이 '순수 친목 기관'이라고 규정한 1920~1930년대 교토학우회의 실제 성격은 어떠했을까? 교토학우회는 교토제국대학, 도시샤대학, 리츠메이칸대학, 도시샤여자대학뿐만 아니라 제3고등학교와 전문학교 및 중학교 등의 유학생들이 망라된 조직이었다. 1926년 당시 교토학우회 회원은 500여 명이었다.

1926년 교토학우회는 집행부 간사로 김철진, 김원규(경제학부), 김말봉, 곽종렬, 도재기(중퇴), 이강호(경제학부), 이종원, 이태규(이학부), 이처옥, 문원주(공학부), 박제환, 임상오 등을 선출했다. 괄호 속에 학부를 표시한 이들이 교토제국대학 학생들인데 선출직 간사 중 절반가량을 차지하고 있다. 교토학우회가 교토제국대학 유학생들을 지도 세력으로 했다는 현영익의 주장은 크게 틀린 말이 아니다.

당시 교토제국대학 학생들은 도시샤대학 유학생들과 함께 교토학우회의 주축을 형성했지만, 제국대학생이라는 특권 의식은 없었다. 제국대학에 대한 자부심이야 있었겠지만 당대 분위기가 그것을 억눌렀다. 1920년대 유학생 사회는 학력·출신·계급 등을 뛰어넘는 평등 의식이 강했고, 무엇보다 반일 의식이 넘쳤다.

그 이유로 우선 다이쇼 데모크라시의 영향을 꼽을 수 있을 것이다. 1920년대에는 일본 사회 전체에 자유주의와 사회주의 등의 사상 열풍이 불었다. 그렇지만 좀 더 직접적이고 강력한 원인은 1923년에 일어난 간토대지진 조선인 학살이 아니었을까? 간토대지진 당시 조선인이 약 6,000여 명 희생되었고, 그중에는 상당한 수의 유학생들이 포함되었을 것으로 추산된다.

간토대지진 조선인 학살은 일본의 식민지 경영이 실패하게 된 근원적 사건으로 보인다. 간토대지진 학살은 조선인의 '르상티망(ressentiment: 원한이나 증오 따위의 감정이 마음속에 쌓인 상태를 이르는 말)'을 형성했다. 1930년대 후반 이래 일본은 식민지 조선인들에게 의무교육, 참정권 등 국민으로서 평등한 대우를 해줄 것을 약속하며 구애했다. 이러한 제안이 일부 조선인들에게서 동의를 얻은 듯했지만, 신체에 각인된 살해 공포는 조선인들의 (무)의식에 남아 있었다.

이를테면 작가 이상은 유고작인 수필 〈도쿄(東京)〉(1936)에서 "에드벌룬이 착륙한 뒤의 긴자(銀座) 하늘에는 신의 사려에 의하여 별도 반짝이련만, 이미 이 '카인의 말예(末裔)'는 별을 잊어버린 지 오래다."라고 썼다. 밤에도 불야성을 이루는 긴자 거리를 거닐며 이상은 학살자 일본인들을 죄 없는 동생 '아벨'을 죽인 '카인'의 후예로 비판했다.

경험하지 않은 이상도 13년이 지난 간토대지진 조선인 학살을 아프게 자각하고 있는데, 직접 학살을 목격했거나 그 직후에 도착한 유학생들이 느꼈을 분노는 더욱 강렬했을 것이다. '광주' 학살을 겪은 1980년대 한국 학생운동이 급진화했듯이, 간토대지진의 살육을 겪은 조선인 유학생 사회는 반일 운동의 첨병이 되었다.

교토학우회의 기관지《학조》창간호(1926)에 실린 기사에서 간토대지진 학살 사건의 트라우마가 유학생 사회에 끼친 영향을 확인할 수 있다. 교토학우회에서는 1925년 미에(三重)현 도로 공사 현장에서 일어난 조선인 살해 사건에 간부를 보내 조사하고 아래처럼 보고회를 개최한다.

> 미에현 혼마치(本町)에서 생긴 동포 살해 사건 비판 연설회를 산조(三條) 기독교청년회관에서 오후 7시부터 개최하다. 몰려오는

> 청중 500여 명 회장을 철통같이 에워싼 수백 명 경관의 경계리에서 한길수 군의 사회로 시작되었다. 본회(학우회), 노동총동맹, 평의회 및 기타 일본인 각 단체의 변사(辯士)들의 열렬한 사자후가 있었으나 거개 중지를 당하고 오후 10시경 무사 폐회하다.[224]

'미에현 동포 살해 사건'이란 1925년 미에현의 도로 공사 현장에서 노동자로 일하던 조선인 인부 60여 명을 마을의 일본인과 경찰, 소방조, 청년단, 자경대 등 2,000여 명이 공격해서 조선인 두 명이 살해되고 두 명이 행방불명된 사건이다. 공사장 등에서 일본인 노동자들에게 멸시를 당하며 감정이 쌓여가던 중 활동사진관에서 일본인과 시비가 붙어 다툼이 시작되었다. 일본인의 공격에 조선인 노동자들은 다이너마이트 등을 던지며 격렬히 저항했다.

이 사건으로 조선인 14명, 일본인 17명이 유죄를 받았지만 사법부는 조선인 측에 좀 더 가혹한 장기 형벌을 선고했다.[225] 이에 대해 교토학우회는 대표인 곽종렬 등을 조사위원으로 파견해 미에현 경찰서에 항의했으며 조선인노동총연맹 및 평의회, 일본인 사회주의 단체 들과 함께 규탄 연설회를 개최했다.

《학조》 2호의 학우회 활동 보고에서도 "이태규 군의 긴급동의가 체결되어 만장 회원 일동은 과거 관동대진재 당시에 무참히도 ××된 동포를 위하여 수분간 일제 기립 묵도를 결행하다."[226]라고 적고 있다. 이후 교토학우회에서 교토제대동창회를 분리하는 데 앞장선 이태규도 1920년대에는 학우회 운동의 핵심 지도부였다. 간토대지진 학살에 대한 분노는 그만큼 컸던 것이다.

《학조》와 1920년대 제국대학 유학생의 인식

교토학우회의 기관지 《학조》는 1926년 6월 27일 창간호와 1927년의 2호까지만 간행된 것으로 보인다. 창간호에 실려 있는 정지용의 시 〈카페 프란스〉 정도만 한국 문학사에서 주목받았을 뿐, 별다른 관심을 받지 못했던 잡지다.

1, 2호는 공통적으로 권두언, 학술 논문, 창작란 그리고 학우회 활동 기사 등으로 구성되어 있다. 논문은 대부분 교토제국대학과 도시샤대학 학생들이 각자 전공 학문에 관련해서 쓴 글이었다. 창간호는 부록을 두어 교토제국대학에서 강의하던 일본의 진보적 지식인 야마모토 센지(山本宣治)가 식민지 통치에 비판적 견해를 밝힌 〈어느 그림 이야기(惑畵の話)〉 등의 글도 실었다.

《학조》의 필진들은 1920년대 교토학우회가 민족주의와 마르크스 사상을 지닌 유학생들의 연합체였음을 일러준다. 이를테면 창간호의 첫 논문은 교토제국대학 문학부 최현배의 〈기질론〉이다. 그 외에 교토제국대학 농학부 송을수의 〈생물학상으로 본 인류의 장래〉도 실렸다. 송을수는 1927년도 교토학우회 대표였다.

이 둘은 서로 다른 사상을 지니고 있었고 이후 걸어간 삶의 경로도 달랐다. 한글학자 최현배의 경력을 말하는 것은 새삼스러운 일이다. 송을수는 교토제국대학 농학부의 첫 졸업생으로 조선공산당 당원이었다. 신간회 교토지회 간사와 고려공산청년회 일본 총국 위원을 역임했고, 해방 이후에는 북한에서 조선노동당 중앙위원을 지냈다.

《학조》 2호의 필진들도 이렇게 상반되는 이들이 뒤섞여 있다. 가와카미 하지메를 추앙하며 사회주의 경제학을 추구한 교토제국대학 경제학부 노동규의 논문 〈역사학파와 심리학파〉와 함께 화학과 이태규와 수학과 신영묵 등의 과학 논문, 나중에 총독부 보안과장이 되는 법학부 한종건의 국가설에 관한 논문에 이르기까지 다양한 글이 게재되었다.

사회주의자와 민족주의자가 협동전선을 형성했던 식민지 조선의 신간회 활동처럼, 1920년대 교토에서도 서로 다른 사상을 추구했던 제국대학 유학생들이 교토학우회에서 연대하여 활동한 것을《학조》 지면을 통해서 확인할 수 있다. 이들을 연대시킨 것은 차별과 직접적인 학살에 대한 분노와 울분이었다.

《학조》에는 정지용의 시를 비롯해 윤심덕과의 정사로 유명한 김우진의 희곡, 카프 작가 권환의 소설, 요절한 작가 유인탁의 희곡과 소설 등 값진 작품들이 실려 있다. 이들 작품을 세밀하게 살필 수는 없지만 당대 유학생들의 식민지 인식과 울분이 잘 드러난 시 한 편만은 함께 읽고 싶다.[227]

북촌

아아 바람 바람 힘세인 바람!

이 조그마한 집채까지 마저 불려가거라.
이곳은 북촌, 서울의 북국(北國)
기쁨이나 있으랴, 웃음이나 있으랴.
아아 슬픔과 한숨의 나라인 이 집까지 마저 불려가거라.

쓰러져가는 문을 의지하여
나는 하늘을 보고 있다. 하늘을 손가락질한다.
아아 나는 하늘이 성내기를 바란다.
이 작은 동리에 불을 질러다오.
폭풍과 지진으로 이 동리를 전멸케하라.

누가 행복을 즐기지 아니하랴.
그러나 이 마을 사람의 마음은
행복을 바라기에는 너무나 피곤했다.
그네는 지금 폭풍을 바라고 있다.
아아 폭풍! 폭풍! 얼마나 슬프게도 이 소리가 나부끼는가.

태양은 소리도 없이 이 마을을 떠나간다.
나는 초가와 움집으로 찬, 이 동리를 바라보노니
내 마음은 죽음을 당한 짐승처럼 미쳐 부르짖는다.
아아 바람 바람 힘세인 바람
이 조그만 집채까지 마저 불려가거라.[228]

'구경(拘影)'이라는 필명의 시인이 《학조》 창간호에 쓴 시다. 시인은 초가와 움집으로 가득 찬 서울 북촌을 태양도 뜨지 않는 슬픔과 한숨의 땅으로 그린다. 알다시피 이 북촌은 본정통(本町通, 충무로 일대에 붙여진 길 이름)의 일본인 거주지 남촌과 쌍을 이루는 조선인의 거주처를 일컫는다. 시인은 식민지 조선을 북촌으로 상징하며, "폭풍과 지진으로 이 동리를 전멸"하라는 저주에 가까운 격정을 쏟아낸다. 그가 바라는 '폭풍'과 '힘세인 바람'은 어쩌면 이 답답한 현실을 뒤집어엎을 '혁명'의 다른 이름인지도 모른다. 그 혁명이 민족 혁명인지 무산자 혁명인지는 분명하지 않지만 그의 분노는 시대의 감수성이었다.

《동창회보》와 식민지 후반기 제국대학생의 인식

민족운동, 사회운동과 연관되어 있던 교토학우회의 성격은 1930년대 중반을 전후하여 급격하게 변한다. 제국대학 학생에 국한해서 말하자면, 만주사변 이후 식민지인이라는 자각과 운동성은 약해졌고 팽창하는 제국 엘리트로서의 자의식은 점점 강화되었다. 앞서 현영익이 설명한 교토제대동창회 설립의 과정은 이 상황을 요약한 것이다.

1933년 교토학우회에서 교토제대동창회가 분리되었지만 아직 별도의 잡지는 없었다. 그로부터 3년여가 지난 1936년 11월 10일 교토제대동창회는 《교토제국대학조선유학생동창회회보》(이하 《동창회보》) 창간호를 발행한다. 재학생들이 발간을 주도했다. 그중에서도 당시 경제학부에 재학 중이던 박병교가 핵심 역할을 했다.

잡지 속 광고는 《동창회보》 간행의 돈줄이 어디였나를 보여준다. 창간호 첫 쪽에 실린 화신백화점 경성점과 평양점의 전면 광고에 이어서 다음 쪽에는 화신 계열사들인 선일지물주식회사와 대동흥업주식회사, 화신연쇄점주식회사 등의 2단 광고가 자리하고 있다. 연이어 동문인 이정래가 운영한 동광당서점과 김연수가 취체역으로 있었던 해동은행 광고가 실려 있다.

잡지의 전체적인 편집은 '친목'을 목적으로 하는 《동창회보》의 특성을 살리면서 학술과 문예를 아우르는 방식으로 이루어졌다. 서두에는 그해 졸업생과 입학생 사진이 들어가고, 이태규·리승기·박철재 등의 교수 취임과 박사 논문 취득, 구미 유학 기념환송회 사진, 김연수의 교토 방문 행사 등 사회적으로 출세한 선배들의 동정과 관련한 사진이 실렸다.

이러한 사진들에 뒤이은 본문 첫 부분은 학술 논문들이 실리는 '논원/논설'란이 차지했다. 주로 재학생의 자기 전공 학문과 관련한 글이 실렸지만 간혹 이태규와 리승기 등의 이공계 논문, 보성전문학교 상과 교수로 있던 윤행중과 박극채의 경제학 논문, 임헌평 등 법학부 출신 판검사들의 법률 관련 논문 등 학부별 출신 동문들의 전문적인 학술 논문도 실렸다.

논원/논설란 뒤에는 수필·기행·단상 등의 에세이류와 시·소설의 창작란이 자리 잡고 있었다. 여기에 이어서 2호부터는 '회원소식'란과 '학부소식'란을 만들어서 재학생 및 졸업생 동문과 교토제국대학 교수 및 학부 근황을 알렸다. 끝에는 회원 명부를 첨부해 매년 거주지 및 직업의 변화와 생몰을 정리하여 동문 네트워크를 갱신했다.

《동창회보》에 실린 글의 성격이 다양했기 때문에 한마디로 일괄하기는 어렵다. 앞에서 언급한 바 있는, 옥사한 사회주의자 선배 박영출을 추모한 유형식의 시와 '채귀의 여행'을 기록한 에세이도 바로 여기에 실렸던 글이다. 이렇게 식민지 현실에 비판적인 글도 있었지만 《동창회보》의 좀 더 많은 글은 점점 비정치적인 학술 논문 혹은 제국의 가치를 긍정하는 방향으로 흘렀다.

1930년대 후반기, 일본이 대륙 침략을 본격화하면서 식민지 조선의 엘리트들은 제국의 주체가 될 수 있다는 환각을 체험했다. 《동창회보》에서도 이러한 경향을 발견할 수 있다. 창간호에 실린 박병교의 〈만주 시찰기〉는 재편되는 대륙의 질서를 체험하며 제국대학의 식민지 유학생이 제국의 주체로 신생하는 과정을 기록한다.

만주 시찰의 출발점에서 우리가 목격하는 것은 식민지 청년의 일본화된 시선이다. 박병교는 기차를 타고 만주로 향하면서 차창 밖으로 스쳐 지나가는 조선의 풍경을 일본인의 시선으로 바라본다. 그에게 조선의 농촌 풍경은 "마치 일본 내지의 산요센(山陽線) 일대와 흡사한"[229] 것으로 포착되며, 압록강을 넘어 도착한 만주 지린은 "조선의 평양, 일본의 교토"[230]로 비유된다.

경제학도인 박병교는 다양한 통계를 사용하여 만주를 개발한 제국의 비전과 능력을 찬양한다. 그는 조선을 만주국과 불가분리한 부분이자 무한한 경제적 발전 가능성을 지닌 특수한 지역으로 격상시킨다. 만주국의 수도 신징에서 만난 한웅길·진양근·김정수 등 만주의 관료로 옮겨간 교토제국대학 선배들은 제국의 비전과 "동포를 위하여 투신한"[231] 선각자로 호명된다.

여행의 종착지인 하얼빈에 도착한 박병교가 백인 거지를 만나 남긴 다음의 소회는 인상적이다.

"내 마음의 한 모퉁이에서 일종의 우월감이 나섬을 어찌할 수 없었다. 솔직하게 말한다면 허리 굽히는 백인의 모양을 향락하려는 잠재욕이 생겼던 것이다. 그래서 백인의 걸인만 보면 자진해서 돈을 주다시피 했다."[232]

식민지의 청년은 제국대학 유학을 통해 일본의 시선을 내면화했고, 다시 그 일본의 콤플렉스인 백인을 경멸할 수 있는 위치에 올라섬으로써 식민지성을 탈피한 보편적 주체의 위치를 획득한다. 이 과정에서 박병교는 항일 독립군과 홍군 등을 고량밭에 숨어 있는 '홍비(紅匪)'로 부르며 합리적 제국을 어지럽히는 야만의 적으로 타자화했다. 그의 만주 시찰은 한마디로 제국의 주체로 신생하는 여행이었다.

식민지 유학생회에서 제국의 지방 향우회로

1939년 4호부터 《동창회보》는 당국에 의해 그 제호가 '교토제대조선인유학생동창회보(京都帝大朝鮮人留學生同窓會

報)'에서 '교토제대조선학생동창회보(京都帝大朝鮮學生同窓會報)'로 변경된다. '留' 자를 삭제한 것이다. '유학생(留學生)'이라는 개념은 국가 혹은 이질적인 공동체 간의 경계를 상정한다. 과거의 동창회 명칭은 '조선'이라는 일종의 내셔널리티를 환기시킨다.

'내선일체'를 내세우며 조선을 균질적인 일본 제국의 한 지방으로 통합하고자 한 당국에서는 '留'를 제거하여 무언가 이질적인 조선인 동창회의 성격을 균질적인 제국 내부의 '동향회'로 변경시키고자 했다. 새로운 명칭에는 일본의 50여 개 부현 중 하나인 조선 지방에서 중심(京)으로 공부하러 온 학생이라는 뜻이 담겼다.

이름을 바꾸고 한 해 뒤인 1940년 5호부터 《동창회보》는 일본어로 간행된다. 편집자는 "동창회는 동향 학생의 친목 단체여서 정치 단체는 아니다. 친목이 목적이라면 언어는 일수단(一手段)에 지나지 않는다. 영어로 말해도 좋은 것이다. 언문으로 할 수 없어서 미련이 남는 것은 마찬가지이지만 동창회의 지속을 위해 노력하지 않으면 안 되기 때문에"[233] 일어로 내겠다고 밝히고 있다.

편집 후기를 통해 일본어 간행이 당국의 명령 때문임을 알 수 있다. 그렇지만 이들의 후기에서 조선어를 빼앗긴 울분은 느끼기 어렵다. 검열을 의식한 때문일까? 그렇다고 보기에는 어조가 지나치게 담담하다. 애초부터 그들에게 조선어는 반드시 지켜야 할 숭고한 무엇이 아니었다. 그들은 일본어로 자아와 학문을 형성한 청년들이다. 그들 세대는 시와 소설 등 가장 예민한 정서를 표출하는 문학도 일본어로 표현하기 시작했다.

일본 제국주의는 더 이상 조선이 식민지가 아니라 제국의 동등한 한 지방이라고 선전했다. 제국대학 조선인 유학생은 '식민지 출신의 유학생'에서 '지방에서 올라온 수재'가 되었다. 식민지인이라는 자의식은 사라졌고, 시골 출신의 수재로서 어떻게 성공할 것인가 하는 문제만 남게 되었다. 교토제국대학 법학부 재학생 배영호가 '회원소식'란에 남긴 글을 읽어보자.

> 법과에서 사회 돌입의 가장 현명한 길이 오로지 고문(高文) 통과라고 주위 사방에서 귀에 못이 박히도록 권설(勸說)을 당하니 고문 자체의 평가는 논외로 하고 법과 출신의 위엄을 위해서라도 고문의 관문을 지나야 될 것 같아서 요사이는 종종 도서관의 손님이 되도록 힘쓰고 있습니다. 그리고 금년의 고문 성적이(우리 동창회 관계로서) 너무나 불량한 것을 보아 설욕의 의분(?)을 금하지 못하겠습니다. 노둔(魯鈍)한 생활자의 일상으로 일이관지(一以貫之)의 도리를 오득(悟得)한 것은 아니지만 여일(如一) 단순한 생활에서 별달리 말씀드릴 신변의 변화는 없는 듯![234]

배영호의 글에서 식민지 출신의 그늘은 전혀 감지되지 않는다. 다만 자기 지방 출신들의 저조한 고등문관시험 성적을 "설욕할 의분"을 느끼며 도서관에서 《육법전서》를 뒤적이는 시골 수재의 평온한 일상이 느껴질 뿐이다. 그는 1942년 고등문관시험 사법과에 합격하고 총독부 판사로 해방을 맞았다. 이후 그는 한국의 법무부 장관이 되었다. 이제부터 제국대학 출신들이 해방 이후 남북한에 끼친 영향을 따져볼 차례다.

12장

제국대학 유학생들은 해방 후 무엇을 하였나

임시정부와 '행정연구위원회'

"대한민국은 민주공화국이다. 대한민국의 주권은 국민에게 있고, 모든 권력은 국민으로부터 나온다." 촛불항쟁의 광장에서 우리는 대한민국 헌법 제1조를 현실로 경험했다. 이 헌법 제1조는 임시정부에서 연원하여 제헌의회에서 확고하게 자리 잡은 역사적 산물이다. 그렇다면 해방 후 대한민국의 헌법은 어떻게 만들어졌을까?

흔히 유진오를 '제헌헌법의 아버지'라고 일컫는다. 그가 제출한 초안이 대한민국 헌법으로 채택되었다고 알려져 있기 때문이다. 유진오의 안을 토대로 헌법이 만들어진 것은 사실이지만, 그 초안을 유진오 혼자 만든 것은 아니다. 구한말 이래 해방기까지 다양한 헌법 논의가 분출하여 현행 헌법의 모태가 되었다.

유진오 안으로 알려진 초안은 정확하게는 〈유진오-행정연구위원회 공동안〉이다. 임시정부 내무부장 신익희를 위원장으로 1945년 12월 17일 처음 모인 '행정연구위원회'는 약 70명의 총독부 고등문관 출신들로 조직된 임시정부 산하 단체였다. '왜적을 불구대천의 원수'로 여긴 임시정부가 총독부 관료를 모은 까닭은 무엇일까?

개인 자격으로 귀국한 임시정부 요인들은 자신들을 중심으로 한 과도정부를 세우려 했다. 하지만 그들에게는 국가를 운영할 구체적인 방안도 행정조직도 없었다. 이에 임시정부는 행정 경험이 있는 총독부 조선 관료들 중심으로 '행정연구위원회'를 설립하고 산하에 국토계획, 행정조직, 법제, 재정, 보안 등 총 19개 전문위원회를 만들었다.

행정연구위원회는 한마디로 임시정부가 집권하기 위해 꾸린 건국준비위원회(인수위원회)였다. '행정연구위원회'의 책임자였던 내무부장 신익희는 총독부 고등문관들을 다음과 같이 독려했다.

> 애국이니 구국이니 하며 왜적과는 타협하지 않고 왜놈잡이 하겠다고 천방지축 돌아다니던 사람들, 그러니까 나부터도 행정에 대한 능력과 수완이라고는 털끝만치도 없는 게 사실입니다. 비록 여러분은 일제의 폭정 아래서 자신의 명맥과 가족의 안위를 위하여 조금 친절을 왜인에게 표시했다 하더라도 해방된 조국에 헌신 노력하여 건국의 기초와 공로를 세움으로써 지난날의 약간의 과오는 속죄되는 것이니, 여러분은 각 분야에서 응수 노력하길 부탁드립니다.[235]

신익희는 식민지 시기 행정 경험자들을 '처벌'의 대상이 아니라 국가 건설을 위한 '조력'의 대상으로 포용하는 실용주의자의 면모를 보인다. 나쁘게 보자면, 친일파를 활용하여 국가 운영의 틀을 고민한 점에서 이승만의 노선과 근접해 있었다. 살길을 찾던 총독부 고등문관들에게 '행정연구위원회'는 복음과도 같았다.

'행정연구위원회'의 제헌 활동은 임시정부 중심의 과도정부를 준비하기 위한 기초 작업이었다. 반탁운동에 나선 임시정부는 "군정청 소속의 경찰 및 내무 행정의 한인 직원은 전부 본 정부 지휘하에 예속케 한다."라는 것을 골자로 한 내무부장 명의의 국자(國子) 1호 등을 포고한다. 하지만 임정법통론에 토대를 둔 과도정부 수립은 당시로서는 실현되기 어려웠다.

미군정은 임시정부의 포고를 쿠데타로 규정하며 김구 등을 압박했다. 임시정부는 임시의정원과 국무회의 연석회의의 의결을 통해 1946년 5월 행정연구위원회를 해산했다. 임시정부 산하 기구로서는 해체되었지만, 행정연구위원회는 한독당을 탈당하여 '대한독립촉성국민회(이하 독촉)' 부회장이 된 신익희의 영향력 아래서 계속 활동했다.

제국대학 법학부와 제헌헌법

대한민국 헌법이 만들어진 구체적인 과정을 좀 더 살펴보자. 1948년 5월 10일에 남한 단독선거를 통해 198명의 국회의원이 선출되었다. 좌파와 남북협상파의 불참으로 특정 우익의 대변자를 뽑은 선거라는 신랄한 비판도 있지만, 5·10선거는 국제적으로 공인받아 대한민국을 설립한 근거가 된 역사적 선거였다.

1948년 5월 31일에 제헌국회가 개원하여, 임시의장단으로 국회의장 이승만(독촉), 부의장 신익희(독촉)와 김동원(한민당)을 선출했다.[236] 이어서 헌법기초위원을 선정하기 위해 그 전형위원으로 남한 8도와 제주도, 서울시를 대표하는 한 명씩 열 명의 국회의원을 선출했다. 전형위원 열 명이 다시 30명의 헌법기초위원을 선출했다. 이 30명의 기초위원들은 한민당 계열 열 명, 독촉 계열 열 명, 무소속 열 명 등으로 구성되었지만, 한민당 쪽에 기우는 인선이었다고 평가된다. 위원장은 한민당 소속의 서상일이었다.

국회의원으로 구성된 30명의 헌법기초위원에 더해서 법률 전문가 열 명을 전문위원으로 위촉하여 총 40명이 헌법 초안을 작성했다. 열 명의 전문위원은 고병국(도쿄), 권승렬(주오), 김용근(경성), 노용호(교토), 노진설(메이지), 유진오(경성), 윤길중(경성), 임문환(도쿄), 차윤홍(경성사범), 한근조(메이지)였다. 열 명 중 여섯 명이 제국대학 법학부 출신들이었다.

이 40명의 기초·전문위원들이 1948년 6월 3일부터 6월 22일까지 약 20일간 헌법 초안을 작성해서 국회 본회의에 넘기고, 국회 본회의에서는 6월 23일부터 7월 12일까지 다시 20여 일간 심의한 후 7월 17일 헌법을 선포했다. 번갯불에 콩 구워 먹듯 헌법을 만들 수 있었던 까닭은 원안이 있었기 때문이다.

바로 그 원안이 유진오 안으로 알려진 것이다. 앞서 말했듯이 이 안은 '행정연구위원회'와의 공동안이었다. 이 공동안이 도출된 과정은 1958년 국회사무처에서 발행한 《국회보》 20호에 〈헌법 기초 당시의 회고담〉이라는 특집에서 유진오, 장경근, 최하영, 강명옥 등이 남겨놓은 회고를 통해 그 윤곽을 그려볼 수 있다.[237]

임시정부 행정연구위원회 산하 헌법분과위원회는 1946년 1월 중순부터 3월 1일 사이에 여섯 차례 회합을 통해 헌법 초안을 작성했다. 이것이 1단계 헌법 초안으로 이른바 〈한국헌법〉이라고 불린다. 행정연구위원회의 헌법 초안을 주도한 사람은 도쿄제국대학 법학부 출신으로 조선총독부 농상과장을 지낸 최하영이었다. '됴고약'으로 유명한 천일제약 설립자 조인섭의 사위였던 최하영은 명륜동 처가에서 동료들과 함께 기거하며 헌법 초안을 마련했다. 1단계 헌법 초안을 만든 이들은 최하영을 비롯하여 장경근, 이상기, 강명옥, 윤길중, 박근영, 김용근이었다.

1948년 5·10 총선 이후 정부 수립 일정이 구체화되자 행정연구위원회는 자신들의 1단계 헌법 초안인 〈한국헌법〉을 검토하는 작업을 재개한다. 이때 신익희의 권유로 유진오가 합류했다. 대략 1948년 5월 14일부터 5월 31일까지 10여 차례 회합하여 2단계 〈한국헌법〉 초안인 〈유진오-행정연구위원회〉 공동안이 마련되었다.

이 공동안의 작성자는 최하영, 장경근, 이상기, 노용호, 차윤홍, 김용근, 윤길중, 황동준, 유진오였다. 유진오를 제외하면 모두 식민지 시기 총독부의 행정과 사법 관료들이다. 이들 중 장경근과 최하영은 도쿄제국대학 법학부 출신이고, 유진오와 김용근, 윤길중은 경성제국대학 법문학부 출신이며, 노용호는 교토제국대학 법학부 출신이었다.

▲ 유진오

국가기록원의 공식 기록에서는 제헌의회가 심의한 안을 '유진오의 헌법 초안'이라고 명명하고 있지만, 유진오를 비롯해서 최하영, 장경근 등 당사자들은 이것을 '행정연구위원회'와의 공동안으로 인정하고 있다. 다만 그들의 역할과 비중에 대해서는 기억이 엇갈린다.

유진오는 자신이 기초한 헌법 초안을 명륜동에서 토의했고, "제헌국회의 헌법기초위원회에서는 내가 낸 안이 거의 90퍼센트 이상 그대로 채택"되었다고 주장한다. 최하영은 1946년의 1단계 〈한국헌법〉과 1948년의 2단계 〈한국헌법〉 초안은 본질적으로 차이가 없고, 유진오의 사안(私案)은 그 전모를 본 적도 없으며 문어체를 구어체로 바꾸고 뒷부분에 있던 국민의 권리의무를 앞쪽으로 옮긴 것이 유진오 역할의 전부였다고 증언한다.

장경근도 1946년 행정연구위원회가 만든 1단계 헌법 초안을 기본으로 하고 유진오의 사안(私案)을 참고로 해서 행정연구위원회 2단계 헌법 초안이 만들어졌으며, 그것이 헌법기초위원회에 초안으로 제출되었다고 증언한다. 장경근은 헌법 전문도 자신이 썼다고 주장했다.

최하영과 장경근은 행정연구위원회의 헌법 원안이 유진오의 이름으로 된 이유는 자신들이 총독부 관료였다는 원죄 때문이며, 이후 헌법기초위원회의 전문위원도 자신들은 배제하고 한민당 계열 인사들로 채워졌다고 말한다. 직접적으로 말하진 않지만, 이들은 한민당 당수 김성수와 긴밀한 유진오가 자신들의 공을 가로챘다고 암시하고 있다.

여기서 이들의 엇갈리는 기억에 대한 시비를 가릴 여유는 없지만, 적어도 제헌헌법 제정 과정에서 과거 일본 제국대학 법학부 출신자들이 원안에서부터 심의에 이르기까지 주도적인 역할을 했다는 사실을 확인할 수 있다.[238] 최하영은 이 회고에서 "왜정 때 관리를 했다는 과거의 과오(過誤)에 대한 속죄(贖罪)의 하나로서"[239] 헌법 초안을 만드는 일을 했다고 밝히고 있다. 그의 죄의식은 아마 진심이었을 것이다.

그렇지만 최하영과 장경근 등 행정연구위원회의 핵심 성원들이 이러한 과정을 거쳐서 신생 대한민국 권력의 중추로 되살아났다는 사실은 강조할 필요가 있다. 최하영은 제1공화국의 심계원장(감사원장)이 되었고, 장경근은 이승만 정부에서 내무부 차관과 국방부 차관, 내무부 장관, 자유당 정책위원장 등 요직을 역임했다. 이승만 정권 시절 제국대학 출신들의 처세를 좀 더 살펴보자.

사사오입 개헌과 제국대학 출신들

2017년 4월 13일 '경향닷컴'은 문재인(44.8퍼센트)과

안철수(36.5퍼센트)의 지지율 조사를 보도하며 각각 44퍼센트와 37퍼센트라고 제목을 달았다. 대선 정국의 한복판에서 유력 후보의 지지율 0.8은 버리고, 경합하는 2위 후보의 0.5는 반올림한 이상한 셈법은 큰 논란이 되었다. 식자들은 이를 일컬어 '팔사오입'이라고 비꼬았다.

'팔사오입'이란 비아냥은 한국 정치사의 오점 중 하나인 '사사오입 개헌'을 빗댄 것이다. 1948년 6월 23일 제헌국회 본회의에 제출된 헌법 초안은 당시 한민당이 선호한 의원내각제와 양원제를 골격으로 했다. 그렇지만 이승만의 강한 반발로 임기 4년, 1회 중임 가능한 대통령제와 단원제 국회로 변경되었다.

1954년 자유당은 이승만 종신 집권의 길을 열기 위해 "초대 대통령에 한해 3선 중임 제한을 없앤다."라는 내용을 골자로 한 헌법 개정안을 제출한다. 1954년 5·20 총선부터 정당이 선거구마다 1인 후보를 내세우는 공천제가 최초로 시행되었다. 개헌안을 통과시키기 위해서 자유당은 개헌 지지를 공천의 전제 조건으로 삼았다.

이러한 자유당의 안간힘에도 불구하고 1954년 11월 27일 개헌에 대한 찬반 투표 결과는 재적 의원 203명 중 3분의 2인 가결 정족수 136명에서 단 한 명이 모자란 찬성 135표, 반대 60표, 기권 7표였다. 투표 결과를 부정할 순 없었기에 국회 부의장 최순주(자유당)는 개헌안의 부결을 선포했다.

그렇지만 주말을 지내고 다시 열린 국회에서 마술이 펼쳐진다. 최순주는 이틀 전 자신의 진행 미숙을 사과하고 정족수 계산이 잘못되었다며 다시 개헌안의 통과를 선언한다. 이때 나온 논리가 "4 이하는 버리고, 5 이상은 올리는" 이른바 '사사오입의 원리'다. 야당의 반발은 당연했고, 일부 자유당 의원들은 탈당했다.

이때 발표된 자유당 원내총무 이재학의 담화는 궤변의 극치를 보여준다.

"현 재적 의원인 203명 중 3분의 2의 정확한 수치는 135.333인데 자연인을 정수 아닌 소수점 이하까지 나눌 수 없으므로 사사오입의 수학적 원리에 의하여 가장 근사치인 135명이 의심할 바 없다. …… 국민학교 교과서를 보더라도 인간의 수를 셈하는 경우, 135.333이라는 불가상의 수가 나오는 것이 아니고 135명이라는 수가 나오는 것이다. 이 결론은 최윤식, 이원철 박사 등 수학계의 최고 권위도 같은 의견을 가지고 있다."

이재학의 문장을 읽다 보면 《탈무드》의 한 장면이 떠오른다. 한 아이의 어미임을 주장하는 두 여인에게 아이를 반으로 갈라 나눠주라고 왕이 명령하고, 아이를 살리려고 포기하는 여인을 친엄마로 판정하는 지혜로운 솔로몬의 재판 말이다. 이재학의 담화는 생명에 관한 이러한 감각을 교묘하게 활용하여 자연인을 소수점으로 나눌 수 없으므로 그 소수점을 버리고 정수까지만 하나의 인간으로 간주해야 한다고 주장한다. 더 나아가 이러한 궤변을 수학계 전문가들의 권위를 빌려 뒷받침한다.

권력과 지식인, 두 동창의 다른 처세

사사오입 개헌 파동을 길게 이야기한 까닭은 이 파동에 제국대학의 흔적이 남아 있기 때문이다. 이 사건에는 잘 배운 엘리트들의 곡학아세(曲學阿世)가 적나라하게 드러나 있다. 개헌 부결과 가결 사이를 오간 국회 부의장 최순주는 연희전문학교 상과를 나와서 미국 유학 후 도쿄제국대학 대학원에서 공부한 엘리트다. 연희전문학교 교수, 조선은행 총재, 재무부 장관을 거쳐 국회 부의장으로 재임했다. 그는 자신의 "생명을 걸고" 개헌을 관철시키겠다고 호언했다.

자연인(인간)을 정수가 아닌 소수로 나눌 수는 없다며 엄숙한 '생명 존중'의 논리로 사사오입을 강변한 이재학은 경성제국대학 법문학부를 졸업하고 총독부 산하 충청북도 사회과장과 단양군수 등을 역임했다. 수학적 권위로 불려 나온 대한수학회장 최윤식 서울대 교수는 도쿄제국대학 이학부 수학과 졸업생이었다.

최윤식이 실제로 '사사오입' 아이디어를 자문했는지, 했다면 자발적으로 했는지 마지못해서 했는지 등은 확인되지 않는다. 제1공화국의 비화를 다룬 1970년대 《동아일보》 특집에서는 당시 익명의 증언을 통해 '사사오입'이라는 수학식이 최윤식이 아니라 기술 관계 공무원인 '이모' 씨의 자문이었다고 그를 옹호하기도 했다.[240]

그렇지만 이재학의 성명서에서 볼 수 있듯이, 당시 자유당에서는 최윤식의 이름을 직접적으로 거론하며 그가 '사사오입' 안의 합리성을 보증했다고 제시했다. 최윤식은 자신의 학문적 업적과 권위가 정치적으로 활용되는 것에 대해서 단 한 번도 이의를 제기하지 않았다.

평안북도 선천 출신인 최윤식은 경성고등보통학교를 특대생으로 끝마치고, 총독부 관비 유학생으로 히로시마고등사범학교 1부를 졸업했다. 이후 1926년에 조선인으로는 '최초로' 도쿄제국대학 이학부 수학과를 졸업했다. 경성고등공업학교 조교수, 경성광산전문학교 교장 등을 거쳐 해방 이후에는 서울대 수학과 주임교수, 서울대 문리과대학장, 대한수학회 회장, 학술원 회원을 역임했다. 또 시카고대학에 연수하고 돌아와 한국인으로는 '최초로' 수학박사 학위를 취득했다. 이처럼 그는 한국 수학계의 개척자로서 프로필에 '최초'라는 수식어를 달고 산 석학이다.

상식적으로 생각하는 시민에게 자유당의 주장은 억지라는 사실이 자명하다. 이 자명한 상식을 석학인 최윤식은 애써 외면함으로써 자신의 프로필에 이전과는 다른 의미의 '최초' 타이틀을 추가했다. 그는 해방 이후 '최초로' 정치 권력에 부역한 과학자가 되었다. 이명박의 4대강 사업의 논리를 뒷받침한 과학자들, 백남기 농민의 사인을 "병사"로 적은 의사 등 권력에 부화뇌동한 과학자가 논란이 될 때마다 우리는 그 원조 격인 최윤식을 떠올리게 될 것이다.

앞서 살폈듯이, 최윤식이 자발적으로 그랬는지 아니면 권력의 서슬 때문에 교활한 정치인의 아이디어를 마지못해 뒷받침한 것인지는 알 수 없다. 그로서는 억울할 수도 있겠지만, 그게 어떤 경우든 변명은 되지 못할 듯하다. 같은 상황에서 다르게 처신한 제국대학 출신이 있었기 때문이다.

사사오입 사건이 일어났던 1954년은 한글 간소화 파동이 일어났던 해이기도 하다. 한글 간소화 파동이란 젊은 나이에 미국으로 망명한 이승만의 한글 감각에 맞추어, 1933년 조선어학회가 제정한 한글맞춤법통일안을 폐지하고 구한말 시기 맞춤법을 사용하려는 시도였다. 언중(言衆)에게 익숙한 맞춤법을 권력자의 입맛에 맞게 고치려 한 문교부의 방침은 거센 반발을 일으켰다.

이 파동 과정에서, 최윤식과 함께 총독부 관비 유학생이 되어 히로시마고등사범학교를 졸업하고, 교토제국대학 문학부를 졸업한 한글학자 최현배는 정반대의 처신을 보여주었다. 당시 문교부 편수국장으로 근무하던 최현배는 직을 사임하면서, 한글 간소화 방침에 반대하는 기고와 한글학회 성명서를 주도하며 이승만의 한글 간소화 방침을 좌절시켰다. 지식은 쓰임에 따라 권력의 시녀가 될 수도, 권력을 겨누는 칼이 될 수도 있다.

민관식과 고교평준화

사사오입 개헌 때 제국대학 출신 정치인 모두가 권력을 좇은 것은 아니다. 정치인 민관식의 삶은 제국대학 출신이 한국 현대사에 끼친 영향을 보여주는 사례다. 그는 개성 출신으로 경성제일고보를 졸업하고 수원고등농림학교를 거쳐 교토제

▲ 민관식

국대학 농학부 농림화학과를 졸업했다. 연구소 생활을 하다 해방을 맞은 그는 정치에 투신하여 1954년 총선 때 동대문에서 무소속으로 당선된 후 이승만의 설득으로 자유당에 입당했다.

이승만의 권유로 자유당에 들어가긴 했지만 개헌안 표결에서 반대표를 던졌고, '사사오입' 사건을 겪으며 김영삼, 김두한 등과 함께 탈당하여 반이승만 투쟁에 나섰다. 이후 민주당에 들어가 활약하다가 5·16 군사정변 이후에는 이른바 구정치인으로 잠시 정치 활동에 제약을 받게 된다.

민관식은 박정희의 호의 속에 공화당 간판을 달고 다시 국회의원에 당선되었다. 특히 그는 한일국교정상화회담 때 의회 내의 '한일특별위원회' 위원장을 맡는다. 한일 국교 정상화를 위한 논의는 이미 1950년대부터 이어져 왔다. 여러 차례 진행된 회담에서 한국 측 대표단에는 일본에서 유학한 경험이 있는 제국대학 출신들이 다수 포함되었다.

도쿄제국대학 농학부 수산학과 출신의 정문기가 제1회 한일회담 대표단으로 활동한 이래 도쿄제국대학 법학부 출신의 장경근·이호, 경성제국대학 출신의 유진오 등이 1950년대 한일회담의 대표로 활약했다. 1960년대 이어진 국교정상화회담 때에도 도쿄제국대학 법학부 출신의 이한기와 국사학과 출신의 이홍직, 상업학과 출신으로 미술사의 권위자가 된 황수영 등이 수석대표 및 문화재 검토위원 등으로 대표단에 포함되었다.

교토제국대학 출신의 민관식도 한일 국교 정상화를 지원하는 역할을 자임하다 굴욕외교의 후폭풍으로 그다음 총선에서 낙선한다. 박정희는 낙선한 그에게 대한체육회장직을 맡겼다. 체육회 회장직에 취임한 민관식은 1966년 태릉선수촌을 만들었다. 국가 엘리트를 길러내는 엘리트 육성 장치인 제국대학과 국가 대표를 입소시켜 집중 육성하는 태릉선수촌의 체육 엘리트 육성 시스템은 그 세계관과 실제 작동 방식에서 흡사하다.

태릉선수촌에서도 제국대학의 흔적이 감지되지만, 교토제국대학 졸업생 민관식이 우리 사회에 끼친 가장 중요한 일은 '고교평준화'일 것이다. 민관식은 20대 문교부 장관으로 재임하던 1974년 '고교평준화'를 단행한다. 해방 전 식민지 최고의 명문인 경성제일고보를 졸업하고, 일본 최고 학부인 제국대학을 나온 초엘리트 민관식은 결과적으로 '고교평준화'를 통해서 모교의 특권적 지위까지도 해체해버렸다.

그렇다면 고교평준화는 민관식의 교육철학이 실현된 결과일까? 한국 현대사에서 입시 제도는 우연이라고 하기에는 석연치 않을 정도로 권력자의 자식들이 상급 학교에 진학할 때마다 바뀌어왔다. 1958년생인 박정희의 외아들 박지만의 성장에 따라 한국 사회의 입시 제도가 바뀐 것은 우연일까? 이를테면 박지만이 중학교에 진학하는 1960년대 중반, 박정희 정권은 중학교 입시 준비로 극성을 부리던 초등생 과외열을 막는다는 명분으로 중학교 무시험 입학제를 채택했다.

중학교가 무시험 입학제로 전환되자 이전까지의 중학교 입시 열이 고등학교 입시 과열로 옮겨갔다. 이러한 사회문제를 심각하게 인식한 박정희는 '고교평준화' 검토를 지시했다. 공교롭게도 이 지시가 내려진 때는 그의 아들 박지만이 막 고등학교에 진학하려는 즈음이었다. 박정희의 지시를 받은 민관식은 서둘러 이 문제의 해결책을 일본에서 찾게 된다.

민관식은 도쿄에 문교부 직원을 파견해 고교 배정 입학 제도의 실상을 조사하게 한다. 이렇게 조사한 일본의 정책을 한국 상황에 맞도록 변형하여 시행한 조처가 '고교평준화'였다. 제국대학 유학생 민관식에게 일본은 급할 때 참조할 수 있고, 참조해야만 하는 늘 앞서가는 근대(성)의 표상이었던 셈이다.

제국대학과 '문학'의 사회적 위상

눈을 돌려 문학가들을 살펴보려 한다. 지난 세기 한국문학이 사회적 지위를 확보하는 데에도 제국대학은 많은 기여를 했다. 적지 않은 식민지 청년들이 최고 학부인 제국대학에서 출세 대신 문학을 선택했다. 이양하(도쿄, 영문학), 김사량(도쿄, 독문학), 김성한(도쿄, 중퇴), 권환(교토, 독문학), 김환태(규슈, 영문학), 김기림(도호쿠, 영문학), 이광수(경성, 영문학), 유진오(경성, 법학), 이효석(경성, 영문학), 최재서(경성, 영문학) 등이 제국대학 출신으로 한국 근대문학의 줄기를 두껍게 하는 데 기여했다.

한국의 근대문학사에 이들이 남긴 공과는 결코 적지 않다. 그들의 문학적 행로에 대해 길게 말할 겨를은 없지만, 이들이 일반 대중의 문학 인식에 끼친 작품 외적 기여에 대해서만은 잠시 생각해볼 필요를 느낀다. 한국 근대문학은 역사적 제도였다. 요즘은 예전만 못하지만, 지난 세기 한국 사회에서 누리던 문학과 작가의 사회적 위상은 남달랐다. 그러한 문학 제도와 작가의 지위는 자명하게 주어진 것이 아니라 역사적으로 형성된 것이다. 한국 근대문학의 위상은 문학에 생을 투신한 수많은 문학자의 노력으로 만들어졌다.

하지만 문학에 대한 일반의 의식이 처음부터 호의적이었던 것은 아니다. 식민지 조선의 근대 작가들은 재능을 지녔지만 다분히 불안정한 룸펜의 형상으로 인식되었다. 가령 〈날개〉와 〈오감도〉의 작가 이상을 떠올려보라. 이상이 글쓰기를 통해 스스로 구축한 자기상이지만, 그의 이미지는 병적이고 일상의 규범에서 벗어난 보헤미안적 일탈자이자 '박제가 되어버린 천재'에 가깝다.

일상의 삶에서 동떨어진 일탈적 집단처럼 느껴지는 문단에 사회적 통념상 성공이 약속된 최고 학부 제국대학 졸업생들이 들어오기 시작했다. 대표적인 인물로 유진오가 있다. 그는 경성제국대학에 수석으로 입학하여 수석으로 졸업한 뒤 보성전문학교 법과 교수가 되었는데 스스로를 소설가로 자처했다. 고등문관시험이라는 출셋길을 마다하고 작가를 자처한 유진오는 '소설 나부랭이'가 사회적으로 중요한 가치를 지닌 예술로 인식되는 데 기여했다.

〈메밀꽃 필 무렵〉으로 유명한 작가 이효석도 특별히 언급할 만하다. 경성제국대학 예과의 문과는 A, B조로 나뉘어 있었다. A조는 법학과로, B조는 문학과·사학과·철학과로 진학하는 것이 원칙이었다. A조 학생 이효석은 남들은 못 가서 안달인 법학과를 포기하고 문학과(영문학 전공)에 진학했다.

요즘 감각으로 바꿔 말하면, 법률 공부가 적성에 맞지 않아서 서울대 법학과에서 영문학과로 전과한 셈이다. 지금까지 찾아본 바로는 경성제국대학에서 법학부를 포기하고 문학부로 진학한 사람은 이효석이 유일했다. 이처럼 이효석도 작품뿐만이 아니라 그 진로 선택만으로도 한국문학의 위상을 높이는 데 기여한 셈이다.

문학이 학력과는 전혀 무관한 예술 영역이라는 점을 강조하는 것은 새삼스럽다. 사회적 평판이 높은 대학을 나왔다고 좋은 작가가 되는 것은 아니다. 그럼에도 출세가 보장된 법학부를 포기하고 문학을 선택하거나, 법학 교수이면서도 자신의 핵심적인 정체성을 '작가'로 자처한 이들의 행로는 문학(자)에 대한 일반의 인식을 바꾸는 데 큰 역할을 했다.

일본 제국대학 문학부의 교양주의를 분석한 다카다 리에코(高田里惠子)의 《문학가라는 병》은 유진오와 이효석의 사례가 동시대 제국대학 문학부를 선택한 학생들의 지향과 유사한 것이었음을 알려준다. 다카다에 따르면, 서양 근대 교양에 대한 독서와 숭배를 거쳐온 고등학생들은 "얼마든지 출세할 수 있는 수재임에도 좌경으로 수난의 길을 걸은 사람"에 대해 공감했다.[241]

이를테면 1고생들은 자기에게 주어진 안락한 환경에 아무런 의문도 품지 않고 출세만을 생각하는 삶은 혐오했지만, 스스로 그런 삶을 완전히 포기할 수도 없었다. 그들은 자신들이 누리는 것을 모두 버리는 길로 미처 한 걸음을 더 내딛지는 못하는 대신 법학부를 버리고 문학부를 선택했다.

한국 근대문학사에서 유진오와 이효석을 흔히 '동반자 작가'라고 명명하거니와, 예과(고등학교)의 수재였던 이들이 법학부를 선택하지 않고 문학과로 진학하거나(이효석), 법학부에 진학한 이후에 철학과로 전과를 모색한 것(유진오)은 1고를 졸업하고 도쿄제국대학 법학부가 아니라 교토제국대학 철학과를 선택한 도사카 준 등의 궤적과 유사한 것이었다.

제국대학 문학부를 선택한 이 수재들은 출세를 버리고 문학을 선택함으로써 역설적으로 스스로를 특권화한 엘리트들이었다. 식민지 시기 작가의 정체성을 선택한 이 제국대학 학생들의 투신과 해방 이후까지 이어진 활동이 한국의 지식 제도와 사회 안에서 (현대)문학의 자리를 마련하는 데 중요한 자산이 되었다. 제국대학이 한국의 근대 지식 제도에 끼친 막대한 영향을 생각한다면, 문학의 영역에서 한 역할은 지극히 작은 일부였을 뿐이다. 이제 제국대학과 해방 후 남북한 지식(제도)의 재편이 맺고 있는 관계에 대해서 살펴볼 차례다.

13장

남한의 지식 재편을 주도하다

제국대학 출신과 해방 후 교육·학술

교육과 학술은 제국대학이 한국 사회에 끼친 영향 중에서도 가장 중요하고도 결정적인 분야다. 식민지에는 괜찮은 일자리가 부족했기에 많은 제국대학 출신들은 각종 관공립·사립 학교의 교원이 되는 길을 선택했다. 도쿄와 교토 제국대학 출신자 중에서 이력이 확인되는 사람의 40퍼센트 전후가 식민지와 해방 이후 교수가 되었다.

제국대학 출신 교육자들이 많았다는 것은 각별히 강조될 필요가 있다. 오늘날 대학 교육을 받은 이들을 가르친 교수들의 학문 계보를 되짚어 올라가다 보면 이들 제국대학 출신들과 만나게 될 확률이 높다. 이병주가 쓴 《관부연락선》의 일본 유학생 출신 교사 유태림이 C고등학교 학생들의 삶을 바꾸어놓는 이야기는 소설에서만 일어난 일이 아니다.

함경북도 경성군에서 경성고등보통학교를 졸업하고 옌볜(延邊)의과대학을 거쳐 김일성종합대학 조선어문학부를 다녔던 시인 김규동은 도호쿠제국대학 출신 비평가 김기림과의 만남이 자신의 진로를 바꾸었다고 회고한다. 경성고보 영어 교사로 부임한 김기림은 김규동뿐만 아니라 당시 그 학교에 다니던 영화감독 신상옥과 국회의원 김한길의 부친인 전 사회당 당수 김철 등 여러 경성고보 학생들의 삶에도 큰 영향을 끼쳤다.[242]

신자유주의적 기업 논리에 잠식된 오늘의 한국 대학은 CEO형 총장들로 넘쳐난다. 이에 비해 과거의 대학 총장은 사회적 평판은 물론이고 학술적으로도 최고의 학자였으며, 대학을 대표할 만한 권위를 지니고 있었다. 이러한 대학 총장을 역임한 제국대학 출신들을 일별해보아도 한국 대학사에서 제국대학의 영향을 가늠할 수 있다.

서울대 총장 윤일선(교토)·권중휘(도쿄)·유기천(도쿄), 고려대 총장 유진오(경성)·이종우(교토)·김상협(도쿄), 경희대 총장 고병국(도쿄), 전북대와 숙명여대 총장 김두헌(도쿄), 숙명여대와 영남대 총장 이인기(도쿄), 성균관대 총장 조좌호(도쿄), 동국대 총장 황수영(도쿄)·서돈각(교토·경성), 인하대 총장 성좌경(경성), 홍익대 총장 이항녕(경성), 제주대 총장 변시민(교토), 계명대 총장 신태식(도호쿠), 경북대 총장 계철순(경성), 전남대 총장 최상채(교토) 경북대·연세대·숭실대 총장 고병간(교토) 등이 제국대학 출신이다.

해방 이후 학술계에서 제국대학의 위상은 어떠했을까? 해방 직후인 1945년 8월 16일 조직된 조선학술원(위원장 백남운)은 제국대학 출신들이 한국 학술에서 차지하는 위치를 웅변한다. '학술계의 대동단결'을 통해 지식인의 역량을 독립국가 건설에 집중하려고 조직된 조선학술원은 당대 분야별 최고 전문가의 명성을 지닌 이들을 망라했다.

조선학술원은 크게 조직 실무를 맡은 서기국, 제국대학의 학부 편제를 연상시키는 열 개의 분야별 학부, 회원 선발 권한을 가진 상임위원회로 구성되었다. 서기국의 위원장은 도쿄제국대학 출신 김양하가 맡았으며, 그 국원 대부분도 제국대학 출신이었다. 회원 선발 권한을 가진 상임위원회는 총 42명으로 이루어졌는데, 그중 제국대학 출신이 34명으로 81퍼센트를 차지했다.

조선학술원의 중추라 할 이학부(도상록, 도쿄), 공학부(최경렬, 교토), 농림학부(조백현, 규슈), 수산학부(정문기, 도쿄), 의학부(윤일선, 교토), 약학부(도봉섭, 도쿄), 기술총본부(윤일중, 도호쿠), 경제법률학부(백남운, 도쿄상대), 역사철학부(이병도, 와세다), 문학언어학부(이양하, 도쿄) 등 총 열 개 학부장 중 이병도와 백남운을 제외한 여덟 명, 즉 80퍼센트가 제국대학 출신이다.

조선학술원의 구상은 남한에서는 1954년 총 62명의 회원으로 발족한 대한민국학술원(회장 윤일선)으로 이어졌다. 학술원은 산하에 총 여섯 개 분과회를 둔 인문과학부와 네 개의 분과회를 둔 자연과학부로 구성되었다. 회원 62명 중 39명이 제국대학 출신이었으며, 인문과학부장은 도쿄제국대학 출신의 김두헌, 자연과학부장은 규슈제국대학 출신의 조백현이었다. 총 열 명의 분과회 회장들도 와세다 출신인 김상기와 이상백을 제외한 여덟 개 분과회장들이 제국대학 출신이었다. 조선학술원과 마찬가지로 대한민국학술원도 분과회장 중 제국대학 출신 비율이 80퍼센트였다.

식민지 청산과 '국대안' 파동

제국대학은 최고의 권위를 지닌 학술 교육기관이었지만, 탈식민지 사회에서는 청산되어야 할 식민지의 유물이었다. 1946년 7월 13일 '국립서울종합대학안(국대안)'이 공식적으로 발표된다. '국대안'은 경성제국대학을 승계한 경성대학과, 식민지 시기 설립된 서울과 근교의 열 개 전문학교들을 하나로 통합하여 아홉 개의 단과대학과 한 개의 대학원을 두고, 이를 이사회가 통괄하는 안이었다.

'국대안'은 발표되자마자 격렬한 저항에 휩싸이게 된다. '국대안' 갈등에는 많은 쟁점이 있었지만, 그 핵심에는 "교수 자치를 근간으로 하는 대학 자치"의 전통에 대한 다른 견해가 자리하고 있었다. 미국 대학 출신으로 '국대안'을 입안한 오천석은 제국대학의 '교수 자치'를 식민지적 적폐로 인식했다. 그는 이사회에 의해 운영되는 미국 주립대학을 새로 설립될 대학의 모델로 삼은 듯하다.

제국대학 출신들은 교수 자치가 배제된 이사회 중심의 '국대안'을 격렬히 비판했다. 당시 서울대 교수진의 주축이었던 제국대학 출신자들은 교수 자치를 일본식 교육의 폐습으로 인식하는

'국대안'을 교수직에 대한 위협으로 간주했다. '국대안'에 대한 찬반 투쟁을 흔히 좌파와 우파의 이념 대립으로 이해하지만, 그 속내는 식민지 고등교육 청산을 둘러싸고 벌어진 주도권 쟁탈의 성격이 짙었다.

제국대학 출신들은 교수 자치 여부를 민주주의의 문제로 쟁점화했다. '국대안' 발표 직후 교토제국대학 경제학부 출신인 서울대 법문학부 교수 박극채가 쓴 글은 이 논리의 원형을 보여준다. 박극채는 〈민주주의 학원의 확립〉이라는 글에서 교수 인사권을 교수회의에 존속시킴으로써 대학 자치를 유지해야 마땅하지만 국대안은 그것을 부인하고 있어 민주주의 원칙에 어긋난다고 주장했다.[243]

이러한 견해는 당시 서울대에 재직하고 있던 제국대학 출신자들에게서 공통적으로 확인된다. 경성제국대학 철학과 출신의 신남철, 도호쿠제국대학 물리학과 출신의 한인석 등 서울대 교수들도 같은 논리의 기고를 발표했고,[244] 리승기(교토)·김지정(도쿄)·윤행중(교토) 등의 서울대 교수들도 좌담회에서 '국대안'이 교수 자치가 없는 '비민주적' 안이라고 비판하고 있다.[245]

반대가 격렬해지자 미군정은 수정안을 제시하여 수습을 도모했다. 수정의 골자는 첫째, 서울대 내 각 대학을 대표하는 조선인 이사회를 구성하고, 둘째, 조선인 총장을 선임하며, 셋째, 각 대학 내 교수회의를 부활하고 제한된 자치를 부여하는 안이었다. 이러한 수정안을 포함하여 1946년 8월 22일 자로 '국립 서울대 설립에 관한 법령'이 공포된다.

타협적인 수정안에도 불구하고 많은 제국대학 출신 서울대 교수들은 법령 선포를 전후하여 서울대를 떠나 김일성종합대학으로 옮겨갔다. 1949년 말 새로 제정된 교육법에 의해 단과대학의 대표로 구성된 이사회가 폐지되면서, 제한된 범위에서나마 유지되던 자치의 가능성도 사라졌다.

'국대안'은 과거 일본식 지식 제도를 미국 헤게모니 아래에서 새로운 제도로 재편하려는 시도였다. 해방 직후의 진보적 지식인들에게 미군정이 일방적으로 밀어붙인 '국대안'은 일본식에서 미국식으로 바뀌는 신식민주의적 시도로 이해되었다. 이러한 '국대안'을 효과적으로 비판하기 위해서 제국대학 출신들은 '교수 자치' 전통을 대학 민주주의의 진수처럼 제시했다. 그렇다면 '교수 자치'는 과연 학문과 사상의 자유를 상징할까?

'교수 자치'의 이상과 허상

교수 자치 신화의 첫머리를 장식하는 1905년 '도미즈' 사건을 통해 이 문제를 생각해보자. 도쿄제국대학 법과대학 교수인 도미즈 히론도(戶水寬人)는 러일전쟁을 처리하기 위해 열린 포츠머스 협상에서 승리한 일본 정부가 러시아에 지나치게 양보하는 '연약한 외교'를 한다며 격렬히 비판한다. 이에 문부대신은 그에게 휴직 처분을 내렸는데 교수회의를 대변한 총장이 반발했다. 이 대립은 문부대신과 총장이 동반 퇴진하고 도미즈 교수가 복직하면서 교수회의의 승리로 끝났다.

이 사건은 권력에 저항하고 학문의 자유를 옹호한 교수 자치의 미담처럼 보인다. 과연 그럴까? 도미즈 사건보다 앞서 1892년에 제국대학의 구메 구니타케(久米邦武) 교수는 〈신도(神道)는 제천(祭天)의 옛 풍속〉이라는 논문을 발표했다. 문부성은 그 내용이 천황에 대한 불경이라며 그를 면직했다. 그야말로 '학문의 자유'를 둘러싼 문제였지만 당시 제국대학의 동료 교수들은 아무도 그를 옹호하지 않았다.

구메의 글은 천황가에서 신봉하는 '신도'를 옛날 제천 행사의 유습으로 논증하는 학술 논문이었다. 러일전쟁의 전리품을 더 챙기자는 도미즈의 대중 선동과 달리 구메의 논문이야말로 말 그대로 학술의 문제였던 것이다. 제국대학 교수들은 천황가와 연루된 구메는 외면하고, 인기 없는 정부 정책과 갈등한 도미즈는 옹호하는 교활한 처신을 보여주었다.

일본의 추리작가 마쓰모토 세이초(松本清張)는《소설동경제국대학》에서 이 두 사건을 다루며, "제국대학 경영이 국가 예산으로 충당되는 이상 어디에 참다운 '대학의 독립'이 있겠는가. 교수가 관리인 이상 어디에 '학문의 자유'가 있겠는가. 일단 그것이 국가의 이익, 정부의 방침에 상반되었을 때는 간섭을 받는 것이 당연한 일"[246]이라고 지적한 바 있다.

'국대안' 파동 때 제국대학 출신들은 '교수 자치'를 민주주의 문제로 제시했지만, 그들이 이것을 포기할 수 없는 가치로 여겼는가는 의문이다. 교수 자치를 부정하는 '국대안'의 비민주성을 비판한 박극채·신남철·한인석·김지정·윤행중 등 앞서 언급한 이들을 포함한 많은 제국대학 출신 서울대 교수들이 김일성종합대학으로 옮겨갔다.

알다시피, 김일성종합대학은 전적으로 사회주의의 관료적 통제를 통해 운영되었던 대학이다. 하지만 옮겨간 제국대학 출신 교수들이 '교수 자치'를 위해 싸운 흔적은 전혀 남아 있지 않다. 이러한 사실은 '국대안'에 대한 반대가 정치적, 이념적 이유뿐만 아니라 제국대학 교수직의 기득권과도 관련되어 있음을 증거하는 듯하다.

실제로 당시 자료들 속에서 '국대안'에 반대한 속물적인 동기들을 목격할 수 있다. '국대안'의 요지는 경성제국대학의 세 개 학부, 즉 법문학부·의학부·이공학부와 열 개의 전문학교를 합쳐 새로 아홉 개 학부로 재편성하는 것이었다. 경성제국대학의 법문학부 문과 계통과 이공학부 이학 계통을 통합한 문리과대학, 경성제국대학 법문학부의 법과계와 경성법학전문학교를 합친 법대, 경성제국대학 이공학부 공학계와 경성공업전문학교 및 광산전문학교를 통합한 공대, 경성제국대학 의학부와 경성의학전문학교를 합친 의대, 경성사범학교와 경성여자사범학교를 합친 사대, 수원농림전문학교를 흡수한 농대, 경성경제전문학교를 흡수한 상대, 경성치과의학전문학교를 흡수한 치대, 마지막으로 경성음악학교를 흡수하고 미술부를 신설한 예술대 등 총 아홉 개 단과대학과 한 개 대학원으로 국립 서울대가 꾸려졌다.

제국대학을 '대학 중의 대학'으로 인식한 제국대학 출신들은 격이 다른 전문학교와의 통합에 격렬하게 반발했다. '국대안' 발표 직전 경성의학전문학교와의 통합 시도 때 경성대학 의학부장 윤일선은 "최고 엘리트를 양성하는 대학의 의학부를 전문학교와 통합할 수 없다."[247]라는 반응을 보였다. '국대안'으로 두 대학이 합쳐진 초기에 경성대학 의학부 학생들은 과거 경성의학전문학교 학생들이 의과대학 수업에 참석하는 것을 물리적으로 차단했다.

제국대학 출신의 배타적 특권의식은 서울대의 교사(校史)에서도 드러난다. 공식적인 교사인 《서울대 50년사》(1996)는 개교를 1946년으로 잡고 있지만, 《서울대 의과대학사》(1978), 《서울법대 백년사자료집(광복전50년)》(1987) 등에서는 경성제국대학을 자신의 뿌리로 인식하는 이중적인 대학사를 가지고 있다.

서울대 의과대학과 법과대학사의 (무)의식에는 자신들이 '대학 중의 대학'이었던 (경성)제국대학의 적자이며, '기껏해야' 1946년에 시작된 전문대학과 섞인 여타 대학들과는 격이 다르다는 생각이 자리하고 있다. 여기에 경성의학전문학교나 경성법학전문학교가 끼어들 여지는 없다. 제국대학의 특권의식은 어쩌면 변형된 형태로 우리 사회에 잠류하고 있는지도 모른다.

일본 지식에서 미국 지식으로

해방 이후 탈식민지 한국 사회는 미국 헤게모니 아

래에서 과거 일본 제국의 유산을 재편하여 새로운 지(知)의 패러다임을 구성하는 과정을 겪었다. 일본 제국의 학지(學知)가 어떻게 미국적 지식으로 재편되었는가를 구체적인 사례를 통해서 살펴보자. 사회학자 이만갑은 제국대학 지식의 연속과 변용을 보여주는 흥미로운 사례다. 신의주 출신인 그는 마쓰야마고등학교를 거쳐 1941년 도쿄제국대학 문학부 사회학과에 입학한다.

이만갑은 졸업 직전인 1944년 학병으로 징집되었다. 일본 군대에 1개월여 근무하다가 결핵으로 병역 면제 처분을 받은 그는 해방 이후 삭주중학교 교장 및 신의주사범전문학교 교원으로 있다가 월남하여 1949년 서울대 사회학과 강사가 된다. 1951년부터 1955년까지는 공군 장교로 복무했다.

그즈음 이만갑의 인생을 뒤바꾸는 일이 생긴다. 미국 록펠러재단 사회과학부장 로저 에반스(Roger F. Evans) 박사의 내한을 계기로 록펠러 장학금을 받고 1955년 10월 미국 유학을 떠나게 된 것이다. 그는 코넬대학에서 사회조사방법 강좌를 수강하고 빈농가 조사에 참여하는 등 미국식 사회학 지식과 방법론을 습득했다.

유학을 마치고 돌아온 이만갑은 1957년부터 퇴임 때까지 서울대 사회학과에서 사회조사방법론을 강의했다. 귀국 초기 이만갑은 수업을 듣는 사회학과 학생들을 조사원으로 활용하여 서울의 남자고등학교 3학년생 중 표본 추출한 대상자에게 설문지를 돌려 직업 관념을 수집했다. 이 조사 결과를 분석한 논문 〈도시학생의 직업관념—사회적 조사연구〉(1957)가 미국 유학 이후 이만갑

▲ 이만갑

이 한 첫 번째 연구 성과다.[248]

그러나 한국 사회학에서 명실상부하게 '최초'라고 불릴 만한 체계적인 사회조사는 1959년 1월 미국의 민간 원조 기구였던 아시아재단의 연구비 보조로 고황경·이만갑·이효재·이해영 등 네 명의 교수가 공동으로 수행한 '한국 농촌가족 조사'를 꼽아야 할 것이다. 경상북도 군위군(이만갑), 전라남도 담양군(이해영), 충청남도 천안군(고황경)의 농촌 가족에 대한 필드 워크가 진행되었으며, 그 결과가 서울대 출판부에서 《한국 농촌가족의 연구》(1963)로 간행되었다.

이만갑은 아시아재단의 별도 지원을 받아서 1958년 경기도 광주군 및 용인군 소재 여섯 개 촌락을 대상으로 한 조사 연구를 실시하여 그 결과를 《한국농촌의 사회구조: 경기도 여섯 개 촌락의 사회학적 연구》(1960)로 출간했다.[249] 그 이후에도 1969년, 1980년에 같은 지역을 재조사하여 그 지역의 변화를 정리한 《공업발전과 한국농촌》(1984)을 발표했다.

이만갑의 학문적 이력에는 도쿄제국대학 사회학과의 일본 지식과 코넬대학 사회학과의 미국 지식이 겹쳐 있다. 해방 이후 한국 사회에서는 일본적 지식(제도)이 미국적 지식(제도)으로 변화해온 것이 사실이다. 그렇지만 이러한 변화가 아무런 마찰과 흔적 없이 말끔하게 일어날 수 있는 것일까? 이만갑 스스로가 밝히는 학문 이력을 읽어보자.

내가 미국에서 사회조사 방법을 공부하려고 한 이유는 한국 사회의 실상을 알아야겠다는 염원 때문이었다. 일정(日政) 시대에 접한 사회학은 원론적인 것이었고 사회학자들이 현실 사회를 관찰해, 학술적인 용어로 좋게 말하면 사변적으로 생각한 것을 그럴듯한 논리로 체계화한 지식의 집합이었다. …… 거기에는 과학적인 검증의 방법과 절차가 결여되어 있었다. 나는 한국 사회가 착실하게 발전하려면 정책이나 계획을 직관에만 의존하지 말고 가급적 실증적인 지식에 입각해 수립해야 한다고 굳게 믿고 있었다.[250]

이만갑은 자기 학문의 출발이었던 도쿄제국대학의 사회학이 사회조사라는 과학적 방법과 절차가 결여된 사변적 지식이었다고 회고한다. 도쿄제국대학에서 배운 사회학은 직관에 의존한 것으로 실증적 지식에 입각한 미국식 사회학과 구별된다. 다른 회고에서는 제국대학 사회학과에서는 실제 조사를 배운 적이 없으며, 미국에서 배운 새로운 사회조사 방법론을 자기 학문의 진정한 기원으로 강조했다.

하지만 이러한 이만갑의 회고는 자신의 미국적 지식을 강조하기 위해 지나치게 과장된 측면이 있다. 제국대학의 사회학도 서구와 관련을 맺고 있었고, 상당히 실증적이었으며, 사회조사 방법을 활용하고 있었다. 가령, 식민지 말기 경성제국대학의 스즈키 에이타로(鈴木榮太郎) 등이 전라북도 옥구 등에서 수행한 체계적 농촌사회조사는 그 사례다.

이만갑의 도쿄제국대학 선배이기도 한 스즈키 에이타로의 식민지 농촌의 사회조사와 해방 이후 한국 사회의 발전을 위해 수행한 이만갑의 농촌 조사는 그 동기와 방법 면에서 그리 멀리 있는 것이 아니다. 이만갑 자신도 1964년경에 "내가 다닌 대학에서는 사회조사 강좌에 실습 시간이 있어서 주로 조교가 지도를 했다."라고 회고한 바 있다. 이 대학이 도쿄제국대학인지, 코넬대학인지는 다소 모호하지만 발언의 앞뒤 맥락에서 보면 전자일 개연성이 크다.

그의 사회학은 일본 지식과 미국 지식의 혼종의 산물이었다. 이만갑은 미국 유학을 통한 재교육 이후에 자기 정체성의 일부였던 식민지적 기원을 결핍의 학문으로 의미화했던 것이다.

'조선학'에서 '한국학'으로

해방 이후 일본과 한국 학술 사이의 관계는 언제 어떤 방식으로 새롭게 정립되었을까? 1961년 일본 조선학회의 풍경을 통해 이 문제를 살펴보자.

패전 이후 일본으로 돌아간 경성제국대학 일본인 교수들을 중심으로 1950년 10월 조선학회가 창립된다. 이들은 해마다 학회를 개최하고 논문집을 간행했다. 1961년에 열린 12회 조선학회는 열 명의 한국 학자들을 초청했다. 해방 후 한국과 일본 사이에 이루어진 첫 번째 공식 학술 교류였다.

한국 학자들의 항공료와 체재비를 지원한 건 뜻밖에도 조선학회가 아니라 미국의 아시아재단이었다. 아시아재단 한국지부 대표 윌리엄 아일러스(William L. Eilers)의 보고서는 한국 학자들의 조선학회 참석(지원)의 정치적 배경을 잘 보여준다. 그에 따르면, 5·16 군사정변 이후 "한일 정부 사이의 정식 외교 관계 수립은 불가피한 일"이지만 오래 걸릴 수 있기 때문에 먼저 비공식적인 민간 교류를 활성화할 필요가 있으며, 텐리의 조선학회는 "이상적인 기회"이므로 꼭 지원해야 한다는 것이었다.[251]

당시 미국은 일본을 중심으로 아시아 공산주의 블록에 대응하는 냉전 전략을 수립하고, 이러한 전략의 현안인 한일 국교 정상화를 박정희 정권에게 압박했다. 텐리에서 조선학회가 개최되던 같은 시간에 도쿄에서는 국교 정상화를 위한 한일회담이 열리고 있었다. 이런 맥락에서 보면, 12회 조선학회는 미국이 주선한 한일 학술의 국교 정상화였던 셈이다.

조선학회는 50여 명이 넘는 한국의 지원자 중에서 전공 등을 안배하며 이병도, 박창해, 최호진, 프레드 루코프(Fred Lukoff), 이태극, 민영규, 김형규, 임헌도, 전재호, 김두헌 등 열 명의 학자들을 초청했다. 한국 학자들의 좌장 이병도를 비롯하여 최호진, 김두헌 등 참석자 대부분은 식민지 시기 일본 유학생이었거나 경성제국대학 졸업생이었다. 그들은 조선학회의 일본인 회원들과 사제 관계이거나 동료였다.

한일 학자들의 조우 순간은 어떠했을까? 경성제국대학 조선어문학과 교수 출신으로 조선학회의 좌장이었던 다카하시 도루(高

橋亨)는 이 열 명의 한국 학자들을 "마치 고향 사람 만난 듯이 기뻐하는 내색"으로 반겨주었으며, 한국의 학자들도 "오랜만에 만나는 친구들도 있어 반가운 인사와 기쁜 표정으로"[252] 서로 얼싸안았다.

그렇지만 막상 학술회의가 시작되자 이들은 자신들이 공유했던 제국의 '조선학'이 해방 이후 새롭게 재편되었음을 자각했고, 서로 달라진 위치에서 발화했다. 식민사학의 원흉으로 지목되곤 하는 이병도의 개막 강연은 다분히 민족주의적이었다.

삼국시대 고분에 대한 강연에서 이병도는 고구려·백제·신라의 능묘가 중국과 변별되는 독자적 구조와 형이상학적 의미를 지니고 있다고 주장했다. 특히 신라의 고분은 "중국 역대의 능묘에서는 발견할 수 없는 신라만의 독특한 것으로, 서양에서 이른바 스톤 서클(stone circle) 류의 발달된 형태로 볼 수 있다는 점"[253]을 강조하고 있다.

고대 한국문화의 독자성과 주체성을 강조하며, 그것이 지니는 보편성을 '서양의 스톤 서클류의 발달된 형태'로 이해하는 논법에서 한국문화를 서구적 보편성과 연결하려는 이병도의 욕망을 엿볼 수 있다. 이처럼 일본 제국의 '조선사' 연구자였던 이병도는 미국 헤게모니 아래의 '한국사' 학자로 전신했다.

이 학술회의에서 도쿄제국대학 문학부를 졸업한 김두헌은 일본의 조선학 연구자들을 향해 '조선'이라는 용어 대신에 '한국'을 사용하자고 제안했다. 제국대학 후예들의 '한국학'으로의 독립선언은 1963년 14차 조선학회 자리에서 절정을 이룬다. 규슈제국대학 출신 경제학자 최호진은 학회 참석 후 아시아재단의 지원에 관한 결과 보고로 작성한 영문 보고서에서 서울대 철학과 교수 박종홍의 기조 강연 장면을 다음처럼 묘사했다.

> 학회 첫째 날에 박종홍 교수는 한국어를 사용하여 두 시간 동안 '한국 근대 사상의 흐름'을 강연한 후 짧게 일본어로 요약했다. 강연 이후, 박 교수는 한국에 대해 배울 때 한국어의 중요성을 강조했다. 그리고 조선학회의 공식적인 언어를 일본어에서 한국어로 교체할 것을 제안했다. 이것은 회의의 분위기를 급격히 변화시켰다. 박 교수의 연설 이후, 모든 한국인 참석자들은 한국어로 자신을 소개하고 일본 학자에 관한 토론 세션에서 한국어로 이야기했다. 경악한 일본 학자들은 한국어에 익숙하지 않은 자신들에게 짧게 요약해주도록 부탁했다.[254]

조선학회를 중심으로 한 전후 일본의 '조선학'은 식민지 시기 경성제국대학 중심의 관변적 '조선학'을 계승한 것이었다. 해방 이후 한국학은 제국의 지방학이었던 일본어 중심의 '조선학'을 대한민국 국가를 배경으로 재편하며 성립했다. 경성제국대학 3회 졸업생 박종홍은 이러한 한국학의 위치에서 일본 '조선학'도 한국어 중심으로 바뀌어야 한다고 주장했다. 실질적인 독립이 이루어졌는가는 더 따져볼 문제지만, 공식적으로는 '한국학'의 독립이 선언된 것이다.

다음은 북한에서 일어난 지식 재편을 살펴볼 차례다.

14장

북한 지식 제도를 확립한 제국대학의 졸업생들

김일성종합대학의 창설

서울에서 '국대안'이 공표된 직후 평양에서도 곧바로 '종합대학설립안(종대안)'을 발표했다. 북조선임시인민위원회는 1946년 3월 25일에 북조선종합대학 창설을 결정하고 창립준비위원회를 조직한다. 인민위원회 교육국장 장종식을 위원장으로 한 위원회는 정두현, 신건희, 한설야, 한빈, 김택영, 이동화, 이정우, 김달현 등 아홉 명의 학자와 문인 및 정치가로 구성되었다.

1946년 7월 8일 동(同)위원회는 '북조선종합대학 창립에 관한 결정서'를 채택한다. 결정서는 7개 학부 24개 학과의 대학을 평양에 창설하며 그 교명을 김일성종합대학으로 한다, 기존 평양의학전문학교(평양의전)와 평양공업전문학교(평양공전)를 대학으로 승격하여 종합대학에 편입시킨다, 노동자 농민의 자녀로서 중등학교를 미필한 자를 위한 3년제 예비과(예과)를 설치한다고 포고했다.

평양의전과 평양공전을 종합대학으로 합친 것은 '국대안'과 흡사해 보이지만 속사정은 전연 달랐다. 경성제국대학을 비롯한 식민지 시기 관공립·사립 고등교육기관 대부분은 서울에 집중되었다. 기록에 따르면, 1945년 여름에 평양 등 북한 지역에 살고 있던 대학 및 전문학교 졸업자는 30~40명 내외였으며, 이학 계통의 조선인 교수는 대동공업전문학교(대동공전)에 단 세 명뿐이었다.[255]

위원회는 종합대학을 세울 만한 인적·물질적 토대가 턱없이 부족한 현실을 감안하여, 평양의전과 평양공전을 승격시켜 의학부·공학부·이학부의 토대를 마련했다. 창립준비위원인 정두현과 신건희가 제국대학 출신으로 두 전문학교의 교장이었다는 점에서 김일성종합대학은 그 출발부터 제국대학과 연결 고리를 갖고 있었다.

1888년에 출생한 정두현은 제국대학 유학생 중에서도 독특한 이력을 지닌 인물이다. 그는 도쿄·도호쿠·다이호쿠(台北) 제국대학 등 세 개 제국대학을 다녔으며, 전공도 농학·이학(생물학)·의학으로 다양한 분야에 걸쳐 있었다. 직장에 다니다가 무슨 계기가 있을 때마다 새로운 전공을 찾아 바다를 건너간 그는 기본적으로 공부하는 것을 좋아했던 것으로 보인다.

1907년 현해탄을 건너간 정두현은 메이지학원(明治学院) 중학부를 거쳐 1910년 도쿄제국대학 농학부(실과)에 진학해서 1914년 7월에 졸업한다. 이후 도쿄제국대학 농학부 동물학연구실에서 2

년간 연구생으로 공부하다가 1916년 9월 평양에 돌아와 평양 광성고등보통학교 교사, 숭덕학교 교감이 되어 가르치다가 1919년 3·1운동에 참여하게 된다.

해방 후인 1948년 10월에 작성한 자서전에서 정두현은 자신의 민족애가 부친의 영향 때문이었다고 적고 있다. 자서전에 따르면, 그의 부친은 "독립협회 평양지회장, 서북학회 평남지부장으로서 조국의 독립보전을 위하여 분투"했던 인물이다.[256] 강한 민족애를 갖고 있던 정두현은 평양에서 일어난 3·1운동 당시 근무하던 숭덕학교 교정에서 시위의 봉화를 들었고, 해외 독립운동 기관과도 연락을 취하다가 검거되어 평양형무소에서 4개월여간 구금되었다.

출옥한 그는 청년들의 애국 사상 고취와 교양 향상을 목적으로 '평양청년회'를 조직하는 데 참가했으며 그 단체의 회장을 맡아 수년간 청년운동과도 관계를 맺게 된다. 1923년부터 1927년까지 4년 동안 평양 숭인학교 교장을 지내다가 다시 "생물계의 현상과 그 이법(理法)을 알아보기 위하여"[257] 1927년 4월에 도호쿠제국대학 이학부 생물학과에 진학한다.

1931년 3월 도호쿠제국대학을 졸업하여 이학사가 된 정두현은 평양 숭실전문학교 교수로 재직하던 중 1937년 신사참배에 반대하여 숭실전문학교가 자진 폐교하자, 다시 1938년 4월에 타이베이의 다이호쿠제국대학 의학부에 입학했다. 자서전에서 정두현은 "인간에 대한 생물학적 연구와 인민보건에 다소간 공헌하여 보겠다는 의도" 때문에 의학 공부를 시작했다고 적고 있다.

1942년 3월 그는 다이호쿠제국대학 의학부 3회 졸업생이 되었다. 이 대학 의학부를 졸업한 조선인은 그가 처음이자 마지막이었다.

정두현은 1942년 4월부터 1945년 6월까지 경성제국대학 의학부에서 내과학 및 생리학 연구실에서 연구생으로 공부했으며, 평양에서 휴양 중에 해방을 맞았다. 이후 평안남도 인민위원회 초청으로 1945년 10월 평양의학전문학교 교장에 취임했으며, 김일성종합대학 설립을 주도하게 된다.

전라남도 해남 출신인 신건희는 오사카고등학교를 거쳐 1930년 교토제국대학 이학부 물리학과에 입학하여 1933년 3월에 졸업했다. 휘문고보 교사와 평양 대동공전 교수를 거쳐 해방 이후에는 평양공전 교장의 자리에 있었다. 흥남공업대학 학장으로 있던 1948년경에 작성한 자서전에서 그가 밝히고 있는 학창 시절의 경력은 그가 왜 북한의 교육계에서 일하게 되었는가의 전사를 일러준다.

자서전에 따르면, 3·1운동에 가담한 혐의로 도항증을 발급받지 못한 신건희는 일본에서 온 한 친구의 신분 보증을 통해 도일할 수 있었다. 지주의 아들이었던 그는 생계에 구애받지 않고 사회운동에 뛰어들었다. 그는 조선인 노동조합을 창설하고 조선인 노동자 자제들을 교육하는 일에 주력했다. 서른 살이 되던 1933년경 교토제국대학 내의 적색동맹에 가입하여 조선 학생들에게 반제반전사상을 고취하는 일을 맡았다. 당국의 좌익운동 탄압이 거세지며 동지들이 체포되어 학내 운동이 좌절된 후부터는 이론

물리 연구에만 전념했다고 적고 있다.[258]

평양의 양대 전문학교 교장이었던 정두현과 신건희는 창설된 김일성종합대학에서 의학부장과 공학부장을 맡았다. 김일성종합대학은 1946년 9월 15일 개교식을 거행한 후 10월 1일 자로 출범했다. 식민지 시기의 흥국공업학교, 창생상업학교, 평양사범학교 및 당시 검사국으로 사용되던 일본인여학교 교사 건물을 이관받아 사용했다. 초대 총장은 주시경의 제자로 '조선독립동맹'의 지도자였던 한글학자 김두봉이 맡았다.

출범 당시 김일성종합대학은 공학부(8개 과 430명), 농학부(3개 과 120명), 의학부(3개 과 190명), 문학부(3개 과 200명), 이학부(2개 과 80명), 철도공학부(3개 과 120명), 법학부(2개 과 150명) 등 7개 학부 24개 학과 1,290명과 여기에 평양공전, 평양의전의 2학년 257명, 3학년 63명을 포함한 총 1,610명의 정원으로 출발했다.[259] 문학부와 법학부 350명을 제외한 대다수가 이공계다.

1948년에는 '북조선 고등교육 사업 개선에 관한 결정'을 통해 공학부를 평양공업대학(후에 김책공업대학)으로, 의학부는 평양의학대학으로, 농학부는 농업대학(후에 원산농업대학)으로 각각 분리 독립시켰다.

'애국미'와 '인민의 대학'

종합대학의 건립에는 막대한 예산이 필요하다. 김일

▲ 김일성종합대학의 초기 모습

성종합대학은 창설에 필요한 재원의 상당 부분을 인민들의 '애국미' 및 성금과 '애국노동'의 제공으로 충당했다. 김일성종합대학의 창설 설화는 반공주의적 시각에서는 "북한 주민들에게 '성금'이라는 이름의 강제징수한 돈"[260]으로 만들어졌다고 비판받기도 한다.

하지만 김일성종합대학이 북한 인민들의 자발적인 물질적·정신적 지원을 받아 설립된 것은 분명한 사실이다. '애국미' 운동은 황해도 재령군의 농민 김제원에게서 시작되었다. 소작농과 머슴살이를 전전하다 토지개혁으로 땅의 주인이 된 그는 '애국미' 30가마니를 헌납했다. 여기에 농민들이 곧바로 호응했고, 그렇게 모인 애국미는 대학 교사(校舍)의 건축기금으로 쓰였다.

농민들이 자진 헌납한 '애국미'가 약 1억 원에 달했다는 기록이 있다.[261] 이 성금액은 1946년도 북한 교육성 전체 예산에 버금가고, 인민위원회 예산의 약 20퍼센트에 이르는 막대한 규모다. 농민들의 헌납과 노동자 및 교직원과 학생 들을 포함한 1만 7,000여 명의 노동력이 보태져 평양 모란봉 북쪽 기슭에 김일성종합대학 건물이 지어졌다.

북한 인민들의 이러한 자발적 헌납은 어떻게 가능했을까? 해방 직후를 다룬 재일조선인 작가 김달수의 장편소설《태백산맥》은 북한 토지개혁의 감격이 어느 정도였는가를 실감케 한다. 소설은 60여 년 동안 소작을 부쳤던 한 노인이 토지개혁으로 얻은 자신의 논에서, "논의 흙이 다 어디로 가버릴 것만 같아서" 걱정이 되어 "흙에다 대고 절"[262]을 반복하는 장면을 그린다. 후일 소작료가 현물세로 바뀌고 지주가 국가로 바뀌었다는 비판도 등장하지만, 당시 토지개혁이 농민들에게 얼마나 큰 감격이었는가를 가늠할 수 있다.

하지만 당시 북한 인민들이 김일성종합대학에 열렬한 반응을 보인 이유가 '토지개혁' 때문만은 아니다. 높은 교육열을 남한만의 전유물로 생각하는 건 오산이다. 자신은 배우지 못했지만 자식들은 가르치고 싶은 것은 인지상정이다. 김일성종합대학의 입안자들은 자식을 가르치고자 하는 인민들의 열망에 부응하는 장치를 마련한다.

앞서 본 결정서의 이채로운 부분이 바로 예비과(예과) 3년 과정이다. 창설준비위원회는 일제하에서 중등교육을 받을 수 없었던 "애국열사와 노동자, 농민 자녀"들을 위한 200명 정원의 예비과를 설치한다. 이러한 조치는 북한 주민의 대다수인 농민 계급의 정치적 지지와 더불어 당·관료 자녀들의 특권적 교육 기회를 제공했다.

김일성종합대학의 공식 역사는 "노동자, 농민, 근로 인민의 자제들에게 취학의 길을 광범히 열어주어야 할 데 대하여 특별한 배려를 돌리고 있다는 것"[263]을 자신들이 일본의 제국대학과 남한의 서울대와 다른 점으로 제시하고 있다. 예비과 등을 통해서 김일성종합대학은 '인민의 대학'이라는 윤리적 헤게모니를 확보하게 된다.[264]

제1회 김일성종합대학 학생 모집에는 의학과 420명을 비롯하여 각 학부 학과에 걸쳐 총 2,000여 명의 학생들이 지원했다. 입학시험은 8월 20일부터 25일에 걸쳐 진행되었으며, 8월 27일에 합격자가 발표되었다. 북한 전역과 삼팔선 이남 및 중국 동북 지역에서도 응시자가 있었다. 그즈음 김일성종합대학 입시 풍경을 간접적으로나마 유추할 수 있는 회고 글을 읽어보자.

> 1946년에 문을 연 김일성종합대학 2학년 편입시험을 봤지요. 한 번에 합격이 되었어요. 나중 알고 보니 사상적으로 성분도 좋고, 마르크스-레닌주의 유물사관 공부를 하는 사람이 다니는 학교라 하데요. 대개 당원이거나 그런 집안 아이들이 다닌대요. 시험 날 보니, 남쪽에서 좌익 활동을 하다 월북한 학생들이 적지 않았어요. 형사가 자꾸 잡으러 다니니까 삼팔선을 넘어온 거죠. 당에서는 학생들을 구제하려고 편입시험 기회를 준 거예요. 특혜를 준 것은 아니고 성적이 우수한 학생에 한해서만 편입할 수 있었던 겁니다.
>
> 15명이 편입시험을 봤어요. 과목은 마르크스-레닌주의, 10월혁명에 대한 사상적 의의, 볼셰비키당사였던 걸로 기억돼요. 조선어문학과를 지원했지요. 시험문제는 경향파 문학, 시집 《현해탄》에 대해 쓰라는 거였어요. 익히 알고 있던 영역이라 너무 쉬웠어

요. 필시 만점을 받았을걸요. 시험을 치르고 남쪽 학생들과 대화해보니 봉창 두드리는 소리만 하더라고요. 좌익 투쟁하느라 문학책은 못 봤을 거라 생각했죠. 김규동 한 명만 합격했더라고요. 참, 어리둥절했죠. 비로소 남녀공학 20명인 김일성대학 조선어문학과에 들어갔지요.[265]

김일성종합대학을 중퇴한 시인 김규동의 기억이다. 김규동은 1944년에 함경북도에 있는 경성고등보통학교를 졸업하고 중국 동북 옌볜의 의과대학을 수료했지만, 적성에 맞지 않아 그만두고 1947년에 김일성종합대학 조선어문학부에 편입했다. 김규동처럼 중국 동북 지역에서 온 학생과 남한 출신의 응시생도 많았음을 확인할 수 있다.

1946년 9월 15일 개교식에는 김일성과 소련군 대표, 김두봉 총장과 교수진 및 1,700여 명의 학생들이 참가했다. 입학식은 학생들이 10개 조의 선서문을 낭독하며 절정을 이루었다. 학생들은 "조국과 인민의 기대에 반드시 보답하리라는 굳은 결의"[266]를 서약했다. 이러한 열기 속에서 오늘날까지 북한 체제를 지탱하는 엘리트 육성 장치가 출발했다.

제국대학 출신들이 김일성종합대학으로 간 까닭은

신생 김일성종합대학이 직면한 최대 고민은 우수한

교수진을 확보하는 문제였다. 당시 북한에 체류하고 있던 진보적 지식인들을 초빙했지만, 제대로 된 교수진을 구성하기에는 턱없이 부족했다. 김일성은 〈남조선에서 인테리들을 데려올 데 대하여〉(1946. 7. 31)[267]를 발표하여 우수한 남한 학자들을 교수로 채용하는 방침을 밝힌다.

김일성 등 권력 핵심부는 제국대학 출신의 초빙에 각별한 공을 들였다. 1946년 개교 직전부터 김일성종합대학 경제학부장으로 내정된 김광진과 공학부장 신건희 등을 중심으로 '공작전담반'이 파견되어 서울대 교수를 중심으로 인력 확보를 위한 작업이 진행되었다. 그들은 특히 제국대학 출신들과 적극적으로 교섭했다.

1946년 교수로 발령된 남쪽 교수들은 도상록, 김지정, 박극채, 전평수, 이재곤, 김한주, 황영식, 김수경, 유연락, 우형주, 곽대홍, 계응상, 한필하, 홍성해, 최용달, 조영식, 강대창, 도유호, 김종희, 최응석 등이었다. 대부분이 제국대학 출신으로 서울대 교수직에 있었던 사람들이다.

미군의 '노획 문서' 중에 김일성종합대학에서 작성한 1947년 9월 1일 자 발령을 위한 남한 학자 '초청 대상자 일람표'라는 자료가 있다. 그 대상자 23명 중 신영기, 최삼열, 유충호, 최종환, 정순택, 정근, 한인석, 김동섭, 황도연, 김택원, 방현모, 신남철, 이동화, 조좌호, 이명선, 김진태, 이성준, 김희철, 김시온 등 20명이 제국대학 출신이다. 신영기, 조좌호 등을 제외한 나머지는 실제 김일성종합대학으로 옮겼다.

제국대학 출신들의 이동은 한국전쟁 때까지 이어진다. 김일성은 한국전쟁기에 인편을 통해 교토제국대학 출신으로 서울대 공과대학장을 역임한 리승기 교수와 그를 따르는 과학자 그룹을 북으로 초빙해간다. 그 이외에도 인민군이 퇴각하며 끌고 간 이른바 '남반부 대학 교원단'들이 김일성종합대학의 각 학부에 배치되었다. 도쿄제국대학 약학과 출신의 도봉섭 등은 그 사례다.

북한의 교육과 학술계에서 제국대학 출신들의 위상은 1952년 설립된 북한 과학원을 통해서도 확인된다. 과학원의 최고 학자인 원사(院士)는 총 열 명이었는데, 박시형(경성), 최삼열(도호쿠), 김지정(도쿄), 리승기(교토), 도상록(도쿄), 최명학(교토), 계응상(도호쿠) 등 일곱 명이 제국대학 출신이다. 자연과학 분야는 여섯 명 전원이 제국대학 이공계 출신이다.

제국대학 출신들은 왜 김일성종합대학을 선택했을까? 사회주의 성향의 지식인도 많았지만, 정치적 색채가 뚜렷하지 않았던 이공 계열의 지식인들이 김일성종합대학을 선택한 경우도 적지 않았다. '김일성종합대학 10년사'는 제국대학 출신의 서울대 교수들이 김일성종합대학으로 이동한 이유를 다음과 같이 적고 있다.

> 한 방면으로는 대학 사업에 대한 당과 정부의 두터운 배려와 지도 하에서 제반 조직적 대책과 유리한 경제적 및 사회적 조건들을 조성함으로써, 또 다른 방면으로는 남반부의 교수 학자들이 북반부 민주 기지에서 이루어지는 종합대학에서 복무하는 것을 영광으로 인정하며 이 대학이 장차 우리나라의 과학 연구와 민족

간부 양성을 위한 최고 학부로 발전할 데 대한 기대와 포부를 가지게 됨으로써 제반 곤란을 극복하고 북반부에로 왔던 것이다.[268]

'김일성종합대학 10년사'는 남한 학자들이 북으로 이동한 중요한 요인으로 민주개혁이 이루어지는 체제의 우위와 민족 간부 양성의 소명 의식을 꼽고 있다. 당시 김일성종합대학이 인민의 정신적·물질적 지지를 받았던 점도 학자 집단의 윤리적 선택에 크게 영향을 끼쳤을 것이다. 하지만 10년사는 당과 정부가 "유리한 경제적 및 사회적 조건들을 조성"했다며 김일성종합대학 선택의 또 다른 동기도 명시하고 있다.

북한 정권은 최고 수준의 교원을 유치하기 위하여 파격적인 재정 지원을 했다. 1947년 교원 봉급표에 따르면, 총장은 매월 3,000원, 학부장 및 강좌장 등의 부장급은 2,500원, 일반 교수는 1,500~1,800원을 각각 지급받았다. 당시 임시인민위원장 김일성은 4,000원, 핵심 관료인 인민위원회 과장급은 1,500원의 급여를 받았다.[269]

김일성종합대학 교수의 봉급은 이전 전문학교 시절에 비해서도 파격적으로 늘어난 것이다. 의학부장 정두현이 의학전문학교 교장 때 받은 봉급은 월 450원이었다. 1947년 당시 김일성종합대학 의학부의 한 교원은 본봉 1,500원, 겸직인 대학병원과 평안남도 위생시험소에서 각각 1,500원을 받아 합계 4,500원의 봉급을 받았다.[270]

김일성종합대학의 초빙에 응한 제국대학 출신 서울대 교수들이 인민을 위해 복무하겠다는 도덕적 결심 속에서 이직했다는 그 진정을 의심하진 말자. 그렇지만 그들이 이동을 결심하는 데에는 좋은 처우도 한몫했다. 사람은 밥만으로 살 수 없지만 밥 없이도 살 수 없는 것이다.

일본 지식에서 소련 지식으로

1948년 각각 단독정부가 수립되면서 분단이 현실화되었다. 남북한은 미·소를 중심으로 하는 냉전의 양대 블록에 편제되었다. 남한의 지식과 문화가 급격히 미국화하는 것 이상으로 북한의 지식과 문화도 소련식으로 재편되었다. 당시 북한의 변화상을 담고 있는 소설의 한 장면을 읽어보자.

> 이 뜰아래채 대학생은 몸도 튼튼했다. 원기가 끓어넘치듯 로어(露語)로 무엇을 읽을 때에도 주먹 쥔 팔을 체조하듯 내어뻗었고 무슨 수학이나 화학 공식을 외울 때도 마당을 뚜벅뚜벅 힘차게 거닐었다. 어떤 날은 파나 콩나물을 다듬으면서도 '측량학'이니 '이론역학'이니 하는 그 잉크 내 코를 찌르는 책을 열어놓고 쑹얼쑹얼 읽었다.[271]

월북한 소설가 이태준이 1948년도에 발표한 〈먼지〉의 한 대목이다. 주인공 한뫼 선생의 평양집에 세들은 김일성종합대학의 한

학생에 대한 위의 묘사는 민주개혁이 이루어지고 있는 당대 북한 사회의 활기를 보여준다. 이공 계열의 이 학생이 노어(러시아어)로 된 교재를 읽는 것에 주목할 필요가 있다.

러시아어를 '쏼얼쏼얼'거리는 이 학생의 모습은 당대의 현실을 반영한다. 김일성종합대학에서는 소련 대학의 제도와 경험을 적극적으로 도입했다. 개교 직후부터 소련군 교육 고문이었던 막심추크 중좌가 대학에 출근해서 자문했고, 특히 1948년부터는 대학 전체에서 러시아어와 소련 학술의 재교육이 단행되었다.

제국대학 출신 교수들은 구제고등학교와 제국대학의 교과과정을 통해 영어·독어·불어 등의 언어를 능숙히 구사할 수 있었지만, 러시아어는 습득할 기회가 없었다. 이를테면, 앞서 언급한 정두현은 자신의 이력서에서 일본어는 '숙달', 독일어·영어는 '독서' 가능, 노어(러시아어)는 '초보'라고 적고 있다. 제국대학 출신의 다른 교수들도 사정은 별반 다르지 않았다. 이러한 까닭으로 제국대학 출신 교수가 소련 공산당사를 가르치는 경우 영어와 독일어 번역판을 사용하기도 했다.

소련의 선진 과학을 받아들이는 것을 시급한 현안으로 인식한 대학 당국은 교원 전원에게 러시아어를 의무적으로 익히게 했다. 대학 내 강좌마다 러시아어 학습반이 조직되었고, 그 결과 러시아어로 전공 서적을 해독할 수 있는 교원이 1947년 30퍼센트에서 1949년에는 90퍼센트 이상으로 늘어났다.

1947년 초부터 1948년까지 교육심리학, 러시아문학, 세계사, 정치경제학, 수학, 물리, 화학 등 약 40종의 교과서와 60여 개 학과목의 교수 요강이 번역되었다. 1948년부터는 소련 학자들을 초청하여 김일성종합대학의 전 학부에 배속하고 1~2년 동안 교수와 학생 들을 직접 지도하게 했다.

김일성종합대학은 그 전문성을 높이 평가하여 제국대학 출신들을 적극적으로 초빙했지만, 그들의 사상성에 대해서는 여전히 미심쩍어 했다. 북한의 관점에서 제국대학 출신들은 일제의 노예교육제도와 부르주아 반동 학설을 통해 성장한 사람들이었다. 북한 당국은 김일성종합대학 교원들을 사회주의 체제에 적합한 인텔리로 재교육하기 위해 교양 사업을 추진한다.

우선 김일성종합대학을 비롯한 북한의 각급 학교의 모든 교원에게 자서전과 이력서를 요구했다. 교원들은 자기 삶을 되돌아보는 자서전과 이력서를 반복해서 제출했다. 다섯 차례나 자서전을 썼다는 증언도 있다. 기재된 내용에 대해 작성자 주변 인물 2인의 신원보증이 요구되었고, 검열과 평정이 함께 이루어졌다.

출범 당시 김일성종합대학은 제국대학 지식의 연장 속에 있었지만, 불과 1~2년이 지나지 않아 소련식 지식으로 급격히 재편성되었다. 황장엽은 김일성종합대학에서의 지식 재편과 세대교체를 상징하는 사례다. 그는 식민지 시기 평양상업학교를 졸업하고 일본 주오(中央)대학 야간부를 다니다 삼척의 시멘트 공장에 징용되어 1년 6개월간 노역을 했다. 해방 이후 모교인 평양상업학교(평양경제전문학교로 개명) 교사로 있으면서 조선노동당에 입당, 1948년 중앙당학교 이론반에서 소련 교과서로 철학 집중 강습을 받는다.

이후 황장엽은 김일성종합대학 연구원(대학원)에 진학하여 1년 만에 소련 유학생으로 선발되어 1949년부터 모스크바종합대학 철학연구원에서 4년간 유학했다. 1953년 11월 귀국한 그는 김일성종합대학 철학 전공 교수 및 철학 강좌장을 거쳐 10년 후인 1963년 김일성종합대학 총장이 되었다.[272] 일본 유학생 황장엽은 소련 유학을 통해 새로운 지식의 헤게모니를 획득할 수 있었다.

최응석과 냉전의 보건의료 체계

최응석은 일본식 지식 제도가 소련식 지식 제도와 어떻게 결합할 수 있었는가를 보여주는 적실한 사례다. 5만여 평의 땅을 가진 '소지주'의 아들이었던 그는 평양중학과 1고를 거쳐 1937년에 도쿄제국대학 의학부 의학과를 졸업했다. 1943년에는 도쿄제국대학에서 의학박사 학위를 받았다.

앞서 다룬 바 있지만, 최응석의 식민지 시기 행적 중 1936년 울산 달리의 위생조사를 좀 더 검토할 필요가 있다. 1고와 도쿄제국대학 선배인 강정택은 당시 도쿄제국대학 농학부 대학원에 재학 중이었다. 강정택은 한국의 농촌 사회경제를 조사할 계획을 세우고 자신의 고향인 울산 달리를 조사지로 결정했다. 이 계획을 알게 된 최응석은 총 열두 명으로 구성된 '조선농촌사회위생조사회'를 결성하여 강정택의 조선행에 동행했다.

최응석 일행은 달리에서 약 50일간 거주하며 주민들의 건강

검진 및 인구, 경제, 주택, 체격, 질병 등에 관한 조사를 실시했다. 농촌 개조라는 진보적 관심을 지니고 있었지만, 학생 조사단에게 달리 마을은 기본적으로 가난하고 비위생적이며 동정심을 자아내는 타자였다는 점에서 비판받을 대목도 있다.[273]

제국대학의 학지(學知)에서 훈련받은 위생사회학이라는 문명의 관점으로 식민지 농촌을 투시한다는 점에서 오리엔탈리즘적 시선을 읽어낼 수 있지만, 그렇다고 최응석의 농촌조사를 제국주의적 활동의 일환으로 일괄 비판하는 것도 온당치 않아 보인다. 실제로 최응석은 이 조사를 식민지 농촌의 진보를 위한 '사회주의적' 보건의료 실천의 기원으로 배치하고 있다.

> 1936년 일본인 맑스주의 동지 및 조선 학생과 같이 경상남도 울산읍 달리에서 맑스주의적 견지에서 조선 농촌의 사회위생학적 조사를 했다. 이 보고서는 이와나미 서점에서 단행본으로 출판되었다. 농촌 의학의 조선에서의 효시라고 볼 수 있다고 생각한다.[274]

최응석이 1949년에 스스로 작성한 자서전의 한 구절이다. 당시의 자서전들에는 북한이 지향하던 사회주의 체제에 우호적이거나 부합하는 내용을 부각하고 과장할 가능성이 존재한다. 최응석의 자서전도 제국 학지와도 관련이 있던 식민지 농촌조사를 사회주의적 농촌 의학의 효시로 의미화하고 있다.

자서전에 따르면, 민족주의적 사상을 품고 있던 최응석은 유학

기간에 마르크스주의에 심취하여 좌익운동에 가담했다. 일본 체류 시절 그는 사회주의와 사회위생학의 세례를 받았다. 해방 직전인 1944년 치안유지법으로 체포되기도 했다. 실제 그의 이력을 감안하면 달리 조사가 사회주의적 실천이라는 그의 주장은 전혀 근거가 없는 것이 아니다.

그렇지만 일본의 사회위생학이 곧바로 마르크스주의적 실천을 뜻하는 건 아니다. 달리 조사단의 결과물인 《조선의 농촌위생: 경상남도 울산읍 달리의 사회위생학적 조사》(1940) 서문은 일본 노동위생학의 대부 격인 데루오카 키토(暉峻義等)가 썼다. 데루오카는 경시청과 내무부의 위탁으로 빈민가 조사에 참여하는 등 전시체제에도 협력했다. 사회위생학은 마르크스주의와 파시즘이 착종될 수 있는 분야였다.

해방 이후 최응석은 경성대학 의학부 제2내과 교수로 있으며, 민주주의민족전선 중앙위원, 사회정책연구위원회 전문위원으로 참여한다. 이후 '국대안' 사태를 겪으며 월북하여 김일성종합대학 교수 겸 병원장, 북조선보건연맹 위원장을 맡으며 북한의 사회주의적 보건의료 체계 마련에 주도적 역할을 했다.

한 연구에 따르면, 월북 직전 남한에서 최응석이 모색한 보건의료 체계 구상의 중심은 '협동조합병원'이었다. 노동자가 자주적으로 만드는 협동조합운동은 구미 사회와 초기 소련 사회에서 모색되다가 스탈린 체제에서 국가로 흡수되었다. 최응석은 미군정 시기 서울에서 일본의 '의료이용조합'을 예시로 들며 '협동조합병원'의 공공 의료를 신생국가의 대안적 의료 체계로 제시한

다.[275]

그러나 미군정 시기 남한에서 최응석의 보건의료 체계 구상은 패배했다. 그의 월북과 북한 국영 의료 체계 수립에서의 역할 때문에 이후 남한에서는 협동조합병원이나 사회보험 등은 곧장 사회주의 방식으로 이해되었다. 민중의 자주적 통제에 의한 협동조합병원 체계의 수립 구상은 북한에서는 보건의료 국영화로 흡수되었다. 분단은 이처럼 다양한 사회적 구상과 가능성을 차단하는 말 그대로의 질곡이었다.

에필로그

'제국대학 유학'의 역사화를 위하여

제국대학의 조선 학생들은 제국대학 출신이라는 이유만으로도 도덕적 비난의 대상이 되곤 한다. 이광수의 장편소설 《흙》(1932)에는 이러한 당대의 무의식이 드러나 있다.

《흙》은 농촌 출신 변호사 허숭과 서울의 대부호인 윤참판의 딸 정선 사이의 애정 갈등이라는 표면적 서사 속에 농촌운동을 통한 민족투쟁이라는 이광수 특유의 주제 의식이 담겨진 작품이다. 이광수는 이 소설에서 민족/반민족의 대립을 인물뿐만 아니라 그 출신 학교로까지 확장한다.

어려운 사법시험을 통과하여 변호사가 된 허숭은 가정과 재산 그리고 사회적 지위를 과감히 버리고 고향인 살여울로 돌아가 농민과 민족을 위해 헌신한다. 이광수는 근실한 그를 보성전문학교 출신으로 설정한다. 반대로 지사인 허숭을 질투하고 그의 아내 정선을 꼬드겨 불륜을 저지르는 양반가 출신의 부랑아 김갑진은 경성제국대학 출신이다.

이처럼 《흙》에서는 보성전문학교(민족)와 경성제국대학(반민족)이라는 대립 구도가 작동한다. 출신 학교에 대한 이러한 도덕화는 이광수 개인의 이력과도 관련된다. '재학 번호 1번 이광수'라고 적힌 당대 경성제국대학 학적부에 따르면, 이광수는 경성제국대학 첫 번째 학생이었다.[276] 이광수는 본과가 개설된 1926년 6월에 경성제국대학 법문학부에 입학했다. 와세다대학 3년을 수료한 '선과생'의 자격이었다.

예과를 졸업한 본과생도 아니고 방계 입학인 '선과생'에게 왜 1번이 부여되었는가는 확실치 않다. 일본어 음계를 따른 성명 순서로도 '이'씨는 1번이 아니고, 가야마 미쓰로(香山光郎)로 창씨개명하기 훨씬 전이다. 어쩌면 나이순이었을지도 모르겠다.

경성제국대학에 입학한 이광수는 1929년 조선 문학 수업의 수준에 크게 실망한다. 조선어문학 강좌에서 《격몽요결》과 《구운몽》을 수업 교재로 쓰는 것을 목격했기 때문이다.[277] 이광수는 폐병으로 네 차례 휴학했고, 1930년 1월에 제적되었다.

보성전문학교 교주 김성수의 장학금으로 유학했고, 《동아일보》 편집국장을 지냈으며, 그 지면에 《흙》을 연재하고 있던 이광수는 자신이 제적당한 경성제국대학에 대한 감정을 소설 속에 투영한 듯하다. 여기에는 《격몽요결》을 교재로 가르치고 배우는, 문학이 무언지도 모르는 자들에 대한 이죽거림도 포함되어 있었을 것이다.

이유야 여하튼 《흙》을 연재할 무렵 식민지 체제를 전복하기 위한 실천을 하다 '경성제대 반제동맹' 사건으로 여러 제국대학 학생들이 재판 중이었다는 점에서 이러한 보성전문(민족)-경성제국대학(반민족)의 대립은 악의적이다. 이광수적인 구도에서라면, 경성제국대학 출신의 유진오와 최용달 등이 법과 교수로 있고, 교토제국대학 출신인 윤행중과 박극채가 상과 교수로 있었던 보성전문학교도 제국지(知)의 식민지였다.

제국대학(유학)을 민족주의에 토대를 둔 도덕적 관점으로 바라보는 것은 이광수 개인만의 문제는 아니다. 우리 사회는 이러한 관점에 아주 익숙하다. 물론 그 책임의 대부분은 제국대학 유학생들에게 있는 것도 사실이다. 결과적으로 유학생 대부분은 일본 제국-식민지 체제를 유지하는 데 기여했기 때문이다. 총독부 행정-사법 및 식산은행과 관립학교 등 식민지 국가 기구의 각 영역에서 그들은 제국 시스템을 작동시키는 유용한 부품으로 작동했다.

그러한 사실을 부정하자는 것은 아니다. 그렇지만 부정적 요소 때문에 제국대학이라는 지식 제도와 관련된 근대 한국의 경험을 도덕적인 이분법으로 모두 '악'이라 규정하고 그것을 '적출'하면 문제가 해결될 것처럼 생각하는 것은 환상이다. 한국 근현대의 지식과 문화, 제도는 솜씨 좋은 외과의사가 좋은 세포만을 남겨두고 암 덩어리를 도려내듯, '일본적인 것' 혹은 '미국적인 것'을 발라내면 '민족적인 것'만 남길 수 있는 것이 아니다. 어쩌면 그러한 본질주의야말로 가장 위험한 사고일지도 모른다.

"모든 근대 문화는 식민지 문화"라는 자크 데리다(Jacques Derrida)의 명제처럼 근대는 이질적인 것의 혼종 속에서 성립했다. 제국대학이 근대 한국 사회에 끼친 영향은 적지 않아서 그것을 삭제하는 것은 근대의 형성에 작동한 가장 중요한 퍼즐을 없는 것처럼 취급하는 것이다. 일본 식민주의의 진정한 '청산'을 위해서라도, 제국대학이 한국 사회에 끼친 영향의 실상을 '역사화'하는 작업이 필요하다. 지금까지의 논의는 그 작업의 작은 첫걸음이었을 뿐이다. 여기저기 빈 공백을 채우는 향후의 연구를 기약한다.

본문의 주

프롤로그 현해탄을 건너는 청년들

1) 정지용, 〈다시 해협〉, 《정지용 시집》, 시문학사, 1935.
2) 임화, 〈현해탄〉, 《현해탄》, 동광당서점, 1938.
3) 임화, 〈해협의 로맨티시즘〉, 《현해탄》, 동광당서점, 1938.
4) 임문환, 《바우덕은 나일까》, 세한출판사, 1973, 64쪽.
5) 아마노 이쿠오, 박광현·정종현 옮김, 《제국대학》, 산처럼, 2017, 146~148쪽 참조.
6) 임문환, 앞의 책, 70~71쪽.
7) 이관구, 〈意氣와 風流의 濟濟多士〉, 《나의 교우록》, 중앙일보출판부, 1977, 127~128쪽.
8) 文部省教學局, 〈事變下に於ける朝鮮人思想運動に就て〉(1941), 박선미, 《근대여성, 제국을 거쳐 조선으로 회유하다》, 창비, 2007, 36~37쪽에서 재인용.
9) '네 칼로 너를 치리라.'는 명제는 김윤식 교수가 《임화 연구》(1972)에서 제시한 '현해탄 콤플렉스'와 관련된 것이다. 최남선, 이광수 이래 일본으로 유학했던 유학생들은 일본의 문명을 배워 그들을 넘어서겠다는 포부를 품고 도일했지만, 많은 이들이 현해탄 너머의 일본 문명을 내면화하며 친일의 길을 걷게 되었다. 이러한 한국 근대정신사의 문제와 관련된 명제다.
10) 경성제국대학 관련한 중요한 연구서들을 제시하면 다음과 같다. 박광현, 〈京城帝國大學と'朝鮮學'〉, 名古屋大學博士學位論文, 2003; 정근식 외, 《식민권력과 근대지식—경성제국대학 연구》, 서울대학교출판문화원, 2011; 최종고·이충우, 《다시 보는 경성제국대학》, 푸른사상, 2013; 윤해동·정준영 엮음, 《경성제국대학과 동양학 연구》, 도서출판선인, 2018.
11) 일본 본토 제국대학의 각 대학별 졸업생 수는 도쿄제국대학 163명, 교토제국대학 236명, 도호쿠제국대학 106명, 규슈제국대학 162명, 홋카이도제국대학 62명이었

다. 1942년까지 경성제국대학의 법문학부 졸업생은 일본인 572명, 조선인 387명이었고, 이의학부 졸업생은 일본인 647명, 조선인 237명이었다. 조선인은 총 624명이었다. 정근식 외, 《식민권력과 근대지식》, 서울대학교출판문화원, 2011, 557쪽.

1장 제국대학, 근대 일본의 엘리트 육성 장치

12) 〈고관끼고 이권운동해준다고 부호 상인 등을 사기〉, 《조선중앙일보》 1936년 3월 26일 자(석간). 도쿄제국대학이라는 학벌이 사기에 이용된 또 다른 사례도 확인할 수 있다. 〈자칭대학출신, 부정행위 하다가 종로서에 잡히어〉(《중외일보》 1930년 5월 17일 자)는 "주소 부정의 전과 3범 김재도는 자칭 동경제국대학 혹은 광도고등사범 출신이라고 하면서 대학정모 정복을 입고 학생 숙소를 찾아다니면서 영어를 가르쳐준다고 살살 학생들을 꼬여가지고 친한 후에는 교과서나 또는 양복 등속을 몰래 훔쳐서 잡혀먹은 후 그 돈으로는 전부 유흥에 소비했는데 더욱 그자는 서화에 재주가 있어 춘화를 그려가지고 한 장에 3원씩 받고 비밀히 팔던 사실까지 종로서원에게 발각되어 목하 엄중한 취조를 받고 있다더라."고 전하고 있다.

13) 戸坂潤, 〈三木清氏と三木哲學〉, 《戸坂潤全集》 第5卷, 勁草書房, 1967, 103쪽.

14) 쓰루미 순스케, 최형호 옮김, 《전향—전시기 일본정신사 강의》, 논형, 2005, 31쪽.

15) 후지타 쇼조, 최종길 옮김, 《전향의 사상사적 연구》, 논형, 2007, 34쪽.

16) 《문부성 연보》 1945년도 통계.

17) 《문부성 연보》 1944년도 통계.

2장 조선인 교토제국대학생, 제국의 사업가가 되다

18) 김상형 편, 《수당 김연수》, 수당기념사업회, 1971, 135쪽.

19) 삼양사 편, 《수당 김연수》, 삼양사, 1985, 51쪽.

20) 김연수의 일본 유학에 관한 상세한 이력은 다음과 같다. 김연수는 열다섯 살까지 서당과 집에서 공부하다가 김성수와 송진우가 유학을 권유하며 부모를 설득하여 1911년 1월 일본 유학에 오른다. 첫 3개월간 일어를 익히고 4월에 아자부중학교에 입학하여 5년간 공부한 후 1916년 졸업했다. 형 김성수의 권유에 따라 교토의 3고에 입학했으나 신경쇠약증으로 1년 만에 그만둔다. 이후 1918년에 교토제국대학

경제학부 선과에 진학한 뒤 고등학교 검정시험을 거쳐 본과에 들어가 1921년 졸업했다. 김상홍, 《수당 김연수》, 삼양사, 1985, 47~58쪽.

21) 〈萬目 주시하는 三大 쟁패전〉, 《삼천리》 4호, 1932년 4월, 46쪽.

22) 1945년에 경성방직의 일본인 주주는 전 주주 수의 13.6퍼센트, 지분 합계는 전체 26만 주 중 5.6퍼센트였다. 카터 J. 에커트, 주익종 옮김, 《제국의 후예》, 푸른역사, 2008, 125쪽.

23) 김기중과 김경중 형제는 인촌 김성수를 창평의 사립학교인 '영학숙(英學塾)'과 군산의 금호학교 등지에서 교육시켰다. 그들도 사립학교인 영신학교를 설립했다.

24) 삼양사 편, 앞의 책, 206쪽.

25) 대표적으로는 카터 J. 에커트의 《제국의 후예》(푸른역사, 2008)와 주익종의 《대군의 척후》(푸른역사, 2008)의 엇갈리는 관점을 예로 들 수 있을 것이다.

26) 세키야 데이자부로(1875~1950)는 1899년에 도쿄제국대학 법률학과를 졸업하고 같은 해 고등문관시험에 합격해 내무성에 들어갔다. 그 후 타이완과 조선, 간토슈에서 여러 직위를 역임했다. 조선에서는 1910년부터 1917년까지 학무국 국장과 중추원(총독 자문기관) 서기관장을 맡았다. 일본에 귀국한 후에는 궁내성에 들어가 1921년에 차관이 되었다. 1933년에는 궁내성에서 물러나 귀족원 의원에 임명되었다. 그는 김성수, 김연수 형제의 중요한 후원자였다.

27) 김연수가 만든 육영회는 국내 대학생에게는 매월 40엔, 전문학교 학생에게는 매월 35엔을 지급했고, 국외 유학생의 경우에는 대학생에게 매월 50엔, 고등학생이나 전문학교 학생에게는 매월 45엔을 지급키로 했다고 한다. 리승기, 박철재, 조규경, 이태규 등에게는 500엔씩을 연구비로 보조했다. 이상은 삼양사 편, 앞의 책, 160쪽 참조.

28) 일본 도쿄에 파견된 선배격려대는 "金季洙, 崔南善, 香山光郎(이광수의 창씨개명), 金明學, 李忠榮, 金良瑕, 姜鋋澤, 金原光根(김광근의 창씨개명)" 등 아홉 명이었다. 〈격려대제씨활약〉, 《매일신보》 1943년 11월 14일 자. 모두 일본 유학생 출신이었으며, 최남선과 이광수를 제외한 인사들은 도쿄와 교토의 제국대학 출신들이었다.

29) 박흥식은 김연수와 더불어 식민지 조선의 대표적인 사업가 중 하나였다. 화신㈜ · 조선비행기공업㈜ · 화신백화점 사장 등을 역임했다. 대표적인 친일 자본가이기도 했다. 1930년대 박흥식은 조카인 박병교를 교토제국대학 경제학부에 유학시켰는데, 자신이 지니지 못한 제국대학이라는 사회자본을 조카를 통해서라도 얻고 싶었던 게 아닐까?

30) 삼양사 편, 앞의 책, 165~173쪽 참조.

31) 실제로 총독부는 경방이 조선식산은행과 만주흥업은행에서 대출받는 것을 도왔을 뿐만 아니라, 건설에 필요한 원자재를 얻을 수 있도록 해주었다. 카터 J. 에커트, 앞

의 책, 263~264쪽.

32) 임문환, 앞의 책, 257쪽.

33) 삼양사 편, 앞의 책, 183쪽.

34) 삼양사 편, 앞의 책, 54쪽.

35) 홍성찬, 〈한국근현대 이순탁의 정치경제사상연구〉, 《역사문제연구》 1, 역사문제연구소, 1996, 81, 86쪽.

36) 〈左傾教授 右傾教授 延禧專門教授層評(續)〉, 《삼천리》 12호, 1931년 2월호.

37) 이광수, 〈김성수론〉, 《동광》 25호, 1931년 9월호.

3장 누가 제국대학으로 유학을 갔는가

38) 최호진, 〈일제말 전시하에서의 학문편력과 해방 후 경제학과 창설〉, 《역사비평》 통권15호, 역사문제연구소, 1991년 5월, 260쪽.

39) 조승복, 《분단의 恨: 과거와 미래》 上, 도서출판 케그리마, 2004, 182~183쪽.

40) 신상초, 《탈출》, 녹문각, 1966, 36쪽.

41) 한국민족문화대백과(한국학중앙연구원) 조좌호 설명 대목.

42) 도쿄제국대학 졸업생 숫자는 (1)東京帝國大學卒業生氏名錄(明治 11年[1878]~昭和 13年[1938], 1939년 발행), (2)東京大學卒業生氏名錄(明治 11年[1878]~昭和 24年[1949], 1950년 발행) (3)東京大學朝鮮同窓會 名簿(1906~1959) 등을 종합한 명부에 근거한 것이다. 교토제국대학의 졸업생 숫자는 (1)京都大學卒業生氏名(明治 33年~昭和 30年, 京都大學附屬圖書館 所藏) (2)京都帝國大學在學生/卒業生 名簿(각 연도별 일람) (3)京都帝國大學朝鮮(留)學生同窓報 1, 3, 4, 5, 6號 (4)京都大學同窓會會員名簿(1968年 12月) (5)京都大學統一同窓會便り (6)京都朝鮮學友會 1940년도 會員名簿 등 여섯 종류의 관련 자료와 白宗元(1948, 經濟學部卒), 姜祥均(1950, 法學部卒) 두 졸업생과의 인터뷰 자료를 종합하여, 1897~1945년 교토제국대학 조선인 재학생/졸업생의 현황과 이력을 정리한 명부에 근거했다. 규슈제국대학 졸업생 숫자는 〈朝鮮半島から九州大學に學ぶ－留學生調査(第1次)報告書 1911～1965〉, 九州大學韓 國硏究センタ―, 2002에 근거했다. 도호쿠·홋카이도·오사카·나고야 제국대학 졸업생은 2014년도 한국연구재단 일반공동연구지원사업인 "(근·현대사) 한중일 3국의 유학생을 통한 한말·식민지 시기 근대학문 수용비교 연구"의 결과 보고서를 활용했다.

43) '102+1'명은 정치경제학과와 법률학과, 두 개 학과를 졸업한 김우영을 표시한 것이다. 김우영은 나혜석과의 결혼과 이혼으로도 유명한 인물이다.

44) 朝鮮教育會奬學部, 〈在日本朝鮮學生狀況調査 1920, 1930年〉, 박찬승, 〈식민지 시기 도일 유학과 유학생의 민족운동〉, 《아시아의 근대화와 대학의 역할》, 한림대학교 아시아문화연구소, 2000, 168, 186쪽 참조.

45) 2014년도 한국연구재단 일반공동연구지원사업인 "(근·현대사) 한중일 3국의 유학생을 통한 한말·식민지 시기 근대학문 수용비교 연구"의 결과보고서, 23쪽.

46) 이인기, 〈잊을 수 없는 그때 그 친구(31)〉, 《경향신문》 1979년 10월 31일 자.

"일본 사람들의 局外評을 들으면 동대생들은 머리가 좋고 개성이 뚜렷하지만 집단적인 단결력이 약하다고 한다. 이것은 좋은 면과 나쁜 면을 아울러 지적한 것이었으나 대체로는 긍정적으로 좋게 보아주었다. 예를 들면 동창회의 활동이다. 어떤 대학은 자기 대학에 관계되는 무슨 문제라도 생기면 동창들이 뭉쳐서 집단의 힘으로 자기들에 유리하게 해결하려 들었다. 직장에서도 자기네 학교 출신끼리 뭉쳐서 다른 이를 배척하는 일이 많았으나 동대는 그것이 없었다. 도시 동창회라는 것이 존재하지 않았다. 그러한 사실을 남들은 동대 출신은 실력이 있고 자신이 있어서 그럴 필요성이 없기 때문이라고 보아주었다. 그만큼 정정당당해서 좋다는 것이다."

47) 일본의 구제고등학교에 대한 상세한 설명은 秦郁彦, 《舊制高校物語》, 文春新書 355, 文藝春秋, 1982를 참조.

48) 永島廣紀, 〈舊制高等學校と朝鮮人生徒の文藝活動〉, 국제 심포지엄 《植民地朝鮮の文學 · 文化と日本語の言說空間(2)》 자료집(2014년 7월 5~6일), 120쪽.

49) 백종원 인터뷰는 2011년 6월 10일 도쿄의 이와나미 서점에서 필자와 교토대학 인문과학연구소 미즈노 나오키 교수가 함께 진행했다. 이 인터뷰 외에도 백종원, 《조선사람: 재일조선인 1세가 겪은 20세기》, 삼천리, 2012를 참조.

50) 《동아일보》 1934년 7월 8일 자 〈동경유학생의 유학비 내역〉에 따르면, 도쿄(동경) 유학생의 한 달 학비를 대략 40~52원으로 추계하고 있다. 쇼와 초년기 재벌계 기업에 채용되었던 제국대학 졸업생의 첫 임금은 70엔 전후였다.

51) 강만길, 《일제시대 빈민생활사 연구》, 창작과비평사, 1987, 195~196쪽.

52) 정지용, 〈카페 프란스〉, 《학조學潮》 창간호, 교토학우회, 1926, 89쪽.

53) 사나다 히로코, 《최초의 모더니스트 정지용》, 역락, 2002, 125쪽.

54) 정지용의 장남 정구관 씨에 따르면, 유학 경비는 졸업 후 모교에서 교편을 잡는다는 조건으로 휘문고보가 대주었다고 한다. 사나다 히로코, 위의 책, 152쪽.

55) 민태곤은 기소유예 처분을 받았기 때문에 재판 기록이 남아 있지 않다. 다만 일본 경찰이 작성한 기록이 《특고월보》 1941년 12월과 1942년 7월에 게재되어 있다. 최근 변은진, 《일제말 항일비밀결사운동 연구: 독립과 해방, 건국을 향한 조선민중의 노력》, 선인, 2018 등에 민태곤에 대한 언급이 있으며, 서울특별시시사편찬위원회,

《서울 사람이 겪은 해방과 전쟁》, 서울특별시, 2011에 민태곤의 동생으로 형의 남작 작위를 습작한 민태륜의 회고가 실려 있다. 민태곤의 존재와 그에 대한 여러 정보는 미즈노 나오키 교수에게서 얻었다. 미즈노 교수가 발표할 좀 더 상세한 글을 기대한다.

4장 관비 유학, 가난한 조센징에게 건넨 제국의 장학금

56) 《學生生徒生活調査》, 文部省教學局, 1938; 아마노 이쿠오, 박광현·정종현 옮김, 앞의 책, 139쪽에서 재인용.

57) 문일평 지음, 이한수 옮김, 《문일평 1934년: 식민지 시대 한 지식인의 일기》, 살림, 2008의 2월 27, 28일 일기 참조.

58) 李升基, 《ある朝鮮人科學者の手記》, 在日本朝鮮人科學者協會飜譯委員會 飜譯, 未來社, 1969, 12~15쪽.

59) 임문환, 앞의 책, 118쪽.

60) 〈給費生成績報告ノ件〉, 渡部學·阿部洋編, 《日本植民地教育政策史資料集成(朝鮮篇)》 제51卷(下), 龍溪書舍, 1989.

61) 조승복, 앞의 책, 111쪽.

62) 쓰노다 후사코(角田房子), 오상현 옮김, 《조국은 나를 인정했다—우장춘 박사 일대기》, 교문사, 1992, 86쪽.

63) 김근배, 〈이태규와 리승기—세계성과 지역성의 공존을 모색한 두 과학자〉, 《남과 북을 만든 라이벌》, 역사비평 편집위원회, 역사비평사, 2008.

64) 〈최초이학박사〉, 《동아일보》 1931년 7월 20일 자; 〈경도의 이태규박사 제대조교수 임명—조선사람으로는 처음〉, 《동아일보》 1935년 5월 4일 자.

65) 〈나의 학문편력(18) 윤일선 박사 '전 서울대 총장' ④〉, 《매일경제신문》 1987년 3월 3일 자.

66) 〈외솔의 학창시절〉, 한겨레 커뮤니티 정치토론방http://c.hani.co.kr/hantoma/1997498

67) 박선미, 《근대 여성, 제국을 거쳐 조선으로 회유하다》, 창비, 2007, 133쪽 재인용.

68) 임문환, 앞의 책, 103쪽.

69) 임문환, 앞의 책, 125쪽.

70) 전병무, 〈일제하 고등문관시험 출신 조선인 판·검사의 사회경제적 배경〉, 《한국학논총》 34, 국민대 한국학연구소, 2010, 1076쪽.

71) 애국계몽기의 대한자강회와 이름은 같지만 설립 시기도 성격도 전혀 다른 조직이다.

72) 강정택의 이 조사와 그의 학위논문 및 소논문과 그의 생애 등을 엮은 책이 출판되었다. 강정택 지음, 이문웅 엮음, 박동성 옮김, 《식민지 조선의 농촌사회와 농업경제》, ㈜YBM, 2008.

73) '조선농촌사회위생조사회'의 멤버는 다음과 같다. 최응석(崔應錫), 시마무라 키쿠지(島村喜久治), 시부사와 키주오(澁澤喜守雄), 기다 렌페이(北錬平), 오오쿠시 시게루(大串茂), 이케다 타다요시(池田忠義), 오자키 요시아츠(尾崎嘉篤), 에조에 츠토무(江副勉)(이상 도쿄제국대학 의학부), 이쾌수(李快洙)(도쿄제국대학 경제학부), 홍종임(洪鍾任)(도쿄여자치과의전), 오선일(吳善一)·이소저(李少姐)(이상 도쿄여자의전).

74) 朝鮮農村社會衛生調査會編, 《朝鮮の農村衛生:慶尙南道蔚山邑達里の社會衛生學的調査)》, 岩波書店, 1940. 이 책은 한국어로 번역되었다. 조선농촌사회위생조사회 편, 임경택 옮김, 《조선의 농촌위생: 경상남도 울산읍 달리의 사회위생학적 조사》, 국립민속박물관, 2008.

75) 시부사와 케이조, 발문, 임경택 옮김, 《조선의 농촌위생: 경상남도 울산읍 달리의 사회위생학적 조사》, 국립민속박물관, 2008, 336쪽.

76) 조선사상통신사 도쿄 특파원인 박상희는 《조선사상통신》에 1927년 11월 7일부터 1928년 1월 18일까지 50회로 연재한 〈東京朝鮮人諸團體歷訪記〉에서 도쿄에서 자신이 방문한 단체와 대표자들에 대해 설명하고 있다. 이 중 재단법인 자강회는 1924년 11월 15일 도쿄에서 천도교계 인물들이 중심이 되어 설립한 유학생 지원 장학재단으로 설명되고 있다. 자강회는 고등교육 유학생을 위한 학자금 지원, 고학생을 위한 직업 알선과 편의 제공을 내세운 사회사업 단체를 표방했다. 이사장은 민석현, 이사는 박사직 등으로 소개되었는데, 모두 천도교 도쿄종리원 간부들이었다. 하지만 그들은 천도교와는 무관하게 개인적 차원에서 자강회를 설립했다고 말하고 있다.

77) 시부사와 에이이치의 첫 번째 자서전이 번역되어 있다. 시부사와 에이이치, 박훈 역주, 《일본의 설계자, 시부사와 에이이치》, 21세기북스, 2018, 12쪽.

78) 裵姈美, 〈1920年代における在日朝鮮人留學生に關する硏究〉, 一橋大學 博士論文, 2010, 235쪽.

79) 강금복은 일본여자대학에 유학하고 있었는데 강정택의 주선으로 시부사와에게 장학금을 지원받은 것으로 보인다. 강금복은 이후 오빠 강정택의 소개로 이충영과 결혼했다. 이수성 전 국무총리의 모친이다.

80) 민석현 편, 《(自彊會)創立十周年記念誌》, 재단법인 자강회, 1935, 66쪽.

81) 신진균은 대구고등보통학교, 5고를 거쳐 도쿄제국대학 사회학과를 졸업하고 도쿄제국대학 대학원에서 공부했다. 명륜전문학교 교수를 역임했고, 일본 사회학회에

서 세 편의 연구 발표, 일곱 편의 서평을 기고했으며, 미국 사회학자 버제스(Ernest Waston Burgess)가 쓴《북경의 길드 생활》을 일본어로 번역하여 도쿄에서 출판했다. 해방 직후의 시점에서 보면 사회학 분야에서 가장 준비된 연구자이자 교육자였지만, 해방 후의 혼돈 속에서 교도소에 갇히는 등 풍파를 겪다가 월북했다. 신진균에 대해서는 김필동, 〈일제 말기 한 젊은 사회학자의 초상: 신진균론(1)〉,《한국사회학》 제51집 제1호, 2017을 참조.

82) 박상준, 〈과학자들을 남북으로 갈라놓은 '국대안 파동'〉,《한겨레신문》 2019년 1월 7일 자.

5장 기숙사에서 제국 엘리트의 정체성을 익히다

83) 김학준,《두산 이동화 평전》, 단국대학교출판부, 2013, 94쪽.

84) 이인기,《나의 교우록》, 중앙일보출판부, 1977, 178쪽.

85) 패전 후인 1947년에 이르러서야 여자고등학교가 처음으로 설립되었다.

86) 김필동, 앞의 논문, 451쪽.

87) 백종원, 앞의 책, 176~178쪽.

88) 후쿠자와 유키치,《自傳》; 여기서는 나카무라 미쓰오, 고재석 옮김,《일본 메이지문학사》, 동국대학교출판부, 2001, 17쪽 참조.

89) 후쿠자와 유키치, 앞의 책, 18쪽.

90) 후쿠자와 유키치, 앞의 책, 같은 쪽.

91)《마음》에 나오는 선생님의 고등학교 시절 기억은 소세키의 체험에 근거한 것이라고 해도 크게 틀리지 않을 것이다.

"나는 도쿄로 와서 고등학교에 들어갔습니다. 그 당시의 고등학교는 지금보다도 훨씬 거칠고 야만스러웠습니다. 내가 아는 사람 가운데 한밤중에 어떤 직공과 싸움을 해서 상대방 머리에 상처를 입힌 사람이 있었습니다. 그런데 그 일은 술을 마시고 난 끝의 일이었기 때문에, 정신없이 치고받던 중에 교모를 상대방에게 뺏기고 말았습니다. 그런데 그 모자 안에는 마름모꼴의 흰 천 조각 위에 본인의 이름이 빠지지 않고 씌어 있었습니다. 그래서 일이 복잡하게 되어 그 학생은 하마터면 경찰이 학교로 조회를 해볼 뻔한 상황까지 가게 되었습니다. 하지만 친구가 여러 가지로 애를 써서 결국 일이 커지지 않고 처리되도록 해주었습니다. 점잖은 지금의 공기 속에서 지내는 당신들한테 이런 난폭한 행위를 들려주면 분명히 어처구니없는 일로 생각하겠지요. 사실 나도 그렇게 생각합니다. 하지만 그들에게는 대신 지금의 학생들이 갖지 못한 순수함이 있었습니다."(나쓰메 소세키, 박유하 옮김,《마음》, 웅진닷컴, 2002, 147~148쪽.)

92) 임문환, 앞의 책, 85쪽.

93) 임문환, 앞의 책, 80~82쪽.

94) 임문환, 앞의 책, 83~84쪽.

95) 조승복, 앞의 책, 116쪽.

96) 이충우·최종고, 《다시 보는 경성제국대학》, 푸른사상, 2013, 315~316쪽.

97) 백종원, 앞의 책, 176쪽.

98) 이효상, 《한솔 이효상 문학선집 5—미리 쓰는 비명》, 삼성출판사, 1970, 31~32쪽.

99) 이충우·최종고, 앞의 책, 71쪽.

100) 아마노 이쿠오, 앞의 책, 99쪽 재인용.

101) 신상초, 앞의 책, 25쪽.

102) 신상초, 앞의 책, 28~29쪽.

103) 임문환, 앞의 책, 98쪽.

104) 정문기, 〈원로과학기술자의 증언—수산자원보호위한 '부루벨트'설정돼야〉 상, 《과학과기술》 15, 1982, 50쪽.

105) 임문환, 앞의 책, 98쪽.

106) 신상초, 앞의 책, 33~34쪽.

107) 大室貞一郎, 〈學生の生態〉, 日本評論社, 1940을 참조.

108) 〈五大學府 出의 人材 언파렛드〉, 《삼천리》 1932년 2월호, 16쪽.

6장 제국대학의 교수들은 누구인가

109) 임문환, 앞의 책, 105~106쪽.

110) 이규수, 〈민본주의자, 요시노 사쿠조의 조선인식〉, 《역사비평》, 역사비평사, 2009년 8월, 306~308쪽.

111) 이규수, 앞의 책, 304쪽.

112) 김우영, 《민족공동생활과 도의》, 신생공론사, 1957, 216~218쪽.

113) 吉野作造, 〈満韓を視察して〉, 《中央公論》 1916년 6월호.

114) 宮本又久, 〈帝國主義としての民本主義—吉野作造の對中國政策〉, 《日本史研究》 91, 1967; 이규수, 앞의 책, 304~305쪽 재인용.

115) 한상일, 《제국의 시선: 일본의 자유주의 지식인 요시노 사쿠조와 조선문제》, 새물결, 2004.

116) 이상은 김학준, 앞의 책, 113쪽.

117) 이동화는 당대 소련 사회주의에 대해 비판적 관점을 취하고 있었다. 레닌 이래의 볼셰비키즘을 비판한 한스 켈젠의 정치이론을 한국에 소개한 데서 그 증거를 찾을 수 있다. 한스 켈젠, 이동화 옮김, 《볼쉐이즘 정치이론의 비판》, 진문사, 1953. 이동화의 삶에 대해서는 김학준, 앞의 책 참조.

118) 염상섭, 〈삼대〉, 《조선일보》 1931년 1월 1일 자~9월 17일 자(총 215회 연재); 여기서는 염상섭, 《한국소설문학대계 5-삼대》, 동아출판사, 1995, 129쪽.

119) 염상섭, 앞의 소설, 128쪽.

120) 염상섭, 앞의 소설, 129쪽.

121) 염상섭이 《삼대》의 조덕기를 교토의 유학생으로 설정한 것은 그의 이력과 가족사와 관련해서도 흥미롭다. 그 자신이 교토에서 일본 육군 장교로 있던 친형 염창섭에게 이끌려 교토 부립(府立) 제2중학교를 다녔으며, 염창섭도 군을 제대하고 1924년에 교토제국대학 경제학과 선과생으로 입학했기 때문이다. 교토제국대학을 수료한 후 염창섭은 만주국 일본영사관 및 평톈성, 안둥성, 둥만총성 등에서 만주국 관리로 근무하거니와 같은 시기에 만주의 만선일보사에서 일했던 염상섭의 행로와도 겹쳐진다. 조덕기를 3고생으로 설정하고 가와카미 하지메와 연관된 교토제국대학의 특성을 소설의 배경에서 활용하는 것은 그 자신의 교토 체험 및 형의 이력과도 연관된다고 할 수 있을 것이다. 이런 의미에서 조덕기의 교토는 김윤식이 '녹색'의 환각이라는 비평적 수사로 표현했던 이른바 '교토문학파'의 교토(김윤식, 《청춘의 감각, 조국의 사상》, 솔, 1999)와는 조금 다른 시공간이라고도 할 수 있다. 김윤식은 한국의 근대문학과 교토 체험을 문제 삼으며 정지용과 윤동주, 염상섭, 이양하, 김환태 등의 교토 체험을 근대에 대한 모종의 환각 체험으로 묘사하고 그들을 '교토문학파'라 명명한 바 있다. 교토라는 특정한 장소성을 통해 한국문학의 하나의 경향성을 언급하고자 했다는 점에서 선구적인 의미가 있지만, 그 논의가 지닌 수사적 비약에 대해서도 인식할 필요가 있다.

122) 이관구, 앞의 글, 128~129쪽.

123) 남재희, 《진보열전》, 메디치, 2016, 79쪽.

124) 가와카미 하지메와 이순탁의 인생 역정은 많은 부분이 닮았다. 둘 다 마르크스경제학을 추구했으며, 가와카미는 1910년대에 유럽을 여행하고 《조국을 돌아보며》(1915)라는 저술을 남겼고, 이순탁도 유럽을 중심으로 세계 일주 여행을 하고 《최근 세계 일주기》(1934)를 펴냈다. 가와카미는 파시즘의 광풍 속에서 치안유지법으로 투옥되었거니와 이순탁 역시 1938년 치안유지법으로 투옥되었다. 이순탁의 《최근 세계 일주기》에 대해서는 이영석, 〈식민지 조선 지식인의 눈에 비친 영제국〉, 《역사가를 사로잡은 역사가들》, 푸른역사, 2015를 참조.

125) 노동규, 〈感想錄―マルクス理論克服日本精神體得記〉, 《思想彙報》 23, 1940년

6월.

126) 이에 대해서는 홍성찬, 〈한국근현대 이순탁의 정치경제사상 연구〉, 《역사문제연구》 1, 역사문제연구소, 1996을 참조.

127) 〈원로과학기술자의 증언 1－윤일선 박사 편(상)〉, 《과학과 기술》 12(1), 1979, 56쪽.

128) 이관구, 앞의 글, 129쪽.

129) 〈나의 학문편력(18) 윤일선 박사 '전 서울대 총장' ④〉, 《매일경제신문》 1987년 3월 3일 자.

130) 〈원로과학기술자의 증언 1－윤일선 박사 편(상)〉, 《과학과 기술》 12(1), 1979, 56쪽.

131) 윤일선에 대한 상세한 논의는 홍종욱, 〈식민지기 윤일선의 일본 유학과 의학 연구〉, 《의사학》 제27권 제2호(통권 제59호), 2018년 8월을 참조.

7장 총독부 '나리'가 되어 돌아온 조센징들

132) 이상은 필자가 조사한 도쿄·교토 제국대학 조선인 유학생의 명부에 근거한 것이다. 이 책의 부록을 참조.

133) 임문환, 《우촌 임문환 회고록: 강물은 흘러간다》, 신예원, 1982, 47쪽.

134) 須麻守人, 〈朝鮮官僚論(4)〉, 《朝鮮行政》 1~4, 1937년 4월, 135쪽.

135) 김만기, 《내가 걸어온 길》, 동아서적주식회사, 1988, 26쪽.

136) 이홍배, 《金婚의 回想》, 1983, 27쪽.

137) 장신, 〈일제하 조선인 고등관료의 형성과 정체성〉, 《역사와 현실》(63), 2007, 47쪽.

138) 전병무, 〈일제시기 조선인 사법관료의 형성 과정〉, 《한국근현대사연구》 46, 2008, 162쪽.

139) 임문환, 《바우덕은 나일까》, 세한출판사, 1973, 72쪽.

140) 이항녕은 해방 이후 고려대 법과대학 교수, 문교부 차관, 홍익대 총장 등을 지냈다. 그는 1960년 4월 혁명 후 자신의 친일 과오를 참회하는 심경을 《경향신문》에 〈청산곡〉이라는 제목의 소설로 6개월간 연재했다. 이 소설은 《청산에 살리라》는 제목으로 1991년 출간되었다. 이외에도 《조선일보》 1980년 1월 26일 자에 〈나를 손가락질해다오〉와 1991년 7월 10일 하동의 강연회 등에서 반복적으로 자신의 식민지 시기 과오를 반성하는 글과 강연을 남겼다. 이에 대해서는 친일인명사전편찬위원회 편, 《친일인명사전 인명 편》 3, 민족문제연구소, 2009, 217~218쪽 참조.

141) 박석윤은 해방 이후 1948년 북한에서 사형선고를 받았다. 중국공산당에 가입해 항일투쟁을 하던 당시 민생단 혐의로 죽을 고비를 넘겼던 김일성이 직접 총살했다는 이야기가 떠돌기도 한다. 그렇지만 최남선의 손자인 최학주에 따르면, 박석윤이 사망한 날짜는 1950년 10월 20일이라고 한다. 무슨 이유인지 김일성은 박석윤을 살려두고 있었는데 국군이 평양에 입성한 뒷날에 박석윤이 죽었다는 것이다. 북한군이 철수 직전 처형했거나 유엔군의 포격에 죽었을 가능성을 제기하고 있다(최학주, 《나의 할아버지 육당 최남선》, 나남, 2011, 91쪽). 박석윤에 대해서는 水野直樹, 〈朴錫胤—植民地期最高の朝鮮人エリ―ト〉, 《講座 東アジアの知識人》 第4巻, 有志舍, 2014를 참조.

142) 박성진, 〈만주국 조선인 고등관료의 형성과 정체성〉, 《한국동양정치사상사연구》 8(1), 2009, 225쪽.

143) 김종수, 〈양회경 변호사와의 대담〉, 《대한변호사협회지》 통권 148호, 대한변호사협회, 1988년 12월, 112쪽. 여기서는 김두식, 《법률가들》, 창비, 2018, 52쪽 재인용.

144) 전병무, 《조선총독부 조선인 사법관》, 역사공간, 2012, 94~97쪽.

145) 이자혜, 《사랑만한 교육 없다》, 문예당, 1997.

146) 이상 이충영의 재판 기록은 전병무의 앞의 책, 388쪽 및 친일인명사전편찬위원회 편, 앞의 책, 190~192쪽 참조.

147) 〈북을 그리는 망향 삼대〉, 《동아일보》 1973년 2월 2일 자. 이 기사는 고병국과 그의 딸 그리고 외손녀 3인의 좌담 기사다. 자신의 딸과 외손녀에게 고향 의주와 압록강에 대해서 들려주는 형식의 좌담에서 고병국은 다음과 같이 술회한다.

"내가 열 살 때 삼일운동이 일어나서 의주에서도 만세를 불렀거든. 어릴 때 무얼 알고 그랬는지 태극기를 그려가지고 어른들을 따라 의주 영상장터에 나가 만세를 부르지 않았겠니? 그런데 갑자기 왜놈 순사들이 총을 쏘아대는 거야. 어찌나 놀랐던지 다리가 떨려 제대로 뛸 수가 있어야지. 나중에 들으니까 그날 장터에서 여섯 명인가 왜놈 순사들 총에 맞아 죽었다더군."

이어지는 대화에서 그는 신의주가 중국 베이징, 톈진, 상하이 등으로 가는 길목이어서 이곳을 거치지 않은 독립운동가들이 없었던 만큼 독립사상도 철저했다고 말하고 있다. 사후의 기억이지만, 그가 고등문관시험 양과에 합격하고도 관료가 되지 않은 이유의 일단을 짐작할 수 있는 자료다.

148) 최종고, 〈고병국 선생〉, 《앞서 가신 회원의 발자취》, 대한민국학술원, 2004, 246쪽.

149) 임문환, 앞의 책, 72쪽.

150) 최종고, 앞의 글, 같은 쪽.

151) 박완서, 《박완서 소설전집 8—오만과 몽상》, 세계사, 2011, 77쪽.

152) 도쿄와 교토, 두 제국대학 출신의 장·차관만을 쭉 나열해봐도 그 규모를 알 수 있

다. 도쿄제국대학의 경우 김우근(경), 주원(경), 강정택(농), 차균희(농), 유완창(농), 함인섭(농), 김병식(법), 김준연(법), 이호(법), 임문환(법), 장경근(법), 정재설(농), 김상협(법), 김영구(법) 등이 해방 이후 장·차관을 지냈다. 교토제국대학의 경우 김수학(경), 이병호(경), 김판술(농), 김업(법), 신언한(법), 배영호(법), 이종우(문), 정남규(농), 민관식(농) 등이 장·차관을 역임했다. 이외에 다른 제국대학을 포함하면 훨씬 많은 수의 제국대학 출신들이 고위 관료를 역임했다. 정확한 규모는 앞으로 보강하겠다.

8장 식민지인, 과학기술을 통해 제국의 주체를 꿈꾸다

153) 실제로 김성호는 총독부 식산국 광산과 기수와 기사를 지낸 식민 관료였을 뿐만 아니라, 퇴직 이후에는 광산을 운영하며 부를 쌓았고, 조선총독부에 각종 헌금을 하는 등 명백한 친일 행위를 했다. 여기서는 과학과 기술의 중립성에 대해 생각해 보기 위해 임문환과 김성호를 비교했다.

154) 〈사설: 조선대학예과의 입학시험에 대하여—교육가의 분기를 촉함〉, 《동아일보》 1924년 1월 19일 자.

155) 윤일선의 경성제국대학 조교수 임용은 사회적으로 큰 화제가 되었다. 〈尹日善氏教授新任〉, 《동아일보》 1928년 2월 22일 자.

156) 유진오, 〈수난의 기록〉, 《삼천리문학》 1938년 1~4월.

157) 이강국, 〈自らを語る〉(1939. 8. 17), 《方龍弼外四十三名 治安維持法違反》(국사편찬위원회 소장), 8343~8344쪽.

158) 〈國際碩學이 雲集—京大李泰奎助教授米國서 歸任談〉, 《매일신보》 1941년 7월 14일 자; 〈一意精進의 今日! 合成纖維의 始祖 工博 李升基氏〉, 《동아일보》 1940년 1월 4일 자. 이들의 과학적 성취와 그에 대한 보도는 식민지인들에게 깊은 인상을 남긴 것으로 보인다. 교토제국대학 법학부 출신의 백종원은 중학교 시절 《동아일보》에서 비날론을 발명한 세계적인 과학자이자 교토제국대학 교수인 리승기에 대한 보도를 보고 존경과 동경의 마음을 갖게 된 기억을 술회하고 있다.(백종원, 앞의 책, 187쪽)

159) 김자일(김종), 〈육종계의 권위 우장춘씨 방문기〉, 《조선중앙일보》 1934년 9월 16~17일 자. 김자일은 우장춘이 8엽 페추니아(피튜니아) 발명으로 미국과 구라파에 알려진 세계적인 학자라는 점, '동양 최대를 자랑하는 도쿄 농업시험장'의 '최고 기수'라는 성취를 통해 우장춘의 업적을 서사화하고 있다.

160) 〈세계에 빛나는 우리 명장(名匠) (9): 억센 조선의 세계정복〉, 《동아일보》 1939년

1월 11일 자.

161) 〈세계에 빛나는 우리 명장(名匠) (8): 비타민 E 결정 발견 세계 학계에 대충동—노벨상 후보 김양하 씨〉, 《동아일보》 1939년 1월 10일 자.

162) 김양하, 〈배아미(胚芽米)의 영양(榮養) 가치(價値)에 관한 연구〉(1~4), 《동아일보》 1936년 1월 26~30일 자.

163) 채만식, 〈김남천 저 《사랑의 수족관》 평〉, 《매일신보》 1940년 11월 19일 자.

164) 이광수, 〈그들의 사랑〉, 《신시대》 1941년 1~3월 3회 연재 후 중단.

165) 이태규, 《특고월보》 소화 16년(1941) 12월호, 강만길, 『역사가의 시간』, 창비, 2018, 12, 458쪽 재인용.

166) 강만길, 위의 책, 463쪽.

167) 이태규의 생애에 대해서는 대한화학회 편저, 《나는 과학자이다: 우리나라 최초의 화학박사 이태규 선생의 삶과 과학》, 양문, 2008을 참조.

168) 김근배, 〈이태규와 리승기—세계성과 지역성의 공존을 모색한 두 과학자〉, 《역사비평》 편집위원회 엮음, 《남과 북을 만든 라이벌: 인물로 보는 남북현대사》, 역사비평사, 2008.

169) 대한화학회 편저, 앞의 책, 89쪽.

170) 〈三博士 座談: 科學世界의 展望—特히 理工化學을 議題로 하야〉, 《春秋》 1942년 5월, 38쪽.

171) 리승기의 오사카헌병대 구금 등에 대해서는 백종원, 앞의 책, 147~158쪽 참조. 해방 이후 문교부 장관을 지낸 교토제국대학 농예화학과 출신의 민관식도 대학 졸업 이후 자신의 진로를 리승기와 직접 혹은 서한을 통해서 의논할 정도로 깊은 존경과 신뢰를 보이고 있다. 이에 대해서는 조성관, 《실물로 만나는 우리들의 역사—민관식 컬렉션 탐험기》, 웅진, 2005, 68~73쪽 참조.

9장 제국의 지식으로 제국에 저항한 사람들

172) 송몽규의 중국 뤄양군관학교 시절에 대한 상세한 내용은 송우혜, 〈4장 송몽규 이야기〉, 《윤동주 평전》, 서정시학, 2018을 참조할 것.

173) 이상의 내용은 송우혜, 위의 책, 306~309쪽 참조.

174) 송몽규, 〈밤〉, 《조선일보》 1938년 9월 20일 자.

175) 송한범(송몽규), 〈술가락〉, 《동아일보》 1935년 1월 1일 자.

176) 송몽규, 〈하늘과 더불어〉, 《文友》 1932년 12월 18일 자.

177) 유형식, 〈두 동무의 追憶〉, 《교토제국대학조선인유학생동창회보》 4호, 1939,

55~56쪽.

178) 박영출의 가계와 동래고보에서의 항일운동은 하유식, 〈박영출〉, 《20세기 부산을 빛낸 인물 (1)》, 부산광역시, 2004, 41~48쪽 참조.

179) 김학준, 위의 책(수정증보판 2쇄), 95쪽.

180) '조선공산당 경성재건그룹'의 구성과 활동 및 박영출의 역할에 대해서는 김경일, 《이재유, 나의 시대 나의 혁명》, 푸른역사, 2006; 안재성, 《경성 트로이카》, 사회평론, 2004; 안재성, 《이관술 1902~1950》, 사회평론, 2006 등을 참조.

181) 지중세 역편, 《조선 사상범 검거 실화집》, 돌베개, 1984, 215쪽.

182) 지중세 역편, 앞의 책, 같은 쪽.

183) 평안북도 맹산 출신의 박화영은 사가고등학교에 입학한 뒤 동창생 임두성과 함께 교사와 선배들에게서 영향을 받아 공산주의에 공명하게 된다. 조선을 일본으로부터 해방시키기 위해서는 공산주의 사회를 실현해야 한다는 사상을 갖게 되었다. 이들은 1936년경 이 학교에 재학 중인 다른 조선인 학생들을 동지로 만들고, 선배 이유호와 야마구치 쇼지(山口正之)등의 지도를 받아 맑스주의연구회를 조직했다. 이들은 고등학교를 졸업하고 도쿄제국대학, 교토제국대학 등에 진학한 뒤에는 도시샤대학의 김옥균 등과 제3고등학교의 최상업 등을 동지로 획득하고 협의회를 계속했다. 조직 활동이 드러나 1차로 검거된 사람들은 사가고 출신 교토제국대학 졸업생 및 재학생인 임두성, 김배준, 허일희, 문재수, 김창환 등이었다. 이들과 계속 연락을 주고받으며 지도하는 위치에 있었던 박화영은 1940년 10월 검거를 피해 은신했으나, 이듬해 3월 9일 체포되어 모진 고문 끝에 나흘 만에 순국했다. 이 사건에 대해서는 박찬승, 〈식민지 시기 도일유학과 유학생의 민족운동〉, 《아시아의 근대화와 대학의 역할》, 한림대학교 아시아문화연구소, 2000, 197~198쪽 참조.

184) 유형식, 〈두 동무의 追憶〉, 《교토제국대학조선인유학생동창회보》 4호, 1939, 56쪽.

185) 伊藤孝夫, 〈京都帝大 朝鮮人學生〉, 《京都大學大學文書館だより》 10号, 2006, 5쪽. 이토의 조사에 따르면, 1930년 김린이, 1931년 오효근, 1933년 박영출·김종률·유형식 등 교토제국대학 조선인 유학생들이 일본 경찰에 검거된 기록이 남아 있다.

186) 유형식, 〈人情·旅愁〉, 《교토제국대학조선인유학생동창회보》 3호, 1938, 77쪽.

187) 조승복, 앞의 책, 186쪽.

188) 최학주, 《나의 할아버지 육당 최남선》, 나남, 2011, 70~71쪽.

189) 최한검의 조카인 최학주는 자신의 삼촌 최한검이 도쿄제국대학 문학부 철학과에 진학했으며, 그런 점에서 "그 아버지의 그 아들"이라고 고평하고 있지만, 실제 당시 도쿄제국대학에 함께 다녔던 동문들의 증언에 따르면 최한검은 법학부 정치학과에 진학했다. 문과보다는 법과를 원했던 아버지의 뜻을 따른 것으로 보인다.

190) 〈격려대 제씨활약〉, 《매일신보》 1943년 11월 14일 자.

191) 조승복, 앞의 책, 186쪽.

192) 신상초, 앞의 책, 58쪽. 따지고 보면, 최한검뿐만 아니라 김연수의 아들인 김상협도 도쿄제국대학 법학부 정치학과를 갓 졸업한 상태였기 때문에 자원했다면 학병에 나갈 수 있었다. 그렇지만 그런 일은 일어나지 않았다.

193) 최학주, 앞의 책, 102쪽.

194) 〈3·1절을 맞아 국가보안법 위반 혐의로 수감되어 있던 최남선의 아들이 보석〉, 《국도신문》 1950년 3월 1일 자.

195) 최학주, 앞의 책, 105~109쪽. 월북한 최한검은 새로 가정을 꾸려 4남매를 두었다고 한다. 1990년대 중반 중앙당에서 밀려나 함경도 청진에 살면서, 연변을 통해 남한에 있던 아내 이정자의 원조를 받았으며, 조카인 최학주 등과도 연락을 주고받고 있다.

196) 정운현 엮음, 《증언 반민특위—잃어버린 기억의 보고서》, 삼인, 1999, 259~260쪽.

197) 한종건, 〈국가설에 관한 일고찰〉, 《학조》 2호, 경도학우회, 1927, 23쪽.

198) 〈新義州서 逮捕된 京都共産黨, 상세한 내용은 아즉 불명 京都大學生 金麟伊〉, 《동아일보》 1929년 7월 27일 자.

199) 〈요정에 도색영화〉, 《동아일보》 1946년 12월 6일 자.

10장 금녀의 영역, 제국대학으로 유학 간 여성들

200) 린 헌트, 전진성 옮김, 《인권의 발명》, 돌베개, 2009, 46쪽.

201) 이블린 폭스 켈러, 민경숙·이현주 옮김, 《과학과 젠더—성별과 과학에 대한 제반성》, 동문선, 1996.

202) 루스 베네딕트, 김윤식·오인석 옮김, 《국화와 칼》, 을유문화사, 1995, 65쪽.

203) 〈學校選擇體驗談〉, 《동광》 18호, 1931년 2월.

204) 앞의 글, 76쪽.

205) 김성은, 〈신의경〉, 《한국 근대 여성 63인의 초상》, 한국학중앙연구원출판부, 2015, 274쪽.

206) 〈시험난관 격파, 대학에 당당 입학, 구주대학에 입학되어, 梨傳출신 조현경 양〉, 《중외일보》 1929년 4월 11일 자.

207) 〈槿友討論會大盛況 이십일밤 천도교당에서〉, 《매일신보》 1927년 10월 22일 자.

208) 〈이동좌담 "내가 理想하는 남편"〉, 《신여성》 1931년 12월호, 42쪽.

209) 최용신, 〈농촌의 하소연〉, 《女論》 1934년 10월.

210) 〈봉화들고 주방에서 가두로〉, 《동아일보》 1946년 1월 2일 자.

211) 〈문화여성회결성〉, 《중앙신문》 1947년 7월 1일 자.
212) 〈대한문화협회창립〉, 《동아일보》 1948년 10월 7일 자.
213) 〈한국최초의 여자 農博〉, 《경향신문》 1966년 6월 1일 자.
214) 김삼순, 〈나의 청춘시절〉, 《매일경제》 1990년 8월 25일 자.
215) 이충우·최종고, 앞의 책, 317쪽.
216) 최종고, 《서울법대시대: 내가 본 서울대 빈세기》, 서울대학교출판문화원, 2013, 359~360쪽.
217) 〈朝鮮共産黨再建京城準備그룹事件 檢擧의 件〉, 《京高特秘》 400호, 1937년 2월 19일 자.
218) 미국의 노획문서 중 〈북조선김일성대학 학과담당교수표(1947. 3. 21)〉에서 예비과 영어 과목 담당교수 신진순의 이름이 확인된다.
219) 전영선, 《북한을 움직이는 문학예술인들》, 역락, 2004, 122~123쪽.
220) 이상의 내용은 《로동신문》 2000년 12월 8일 자 2면을 참조.

11장 식민지인들의 제국대학 동창회

221) 현영익, 〈同窓會史論〉, 《경도(교토)제국대학조선인유학생동창회보》 5호, 1940, 87쪽.
222) 현영익, 앞의 글, 같은 쪽.
223) 현영익, 앞의 글, 88쪽.
224) 《학조》 창간호, 1926, 159쪽.
225) 이 사건에 대해서는 朴慶植, 《在日朝鮮人運動史—8·15解放前》, 三一書房, 1979, 164~167쪽을 참조.
226) 《학조》 2호, 1927, 115쪽.
227) 《학조》에 실린 문학작품에 대한 상세한 분석은 정종현, 〈京都의 조선유학생 잡지 연구〉, 《민족문화연구》 59호, 2013년 5월 참조.
228) 拘影, 〈北村〉, 《학조》 창간호, 교토학우회, 1926.
229) 박병교, 〈만주시찰기〉, 《동창회보》 창간호, 1936, 16쪽.
230) 박병교, 앞의 글, 35쪽.
231) 박병교, 앞의 글, 47쪽.
232) 박병교, 앞의 글, 51쪽.
233) 〈編輯後記〉, 《경도(교토)제국대학조선인유학생동창회보》 5호, 1940, 264쪽.
234) 배영호, 《동창회보》 3호, 1938, 117쪽.

12장 제국대학 유학생들은 해방 후 무엇을 하였나

235) 유치송, 《해공 신익희 일대기: 민주 한국의 대도》, 해공신익희선생기념회, 1984, 445쪽.

236) 도별로 이윤영(서울, 조선민주당), 신익희(경기, 독촉), 유홍렬(충북, 무소속), 이종린(충남, 무소속), 윤석구(전북, 무소속), 김장렬(전남, 무소속), 서상일(경북, 한민당), 허정(경남, 한민당), 최규옥(강원, 독촉), 오용국(제주, 무소속)이 선임되었다.

237) 헌법 초안을 둘러싼 이들의 기억 차이에 대한 좀 더 상세한 이해는 백승구, 〈'발굴 비화' 제헌헌법과 崔夏永—제헌헌법 초안을 만든 것은 유진오만은 아니었다〉, 《월간조선》 2010년 8월을 참조.

238) 북한 헌법은 유진오의 경성제국대학 1년 후배인 최용달이 주도했다. 북조선인민위원회 사법기관의 책임자였던 최용달은 북한 인민정권의 법적 기반을 만드는 일을 주도했다. 이에 대해서는 이에 대해서는 이수일, 〈유진오와 최용달—두 개의 민주헌법, 그 비극적 탄생〉, 《남과 북을 만든 라이벌》, 역사비평사, 2008을 참조.

239) 〈헌법기초 당시의 회고담: 최하영 씨와의 대담〉, 《국회보》 20호, 1958.

240) 〈비화(祕話) 제1공화국—제7화 사사오입 개헌〉, 《동아일보》 1974년 1월 14일 자.

241) 다카다 리에코, 김경원 옮김, 《문학가라는 병》, 이마, 2017, 99쪽.

13장 남한의 지식 재편을 주도하다

242) 김규동, 《시인 김규동의 자전 에세이: 나는 시인이다》, 바이북스, 2011, 94~112쪽.

243) 박극채, 〈민주주의 학원의 확립〉, 《조선인민보》 1946년 7월 17일 자.

244) 신남철, 〈국립대학과 교육의 위기〉, 《독립신보》 1947년 2월 14, 15일 자; 한인석, 〈국대안과 조선교육〉, 《우리공론》 1947년 4월, 18~34쪽.

245) 《조선인민보》 1946년 7월 17일 자. 리승기·김지정·한인석·윤행중 등 서울대 교수들과 한글학자 이극로, 휘문고보 교장 박술음 등이 좌담에 참여하여 대학 자치에 어긋나는 '국대안'의 비민주성을 비판했다.

246) 마쓰모토 세이초, 임헌영 옮김, 《소설동경제국대학》, 까치, 1987, 278쪽.

247) 오천석, 《외로운 城主》, 광명출판사, 1975, 101쪽.

248) 이만갑, 〈도시학생의 직업관념—사회적 조사연구〉, 《사회과학》 1호, 1957. 《사회과학》은 아시아재단의 지원으로 간행된 잡지였다.

249) 이만갑, 《한국농촌의 사회구조: 경기도 6개 촌락의 사회학적 연구》, 한국연구도서

관, 1960.

250) 이만갑, 〈삶의 뒤안길에서〉, 《세계일보》 2004년 6월 3일 자.

251) 12회 조선학회의 한국 학자 참석의 의미와 그 저간의 사정에 대해서는 정종현, 〈'조선학/한국학'의 국교정상화—한국학자들의 '조선학회' 연차대회 참가와 아시아재단의 지원을 중심으로〉, 《상허학보》 49집, 2017년 2월을 참조.

252) 이병도, 〈일본 '조선학회' 제12차회 보고〉, 《사상계》 1961년 11월, 311쪽.

253) 이병도, 앞의 글, 312쪽.

254) Hochin Choi, "Recent Trend of Koreanology in Japan", 14TH CHOSEN GAKUKAI CONF.(KOREANOLOGICAL)_1963(Japan Conference), P-268, The Asia Foundation, Hoover Instituion Archives.

14장 북한 지식 제도를 확립한 제국대학의 졸업생들

255) 김기석, 《일란성 쌍생아의 탄생, 1946: 국립서울대와 김일성종합대학의 창설》, 교육과학사, 2001, 66쪽.

256) 정두현의 이력서와 자서전은 미국 국립문서보관청(NARA)의 미군 노획문서에 소장되어 있는 것이다. 여기서는 과학사 연구자인 전북대 김근배 교수가 직접 찍어온 자료를 근거로 서술했다. 자료를 제공해주신 김근배 교수의 후의에 감사드린다.

257) 〈학교선택체험담〉, 《동광》 18, 1931년 2월, 79쪽.

258) 〈흥남공업대학 학장 신건희 자서전〉(1948), NARA RG242 SA2007 Box Item18. 해방 직후 북한에서는 모든 간부, 공직자, 노동당원, 학생에게 자서전과 이력서를 의무적으로 제출하라고 했다. 자서전은 작성자의 구체적인 개인 역사를 담고 있었으며, 당국에 제출된 자료이기 때문에 '자기 검열'을 수반할 수밖에 없었고, 왜곡의 가능성도 존재할 수 있었다. 하지만 과거 경력의 진위 여부를 점검할 수 있는 평정서가 딸려 있었고 작성자의 지인들을 통해 검열이 이루어졌기 때문에 최소한의 사료적 가치를 지닌다고 볼 수 있다.

259) 김일성종합대학, 《김일성종합대학 10년사》, 1956, 19쪽.

260) 최광석, 〈북괴 김일성대학〉, 《신동아》 1968년 6월, 147쪽.

261) 서광제, 《북조선기행》, 청년사, 1948, 86쪽.

262) 김달수, 임규찬 옮김, 《태백산맥》 2, 연구사, 1988, 70~71쪽.

263) 김일성종합대학, 앞의 책, 20쪽.

264) 이를테면 〈탈출기〉를 쓴 작가 최서해의 아들 최택의 경우가 그 사례다. 1932년 서

울에서 아버지 최서해가 죽고 몇 해 후 어머니도 세상을 떠났다. 최택은 이후 할머니 밑에서 형과 지내다가 할머니가 돌아가시고 형도 폐결핵으로 전라남도 영광의 외갓집에서 죽는다. 고아가 된 최택은 영광을 떠나 서울 등을 떠돌다 1947년 삼팔선을 넘어 자진 월북, 아버지를 기억하는 몇몇 지인을 통해 1949년 3월 김일성종합대학 예비과에 열아홉 살에 입학했다. 이후 그는 준박사가 되어 평양사범대학(김형직사범대학) 학부장이 된다. 최택, 〈생활의 결론—소설 탈출기의 저자 최서해의 회고〉, 《조국》 1985년 9월호.(《문학사상》, 2010년 3월호 재수록)

265) 김규동, 앞의 책, 159쪽.

266) 김일성종합대학, 앞의 책, 25쪽.

267) 《김일성전집》 4, 조선로동당출판사, 1992, 66~69쪽.

268) 김일성종합대학, 앞의 책, 22쪽.

269) 김성보, 《북한의 역사》 1, 역사비평사, 2011, 103쪽.

270) 배만규, 《격랑 속에 흘러간 세월》, 《平醫》 19, 平醫同窓會, 1988, 145쪽.

271) 이태준, 〈먼지〉, 《이태준전집》 4, 소명출판, 2015, 249쪽.

272) 황장엽, 《황장엽 회고록》, 시대정신, 2006.

273) 허영란, 〈1936년 '달리조사'와 식민지 농촌 아카이빙(archiving)〉, 《史學硏究》 120호, 2015년 12월.

274) 최응석 자서전(1949), 신영전·김진혁, 〈최응석의 생애: 해방직후 보건의료체계 구상과 역할을 중심으로〉, 《의사학》, 2014, 473쪽 재인용.

275) 신영전·김진혁, 앞의 논문, 495~501쪽 참조.

에필로그 '제국대학 유학'의 역사화를 위하여

276) 최종고, 〈이광수의 경성제대 입학과 최근 단상〉, 《춘원연구학회 뉴스레터》 제8호, 2012 및 〈서울대 전신 경성제대 '1번 학생' 누군가 보니〉, 《중앙일보》 2012년 2월 28일 자.

277) 이광수, 〈조선문학의 개념〉, 신생 2권 1호, 1929년 1월.

* **부록의 일러두기**

1. 부록의 명부는 도쿄·교토 대학에서 공식 생산한 졸업생 명부, 학생일람과 동창생들이 발행한 명부, 《친일인명사전》, 《사회주의인명사전》 등의 각종 인명사전과 총독부 직원록, 각종 회고록을 종합하여 필자가 새로 작성한 것이다.

2. 번호란에 아라비아 숫자 단독으로 쓰여진 것은 정식 졸업생들이다. △·△의 형태로 표기된 것은 선과생, 전수과생, 위탁생 등 의 자격으로 두 대학에 재학한 유학생이거나, 입학은 했지만 졸업은 하지 못한 것을 표시한 것이다.

3. 입학 연도 부분에 두 연도가 병기된 경우, 앞의 연도에 선과 입학한 후 시험을 거쳐 뒤의 연도에 정식 본과 학생이 된 것을 표시한 것이다.

4. 교토제국대학 조선인 유학생의 경우 해방 이후 이력에 '이북 거주'라고 표기된 것은 해방 이후 일본에서 발행된 동창회 명부에서 파악한 사항을 그대로 적은 것이다.

5. 성명, 출신교 등이 확실하지 않은 경우 명부에 적힌 한자를 그대로 옮겨 적었다.

부록

〈부록 1〉 도쿄제국대학 조선인 졸업생 · 동창생 명부(1877~1945)

번호	성명	학부	학과	졸업 연도	출신교	출신지	주요 이력	
							1945년 이전	1945년 이후
1	박석윤 朴錫胤	법	법률(영국법 선수)	1922년 3월	조사이중·3고	전남 담양	조선유학생학우회 평의원, 휘문고보 영어 교사, 《시대일보》 정치부 기자. 영국 케임브리지대 유학(총독부 재외 연구원 신분, 국제법·국제정치), 매일신보사 부사장, 젠다오 민생단 조직, 신흥만몽박람회 부회장, 만주국협화회 이사, 만주국 국무원 외무국 조사처 처장, 만주국협화회 신징 조선인 분회장, 폴란드 바르샤바 주재 만주국 총영사, 젠다오협화회 산하 동남지구 특별공작후원회 총무, 만주국협화회 중앙본부 중앙위원, 만주국 국무원 총무청관방 참사관, 최남선의 매제.	1948년 1월 평안남도재판소에서 '친일 반역자'로 지목되어 사형 선고, 1950년 10월 20일 사망.
2	유억겸 兪億兼	법	법률(영국법 선수)	1922년 3월	도시샤중·3고	서울	도쿄제대 대학원에서 법학 연구, 경성지방법원 변호사 등록, 연희전문 교수(1923), 학감·부교장. 흥업구락부 회원, 시국대응전선(全鮮)사상보국연맹 본부 상임간사, 조선임전보국단 이사, 국민동원총진회 중앙지도위원, 유길준의 차남(유만겸의 동생).	미군정청 학무국 조선인교육위원, 미군정청 학무국장, 문교부장, 조선체육회 회장. 1947년 11월 8일 사망.
3	김준연 金俊淵	법	법률(독일법 선수)	1920년 7월	경성공립고보·세이소쿠영어학교·6고	전남 영암	재도쿄조선유학생학우회 회장, 도쿄제대 대학원 정치학과 조수, 1921년 독일 베를린대에서 정치·법률 전공, 《조선일보》 기자, 《동아일보》 편집국장, 제3차 공산당 사건으로 7년간 옥고, 《동아일보》 주필(1934), 손기정 일장기 말소사건으로 동아일보사 사직, 해방 때까지 해동농장 경영.	한민당 상무집행위원, 한민당 노동부장·선전부장, 제헌의원, 헌법기초위원, 민주국민당 상임당무위원, 법무부 장관, 대일강화조약 초안심사위원, 민주국민당 상무집행위원, 3·4·5·6대 국회의원, 자유민주당 최고위원, 통일당 당수, 1967년 민중당 후보로 6대 대통령 선거 입후보.

4	문봉오 文鳳梧	법	법률 (독일법 선수)	1925년 3월	6고	평북 용천	총독부 노무국, 동양척식회사 근무, 국민협회 조선호 헌납자.	강릉상업중 교장(1950)
5	한필제 韓弼濟	법	법률 (독일법 선수)	1926년 3월	마쓰야마고	평북 신의주	장로교총회 초대 총회장 및 한국기독교교회협의회 회장 한석진 목사의 아들, 식산은행 근무.	대한중석 초대 이사장, 신탁은행(한일은행 전신) 은행장, 한국은행 감독원장 등을 역임하고 1962년 미국으로 이주.
6	정광현 鄭光鉉	법	법률	1928년 3월	메이지학원 중학부·6고	평남 평양	숭실·연희전문 교수, 배일사상 고취 혐의로 구치(1938), 조선총독부 중추원 구관습제도조사과 연구원으로 친족상속에 관한 관습 조사(1944).	미군정청 법무관, 중앙관재처장, 서울대 교수·중앙도서관장, 한국도서관협회 회장, 대한민국 법전편찬위원회 위원, 서울변호사회 회원, 서울지법 인사조정위원, 학술원 회원.
6·1	진무원 陣茂源	법	법률	1928년 3월		신의주		
6·2	윤완선 尹浣善	법		1928년 제적		경기	교토제대로 옮겨서 수학(교토제대 명부 171번 참조).	
7	조병한 趙炳漢	법	법률	1932년 3월	대구고보·3고	경북 문경	함남 함흥세무서 속, 도쿄제대 대학원에서 법률경제학 연구, 1937년 귀국하여 영농, 1943년 만주 펑톈에서 주식회사 대동무역공사 사장 겸 만주가축진흥주식회사 감사역.	제헌의회 국회의원(지역구 문경, 무소속), 한국전쟁 중 납북, 북한에서 1956년 재북평화통일협의회 중앙위원, 1959년 숙청.
8	이충영 李忠榮	법	법률	1932년 3월	대구고보·5고	경북 칠곡	고등문관시험 사법과 합격(1933), 대구지방법원 검사국 사법관시보, 함흥지방법원 판사, 광주지방법원 판사, 퇴직 후 동아특종광산주식회사 취체역, 의림광업주식회사 취체역, 경성에서 변호사 개업. 학병지원 선배격려대 연사, 보도특별정신대 강연, 국민동원총진회 중앙지도위원, 대화동맹 심의원, 조선언론보국회 평의원.	변호사 개업, 한국전쟁 시 납북.

9	노영빈 盧永斌	법	법률	1932년 3월	경성공립중·5고	경남 함양	고등문관시험 행정과 합격(1936), 경남 내무부 세무과·지방과 속 겸 부산부 재무과 속, 경남 의령·사천 군수, 평북 산업부 산업과장(이사관), 조선총독부 식산국 광산과 사무관.	상공부 광무국장, 대한화재해상보험주식회사 사장, 국민대 교수, 해인대 학장서리, 변호사 개업, 성균관대 교수, 성균관대 법대 학장, 서울제일변호사회 상임위원장, 서울제일변호사회 회장, 아시아변호사회 부회장.
10	진염종 晉焱鍾	법	법률	1933년 3월	3고	전북 임실	고등문관시험 행정과 합격(1933), 충남 경찰부 보안과 경부, 충남 아산군수, 평북 산업부 산업과장, 조선총독부 식산국 사무관, 사정국 사회과장 겸 조선총독부 제생원 서무과장, 조선총독부 주택대책위원회 위원 겸 간사, 조선중앙정보위원회 간사, 조선총독부 기획위원회 간사, 조선총독부 징병제시행 준비위원회 간사, 조선총독부 학무국 사회과장, 조선총독부 광공국 근로조정과장, 조선총독부 기업정비위원회 간사, 농지개발위원회 간사, 농업계획위원회 간사, 근로부 근로 제2과장, 조선중앙임금위원회 간사 겸 전문위원, 전시산업추진본부 부원, 조선총독부 근로동원본부 총무부 관리원호반장, 조선총독부 저축장려위원회 간사, 경제안정대책위원회 간사.	해공 신익희가 조직한 행정연구반 참가, 해방기에 병사함.
11	장철수 張澈壽	법	법률	1933년 3월	보성고보·3고	경북 대구	고등문관시험 외교과 합격(1933), 프랑스 주재 일본대사관 서기생, 벨기에 주재 일본대사관 외교관보, 아르헨티나 주재 일본공사관 3등서기관, 일본 외무성 본부사무관, 일본 외무성 조사국 제4과 사무관, 대동아공영권 국가회의 일본 대표로 분과회의 사회(1943).	외무부 초대 정무국장, 경북 대교수, 1955년 사망.
12	고병국 高秉國	법	법률	1934년 3월	신의주고보·시즈오카고	평북 의주	고등문관시험 사법과·행정과 합격(1933), 도쿄제대 대학원에서 민법학 전공, 도쿄에서 변호사 개업, 귀국 후 경성에서 변호사, 연희전문 교수(1938~1941).	경성법학전문 교장, 초대서울대 법대 학장, 헌법제정기초위원회 전문위원, 대한민국 법전편찬위원, 학술원 회원, 단국대 이사, 경희대 총장.

13	장경근 張暻根	법	법률	1936년 3월	휘문고보·3고	평북 용천	고등문관시험 사법과 합격(1935), 경성지방법원 사법관시보, 경성지방법원 검사대리, 경성지방법원 판사, 경성복심법원 판사.	미군정 경성지방재판소 수석판사, 서울지방법원장, 내무부 차관(반민특위 해산 주도), 국방부 차관, 한일회담 대표, 3·4대 국회의원(자유당), 내무부장관, 자유당 정책위원장, 4·19혁명 이후 3·15 부정선거 주도로 체포, 병보석 중 일본으로 밀항, 도쿄 무라타(村田)사법서사사무실 법률자문역, 박종근 법률사무소 법률고문, 1973년 미국, 1974년 브라질 이민, 1977년 귀국 후 1978년 사망.
14	강명옥 康明玉	법	법률	1937년 3월	모모야마중·후쿠오카고	제주 남제주군	고등문관시험 사법과·행정과 합격(1936), 함북 내무부 농무과·지방과 속, 경북 군위·의성·청도 군수, 조선총독부 농상국 사무관.	중앙경제위원회 경제기획관, 법제처 경제법제국장, 법제처 차장, 법전편찬위원, 고등고시 위원, 변호사 개업.
15	박성대 朴成大	법	법률	1937년 3월	원산공립중·1고	함남 원산	고등문관시험 사법과 합격(1935), 함흥지방법원 검사국 사법관시보, 함흥지방법원 검사국 검사대리, 평양지방법원 검사국 검사, 광주지방법원 검사국 순천지청 검사분국 검사, 부산지방법원 검사국 검사.	미군정청 부산지방법원 판사, 부산에서 변호사 개업, 중앙선거위원회 경남지방 선거위원(1950), 서울대 법대 강사, 혁명재판소 상소심 심판관(1961. 8).
16	이삼주 李三周	법	법률	1937년 3월		경남		삼릉상사주식회사 서무과장, 상공부 직할 삼성광업회사 사무부장(1954).
16·1	송원래 宋元來	법						
17	한복 韓宓	법	법률	1938년 3월	부산공립중·무사시고	서울	고등문관시험 사법과 합격(1937), 부산지방법원 검사국 사법관시보, 부산지방법원 예비판사, 부산지방법원 판사, 경성지방법원 판사, 평남 이사관(고등관 5등) 겸 산업부 산업과장.	서울에서 변호사 개업, 법률구조협회 회장, 남산라이온스클럽 회장, 국제법률구조협회 한국 대표, 국제라이온스협회 국제이사, JAL·미쓰이·일본대사관 등 법률고문.

18	이호 李澔	법	법률	1940년 3월	리쓰메이칸중·사가고	경북 영천	고등문관시험 사법과 합격(1939), 경성지방법원 및 경성지방법원 검사국 사법관시보, 경성지방법원 검사, 광주지방법원 순천지청 검사.	광주지방법원 장흥지원 검사, 경성공소원 검사, 서울고등검찰청 검사, 법전편찬위원, 서울지방검찰청 차장검사, 내무부 치안국장, 대검찰청 검사, 한국전쟁 시 육군준장(육군본부 법무감), 정전위원회 한국 대표, 국방부 차관, 법무부 장관, 한일회담 대표, 내무부 장관(1960. 4), 내무부 장관(1967), 법무부 장관(1968), 주일대사, 합동통신 회장, 대한적십자사 총재, 헌법위원회 위원장, 신군부의 국가보위입법회의 의장, 선인학원 이사장.
19	최윤모 崔潤模 (華山 潤一)	법	법률	1941년 12월	광주고보·야마구치고	전남 구례	고등문관시험 사법과 합격(1941), 경성지방법원 및 경성지방법원 검사국 사법관시보, 경성지방법원 판사.	경성지방법원 송도지방재판소 검사, 광주지방심리원 심판관, 광주에서 변호사 개업, 광주고등법원 부장판사, 청주지방법원장, 대법원 판사, 대법관, 보국훈장 국선장.
20	옥조남 玉朝南 (玉島 朝南)	법	법률	1941년 12월	평양공립고보·야마구치고	서울		주식회사 조선펌프제작소 중역, 신흥대(지금의 경희대) 법대 교수, 최고회의교체위 자문위원, 고등고시위원, 민주공화당 경기 제13지구당 위원장, 6대 국회의원(민주공화당).
21	이하영 李河英	법	법률	1941년 2월				
22	염세열 廉世烈 (松原 世烈)	법	법률	1941년 12월	광주공립중	전남	일본 고등문관시험 사법과 합격(1941), 경성지방법원 검사국 사법관시보, 경성지방법원 검사대리, 함흥지방법원 예비판사, 함흥지방법원 판사.	전남 광주에서 변호사 개업, 전남 국민보도연맹 준비위원회 조직부장, 중앙선거위원회 전남 선거위원(1950), 한국전쟁 시 좌익 계열 단체에 가입했다가 처형됨.
22·1	김도명 金道明	법		1941년 12월				
23	노영목 盧永穆 (豊川 永穆)	법	법률	1942년 9월	부산중·3고	부산	1940년 7월 19일 조선인, 사상 용의자로 일본 경시청에 검거. 독립운동 관련 판결문에서 1943년 12월 30일 치안유지법 위반 혐의에 대해서 "혐의없음" 판결.	근로인민당 서울시당부 준비위원.

24	이재훈 李在薰	법	법률	1942년 9월				
25	김병식 金炳湜	법	법률	1943년 9월	대구고보	경북 대구		항안기업공사 업무부장, 외자구매처 생필과장, 외자구매처 조정국장, 대한해운공사 업무부장, 대한해운공사 이사, 대한선주협회 이사장, 교통부 차관.
26	이한기 李漢基 (東漢基)	법	법률	1943년 9월	휘문고보·4고	전남 담양		광주의대·조선대 교수, 서울대 문리대 강사, 동국대 교수, 컬럼비아대 유학, 서울대 교수, 국가재건최고회의 의장 고문, 6차 한일회담 고문, 교체수석 대표, 서울대 법대 학장, 대한민국 학술원 회원, 감사원 원장, 민주정의당 후원회장, 한일문화교류기금 이사장, 국무총리서리.
27	유기천 劉基天	법	법률	1943년 9월	숭실학교·히메지고	평양	도쿄제대 대학원에서 연구, 도호쿠제대 법문학부 가츠모토 연구실 조수.	경성법학전문 교수, 서울대 법대 학장서리, 미국 하버드대에서 2년간 형법 연구, 예일대 박사(1958), 서울대 교학국장, 서울대 법대 학장 겸 사법대학원 원장, 서울대 총장, 학술원 회원, 미국으로 이주(1972).
28	金澤清三	법	법률	1943년 9월				
29	김기두 金箕斗 (香川箕斗)	법	법률	1943년 9월	광주공립고보·마쓰에고	전남 구례		광주의대 교수, 법무부 법무관, 동국대·서울대 교수, 서울대 법대 학장 겸 사법대학원장, 학술원 회원.
30	박태영 朴泰泳 (森本泰泳)	법	법률	1943년 10월	광주고보·마쓰에고	전남 광주	재학 중 고등문관시험 합격, 졸업 후 조선은행 취직. 조선은행 사직 후 당해 졸업생에게도 해당되는 학병으로 징집되어 버마 전선에서 말라리아로 병사. 영화감독 박기채의 당질.	
30·1	白川文吉	법		1944년	1고	서울	소화 23년(1948) 3월 수제(授除).	

31	박용희 朴容喜	법	정치	1913년 7월	1고	서울	태극학회 평의원, 조선총독부 내무부 지방국 제1과 속, 경성전수학교 교유, 중앙고등보통학교 운영, 경성방직 전무, 합정·미근정 총대, 합정·미근정 위생조합장.	
32	남궁영 南宮營	법	정치	1914년 7월	목포일신학교·1고	전남 목포	조선총독부 탁지부 이재과 속, 내무부 제1과 속, 전남 진도·함평 군수, 조선총독부 학무과·농무과 사무관, 충남 참여관, 조선박람회 평의원, 경남 참여관, 경남 산업부장, 충북 도지사, 중추원 칙임관 대우 참의(조선인 최초의 칙임관), 갱생수리조합연합회 부회장, 국민정신총동원조선연맹 평의원, 1939년 12월 29일 사망.	
33	정찬덕 鄭燦德	법	정치	1928년 3월	아오야마학원·야마구치고	평남 평양	1929~1930년 사이 정민조(鄭民朝)로 개명. 고등문관시험 행정과 합격(1931), 평남 재무부 세무과 속, 평남 경찰부 경무과 경부, 평남 내무부 지방과 속, 평남 경찰부 경무과 경부와 보안과 경부 및 순사교습소 교관 겸직, 경기도 장단군수, 황해도 내무부 산업과장, 광주세무감독국 사무관(경리부장), 소득심사위원회 위원, 국민정신총동원 전남연맹 이사, 평양세무감독국 직세부장, 대구지방전매국 사무관(전매국장), 함남 내무부 사무관(내무부장).	대한수리조합연합회 회장, 금융통화위원회 대리위원.
33·1	윤명선 尹明善	법		1929년		충남		
34	이동준 李東準	법	정치	1930년 3월		함남 함흥	재도쿄조선유학생학우회 임원, 정치부 대표(1927), 함남 홍원군 속, 함남 재무부 세무과 속.	조선농지개발영단 총무부장, 조선농지개발영단 이사장, 한국조폐공사 이사.

35	계광순 桂珖淳	법	정치	1931년 3월	신의주고보·마쓰야마고	평북 선천	고등문관시험 행정과 합격(1932), 강원도 평강군수, 경기도 파주군수, 함남 경찰부 보안과장(경시), 일본 척무성 식산국 농림과 사무관, 척무성 관리국 사무관, 물자조정과 사무관, 상공과 사무관, 이재과 사무관(일본 근무), 조선총독부 식산국 산금과 사무관으로 복귀(1938), 국민총력조선연맹 참사, 조선음악협회 전무이사, 경성미술가협회 이사장, 국민총력조선연맹 문화상임위원회 위원, 명륜전문 이사, 조선교육회 간사 겸 평의원, 조선총독부 학무국 사회교육과장, 강원도 참여관 겸 강원도 산업부장, 강원도 농회 회장, 강원도 내무부장, 조선금융조합연합회 강원도지부 감리관, 평북 내무부장, 경남 광공부장.	태창광산 사장, 대한광업진흥주식회사 사장, 한국전쟁 시 북한군에 체포되어 평양형무소 투옥 후 탈출, 계창무역주식회사 사장, 계창산업주식회사 사장, 4·5·6대 민의원(국회의원), 한국제포사 회장.
36	최하영 崔夏永	법	정치	1932년 3월	히메지중·마쓰에고	경기 이천	고등문관시험 행정과 합격(1933), 일본 내무성 채용시험 합격(1934), 일본 내무성 도쿄부 총무부 서무과 속(1934), 조선총독부 내무국 지방과 사무관 전임(1937), 조선총독부 시국대책준비위원회 주사, 조선총독부 주택대책위원회 간사, 조선총독부 임시재해대책위원회 간사, 조선총독부 후생국 사회과 사무관, 조선총독부 사정국 노무과 사무관, 조선중앙임금위원회 간사, 조선총독부 총무부 조사과장, 총독관방 조사과장, 조선총독부 농상국 농상과장, 조선금융조합연합회 감리관.	미군정청 농상국 고문관, 천일(天一)제약주식회사 취체역, 심우사 사장, 심계원 원장, 3·15 부정선거 사건으로 구속 기소. 5대 민의원 선거 옥중 출마로 당선, 1961년 2월 반민주행위자공민권제한법에 의해 7년간 공민권 제한 판결, 의원 자격 상실, 동광운수주식회사 대표이사, 한국정밀기공업주식회사 사장.
37	김희덕 金熙德	법	정치	1934년 3월	함흥고보·3고	함남 함흥	고등문과시험 행정과 합격(1933), 경남 의령군수, 조선총독부 농림국 농무과 사무관, 국민총력조선연맹 농림부 주사, 조선흥농회 평의원, 조선총독부 농업계획위원회 간사, 충북 농상부 사무관, 조선식량영단 충북지부 감리관, 조선총독부 학무국장 엄창섭의 사위.	한국수산업회 전무, 수산입법위원회 위원(1949), 한국전쟁 시 병사.

38	임문환 任文桓	법	정치	1935년 3월	도시샤중·6고	전북 금산(지금의 충남 금산)	고등문관시험 행정과 합격(1934), 경기도 내무부 지방과 속, 경기도 경찰부 경무과 경부, 경기도 용인군수, 녹기연맹 연맹원, 조선총독부 식산국 산금과 사무관, 국민총력조선연맹 사무국 식산부 주사, 조선총독부 기획부 사무관, 조선총독부 교통국 서기관, 광공국 서기관, 강원도 광공부 광공부장 겸 강원도 민정관.	미군정청 광공부 총무과장 대리, 동양방직공사 상무, 중앙경제위원회 경제기획관, 대한민국헌법 및 정부조직법 기초전문위원, 상공부 차관, 제일방적공사 이사장, 조선광업진흥회사 사장, 대한상의 상임의원, 보건부 차관, 농림부 장관, 조선상선주식회사 사장, 한국무역협회장, 대유산업주식회사 사장, 대유증권주식회사 사장, 동화제지주식회사 사장, 전국경제인협회 이사 및 부회장, 삼양관광주식회사 사장, 부산 프라자 호텔 회장.
39	안종년 安鐘年	법	정치	1936년 3월	3고		고등문관시험 행정과 합격(1939), 황해도 속, 경남 함양 군수.	부산지검 마산지청 초대 지청장, 부산지검 부장검사, 대전지검 차장검사(1954년 사망).
40	장수길 張壽吉	법	정치	1936년 3월	보성고보·3고	서울	고등문관시험 행정과 합격(1935), 경기도 내무부 학무과 속, 조선총독부 재무국 세무과·관세과 속, 조선총독부 재무국 이재과 사무관, 경성부윤관방 조사실 주간.	경성부 토목부장, 신탁은행 상무, 재정금융위원회 위원, 한국전쟁 시 납북.
41	이동화 李東華	법	정치	1936년 3월	야마구치고	평남 강동	혜화전문 흥아과 교수, 항일 지하운동 사건으로 투옥, 이화여자전문 부속병원 사무장, 건국동맹 참여.	조선건국준비위원회 중앙집행위원회 서기국 서기, 《평양민보》 주필, 조·소문화협회 부위원장, 김일성종합대 정치학 강사, 한국전쟁 시 월남, 대한민국 육군본부 정보국 근무, 경북대 교수, 한국내외문제연구소장, 성균관대 교수, 진보당 창당준비위원회 위원, 민주혁신당 정치위원 및 정책위원장, 진보당 사건에 연루되어 구속, 무죄 방면, 동국대 도서관장, 동국대 교수, 통일사회당 위원장, 5·16군사정변 후 혁신계 전면 엄단조치로 구속, 1964년 형 집행정지로 석방, 대중당 대표최고위원 권한대행, 민족통일촉진회 최고위원, 민주사회당 고문, 민주사회주의연구회 의장.
41·1	최삼남 崔三南	법		1936년 중퇴				

42	金光照直	법	정치	1941년 3월			1944년도 조선총독부 관보에 종7위 관직 서임 사항이 보임.	
43	조몽길 趙夢吉	법	정치	1941년 3월				
44	김경탁 金敬鐸 (金子忠永)	법	정치	1941년 12월	7고		고등문관시험 행정과 합격, 평안도 속, 평북 운산군수.	법제처 법제관, 한국전쟁 시 납북.
45	신도성 愼道晟 (愼山道晟)	법	정치	1941년 12월	중앙고보·사가고	경남 거창	도쿄제대 대학원	연희대 조교수, 서울대 교수, 《동아일보》 논설위원, 부통령 비서관, 이화여대 교수, 학술원 회원, 3대 국회의원, 경남지사, 4·19혁명 후 투옥, 대구대 학장, 국토통일원 장관(1974), 평화민주당 고문.
46	김상협 金相浹	법	정치	1942년 9월	경성제2고보·야마구치고	전북 부안	경성방직 사장 김연수의 차남, 김성수의 조카.	동양방직 경리부장, 고려대 교수, 고려대 사무처장, 대한민국 학술원 회원, 국제연합(UN)총회 한국 대표단, 문교부 장관, 동아일보 이사, 고려대 총장, 성곡학술문화재단 이사, 한국반공연맹 이사, 운정장학재단 이사, 1980년 신군부의 헌법개정심의위원회 부위원장, 국가보위입법회의 의원, 국무총리, 고려대 명예총장, 국정자문위원, 대한적십자사 총재, 도산기념사업회 초대 회장.
47	주수원 朱洙元	법	정치	1942년 9월				전남대 교수, 전남대 대학원장.
48	신기진 申基珍	법	정치	1942년 9월		서울		육군 법무관, 예비역 육군 대령, 변호사, 동국대 교수, 법정대학장.

49	김성용 金星鏞 (武宮廣明)	법	정치	1942년 9월	경성제2고보·3고	전남 담양	이회창의 외삼촌, 일본 군수성 속, 일본기업정비총본부 근무.	민주의원 비서국 외사과장, 한국민주당 정치부 차장, 정부수립 후 외무부 정무국장, 통상국장, 주중대사관 참사관, 4·19혁명 후 주제네바 특명전권공사, 6·7·9대 국회의원, IPU 한국 대표, 22·23차 UN총회 한국 대표, 동남아친선사절 대통령 특사 및 경제사절 대통령 특사, 주말레이지아대사.
50	이상균 李相均 (平田均)	법	정치	1942년 9월	경성제1고보·히메지고	서울	고등문관시험 행정과 합격(1942), 경북 군속, 경북 청도군수.	중앙청 과장, 납북.
51	金谷鏡翙	법	정치	1943년 9월				
52	주수만 朱洙萬	법	정치	1943년 9월				전남대·경희대 교수.
53	강용옥 康龍玉 (永島望)	법	정치	1943년 9월	3고	남제주군	고등문관시험 행정과, 일본 농무성 속, 생활물자국·산림국 사무관.	협신제약주식회사 부사장, 국민대·서울대 강사, 상공부 공업국 공정과장, 법제처 법제관, 심계원 제2국장, 상공부 상역국장·공업국장, 무역공사 수석이사, 수출잡화시험검사소 이사장, 완구수출진흥회장, 변호사 개업.
54	홍성진 洪性珍 (德山性珍)	법	정치	1943년 9월	도야마고			외무부 조사국 정치조사과장(서기관), 한국전쟁 시 납북.
55	松原信一	법	정치	1943년 9월				
56	김영구 金永求 (金子永求)	법	정치	1943년 9월	후쿠오카고		보성전문 강사	고려대·동국대·서울대 교수, 5대 국회의원, 내무부 차관.
57	玉川昌鐘	법	정치	1943년 10월				
58	新井淑文	법	정치	1944년 9월				

59	野田學	법	정치	1944년 9월				
59·1	伊藤 國雄	법	정치	1944년			소화 23년(1948) 3월 수제.	
59·2	王本 泰治	법	정치	1944년	1고		소화 23년(1948) 3월 수제.	
59·3	金谷 重泰	법	정치	1944년			소화 23년(1948) 3월 수제.	
59·4	松本 鐘泰	법	정치	1944년			소화 23년(1948) 3월 수제.	
59·5	金山 幸夫	법	정치	1944년			소화 23년(1948) 3월 수제.	
60	유만겸 兪萬兼	법	경제	1917년 3월	6고	서울	도쿄제대 대학원, 조선총독부 농상공부 농무과속, 경북 문경 군수, 경북 내무부 서무과장·사회과장, 총독부 학무국 종교과장, 평북 참여관, 경북 참여관 겸 산업부장, 총독부 학무국 사회과장, 충남 참여관 산업부장, 충북 도지사, 중추원 칙임관 대우 참의, 1944년 12월 13일 사망. 유길준의 장남, 유억겸의 형.	
61	강처홍 康處洪	의	의학	1925년 3월	5고	평남 평양	병원 개업.	
62	이영근 李永根	의	의학	1928년 3월		평북		
62·1	박상영 朴相泳	의		1929년 사망				
62·2	최병건 崔炳鍵	의		1933년		함경		
63	최응석 崔應錫	의	의학	1937년 3월	평양중·1고	평남 평양	사카구치 코조우 교수 내과 강좌조수, 도쿄제대 대학원에서 의학박사(1943), 요코하마 사건에 연루되어 치안유지법으로 체포, 징역 3년 집행유예 5년 선고, 1945년 4월 20일 귀국.	1945년 11월 28일 조선공산당 입당, 경성대 의학부 제2내과 교수, 조선과학자동맹 참여, 민주주의민족전선 중앙위원, 사회정책연구위원회 전문위원, 민전 문화대책소위원회 위원, 1946년 11월 월북, 김일성종합대 의학부 부장 겸 병원장, 북조선보건연맹 위원장, 조선의학회 중앙위원회 위원장, 한국전쟁 시 조선인민군 후방병원 원장, 민족보위성 군의국 내과 군의장, 과학원 후보원사, 의학과학원 원장, 평양시 제2병원 원장, 1998년 사망, 애국열사릉 안치.

63·1	차기준 車礒濬	의		1942년				
64	松村 致浩	의	의학	1943년 9월				
64·1	이옥남 李玉男	의		1943년				
64·2	道家 竹男	불명		1943년				
65	도봉섭 都逢涉	의	약학	1930년 3월	경성제1고보·야마구치고	함흥	경성약학전문 교수, 계농약연구소 소장, 조선박물연구회 회원 활동.	서울약학전문 교장, 조선생물학회와 조선약학회 초대 회장, 서울대 약대 학장, 한국전쟁 시 납북, 북한에서 평양의과대 교수, 과학원 후보원사, 최고인민회의 대의원 역임.
66	松村 在漢	의	약학	1942년 9월				
67	松本 成治	공	토목공학	1945년 9월			김시온의 창씨명으로 추정됨.	월북
68	이시현 李時鉉	공	기계공학	1940년 3월				월북
69	박성철 朴聖喆	공	기계공학	1940년 3월				
70	德山 仁圭	공	기계공학	1944년 9월				
71	상호 尙灝	공	조선(造船)	1903년 7월	관립영어학교·고슈학교(도쿄)·1고	서울	도쿄유학생회 회장, 대한제국 농상공부 참서관·서기관·공무국장, 공업전습소 감독, 도량형 사무국장, 농상공부 상공국 공무과 기사, 이토 히로부미 추도를 위한 국민대추도회 설행위원, 한일병합 이후 함북 성진·경성 군수, 충북 참여관, 함남 참여관, 중추원의 칙임관 대우 참의, 국민협회 상의원(참정권 청원운동).	1948년 2월 4일 사망.
71·1	이지하 李支厦	공		1928년 제적				

72	이종일 李宗日	공	전기공학	1932년 3월	2고	평북 철산	조선총독부 체신기수(1932), 체신기사, 충남 광공부 전기과장(1939).	기획처 계획관, 상공부 전기국장, 서울대 교수, 학술원 회원, 원자력위원, 대한전기학회 회장, 대한기술총협회 부회장, 인하대 교수.
73	박화영 朴華英	공	전기공학	1940년 4월	사가고	평남 맹산	1941년 3월 독립운동으로 체포되어 고문으로 순국(1995년 건국훈장 애국장 추서).	
74	최성세 崔成世	공	전기공학	1940년 4월	배재고보	평양		과학자연맹 서기, 1947년 월북, 산업국 전기처 부처장, 산업성 전기관리국 부국장, 산업부문 내각참사, 국가기술위원회 위원장, 국가계획위원회 부위원장, 내각설계총국 참의 등 역임.
75	文江 周鍾	공	전기공학	1944년 9월				
76	김동일 金東一	공	응용화학	1933년 3월	평양고보·사가고	평남 강서	도쿄제대 아쓰기연구실 조수, 도쿄 이와기소치(岩城硝子)주식회사 연구과 주임, 종연공업주식회사 평양공장 연구부장, 경성방직주식회사 영등포공장장, 동사 시흥공장장 겸 본동공장장, 경성방직 본사 방직과장.	경성대 교수, 서울대 공과대 학장, 대한화학회 회장, 대한기술총협회 부이사장, 학술원 회원, 고등고시 위원, 대한질소총협회 회장, 원자력위원, 문교부 교수자격심사위원, 화신산업 고문, 흥한화학섬유주식회사 부사장, 과학기술처 과학기술진흥위원.
77	이세훈 李世勳	공	응용화학	1942년 9월				월북, 소련 유학, 함흥공업대학 학장, 국가과학기술위원회 부위원장.
78	황삼현 黃三顯	공	응용화학	1944년 9월				
79	이문해 李文海	공	화약	1944년 9월				북한 황해제철소 지배인, 정무원 사무국장.
80	김성호 金聖浩	공	광산야금	1928년 3월	마쓰야마고	경기	조선총독부 식산국 지질조사소 촉탁, 조선총독부 식산국 연료선광연구소 촉탁, 조선총독부 식산국 광산과 기수·기사, 총독부 퇴직 이후 함남 문천군 운림면의 가은금산을 비롯해서 함남 덕원군, 황해도 연백군, 평북 강계군, 충북 충주군 등지에서 광산 운영, 《광산경영법》(청람사, 1938) 발간, 경인기업주식회사 감사역, 중앙연료주식회사 취체역, 조선임전보국단 경성부 발기인.	

81	조윤호 趙允浩 (吉田 允浩)	공	석유공학	1945년 9월	1고	평남 평양		김책공대 교수
81·1	노향순 盧鄕淳	공		사망				
82	채필근 蔡弼近	문	철학	1925년 3월	메이지학원 고등부	평남 중화	1911년 장로회 함북노회에서 목사 안수, 함북노회에 유학 청원하여 일본 유학, 도쿄제대 졸업 후 숭실전문 교수 및 문학과 과장, 평양 숭실전문 폐교 후 이화여전 교수, 장로회 신학교 교장, 조선임전보국단 발기인(평남) 및 평의원, 조선예수교 장로회가 일본기독교 조선장로 교단으로 재편될 때 초대 통리 선임, 국민총력 조선예수교장로회 이사장, 조선전시종교보국회 이사, 일본기독교 조선교단 고문.	평양 창동교회 담임목사(1946), 1·4후퇴 때 월남해서 제주도 서귀포 피난민 교회 목회, 부산 동광교회 담임목사(1952), 동아대·부산대 교수, 부산장로회신학교 교장, 서울 동숭교회 담임목사, 대한기독교서회 이사, 숭실대 재단이사, 산돌교회 개척 및 담임목사.
83	윤태동 尹泰東	문	철학	1925년 3월	경성고보·장산고	충북 충주	경성제대 예과 교수(1934), 젠다오성 이사관, 젠다오성 교육청 학무과장, 젠다오성 민생청 문교과장, 만주국 민생부 교육사 독학관, 민생부 대신관방 이사관, 민생부 자료과장, 협화회 수도계림분회 참여, 쓰핑성 민생청장, 젠다오성 차장, 젠다오성 성장.	가족과 함께 평양으로 귀국, 1946년 1월 소련으로 연행되어 1949년까지는 중앙아시아 타슈켄트의 국제 포로수용소에 수용되었다고 전해짐.
84	김위석 金渭錫	문	철학	1944년 9월	요코하마제일중·우라와고	일본		대구교대 초대 학장
85	김상영 金相泳	문	인도철학범문학	1933년 3월	와카마쓰중·야마구치고	전남 고흥	도쿄의 다이혼잔(大本山)에서 불교 연구.	동국대 강사

86	김두헌 金斗憲	문	윤리	1929년 3월	대구고보	전남 장흥	이화여전·혜화전문·연희전문 교수, 대동상업학교 교장, 국민총력조선연맹 문화부 문화위원.	서울대 교수, 문교부 고등교육국장, 전북대·숙명여대 총장, 학술원 회원, 윤리학회장, 국방학회 부회장.
86·1	박영배 朴永培	문	동양사	1926년 중퇴		경기		
86·2	최삼열 崔三悅	문		1924년 중퇴		전북	도후쿠제대 화학과 졸업 월북, 김일성 종합대 교수, 과학원 원사.	
86-3	김두용 金斗鎔	문	미학미술사	1928년 3월 퇴학	3고	함남	도쿄제대 재학 중 신진카이(新人會) 가입. 반제동맹(反帝同盟) 참가. 1927년 제3전선 가담, 조선프롤레타리아예술동맹 도쿄지부 참여,《예술운동》창간. 고려공산청년회 일본부 기관지 편집 겸 출판위원, 도쿄 무산자사 결성 위원장.《무산자》발행, 재일본조선노동총동맹 중앙집행위원장. 1930년 4월 '조선공산당 재건협의회 사건' 검거. 일본프롤레타리아문화연맹 조선협의회 위원장, 기관지《우리동무》편집장. 일본프롤레타리아문화연맹 산하 프롤레타리아과학연구소에 식민지반을 조직한 혐의로 징역 2년을 선고받고 1934년 4월 출옥. 1935년 5월 조선예술좌 위원장, 1936년 2월경 조선신문사 편집국원. 7월 일본 경찰에 검거되어 1939년 1월 도쿄공소원에서 징역 1년 8월을 선고.	1945년 9월 재일본조선과학기술단을 결성. 정치범석방운동촉진연맹 위원장. 10월 재일본조선인연맹 결성에 참여, 12월 일본공산당 조선인부 부부장 중앙위원 후보로 활동. 1947년 2월 재일본조선문화단체연합회에 참여. 1948년 11월 조선민주주의인민공화국으로 이주. 북조선노동당 2차 대회에서 당중앙위원회 20인 후보위원 중 1인으로 선출, 이후 16위 후보위원이 되었으나 3차 대회에서는 전향한 전력이 문제가 되어 후보가 되지 못함. 역사편찬위원회, 외문출판사 국장, 해주박물관 직원으로 근무, 국제무역위원회 기관지 편집. 청진 제관공장에 근무.
87	박영인 朴永仁 (邦正美)	문	미학미술사 (미술사)	1934년 3월	부산중·마쓰에고	경남 울산	1937년 독일 유학, 독일 등에서 유학하고 구니 마사미로 활동, 개화파 박남극의 아들.	일본과 미국을 오가며 무용 활동.
88	이인기 李寅基	문	교육	1931년 3월	히가시야마중(교토)·5고	경북 성주	경성고등상업 강사, 조선총독부 교과용 도서편찬사무촉탁, 경성사범 교유, 만주국 문교부 교학관. 젠다오성 시학관, 젠다오성 이사관, 경성경제전문 교장.	연세대·서울대·성균관대 교수, 성균관대 부총장, 숙명여대·영남대 총장, 도산서원 원장, 퇴계학연구원 원장, 대한민국학술원 회원, 한국교육학회 회장, 한국교육사·교육철학회 회장.

89	김호규 金虎圭	문	사회	1938년 3월		서울	자작 습작. 조선귀족 시국단체 동요회 이사, 조선실업구락부 회원, 조선총독부 내무국 지방과 촉탁, 사정국 지방과 촉탁, 조선유도연합회 참사, 자작 김성근의 양손(養孫)	반민특위에 체포되었으나 기소유예로 석방.
90	신진균 申鎭均	문	사회	1940년 3월	대구고보·5고	경북 영해	명륜전문 교수	남로당 중앙상임위원
91	허남성 許南星	문	사회	1944년 9월	대구고보			대구사범대 교수, 인민공화당 서울시 부위원장, 월북.
92	平居 郁男	문	사회	1944년 9월	마쓰야마고		이만갑의 창씨명, 학병 징집, 결핵으로 병역 면제.	삭주중학교 교장, 신의주사범학교 교원, 코넬대학 유학 후 서울대 사회학과 교수.
93	이홍직 李弘稙	문	국사	1935년 3월	도쿄부립1중·우라와고	경기 이천	1936년 이왕직국조보감찬집위원회 촉탁, 이왕직도서관 주임, 연희전문·명륜전문 강사.	국립박물관 박물감·진열과장, 연세대·고려대 교수, 6차 한일회담 대표, 고려대 중앙도서관장, 도서관협회 회장.
94	강대창 姜大昌	문	동양사	1940년 3월				김일성종합대 문학부 교수
95	이능식 李能植	문	동양사	1942년 9월				
96	조좌호 曺佐鎬 (夏山 薰)	문	동양사	1943년 9월	배재고보·마쓰에고		동아연구소(東亞研究所) 연구원	연희전문 조교수, 부산대·동아대·동국대·성균관대 교수, 성균관대 총장, 산운학술문화재단(지금의 고려학술문화재단) 이사장.
97	鳥川 洪永	문	동양사	1944년 9월				
98	松村 昇瑞	문	서양사	1944년 9월				
99	함병업 咸秉業	문	국문	1929년 3월	7고	평북 영변	'외국문학연구회' 조직, 《해외문학》을 중심으로 평론 활동, 중동고 교사, 보성전문 강사.	한국전쟁 중 행방불명.
100	김창운 金昌雲	문	영문	1927년 3월		경기	동래고보 영어 교사, 식민지 시기 작고.	

101	이양하 李敭河	문	영문	1930년 3월	평양고보·3고	평남 강서	도쿄제대 대학원 영문과 수학, 연희전문 교수.	경성대·서울대 교수, 서울대 문리과대학장.
102	권중휘 權重輝	문	영문	1931년 3월		경북 안동	동래고보 영어 교사, 만주 신징 공업대 교수.	고려대 교수, 한국외국어대 학장, 서울대 교수, 서울대 총장, 학술원 회원. 문교부 교육정책 심의위원장, 운정장학재단 감사.
103	최정우 崔珽宇	문	영문	1931년 3월	경성고보·야마구치고	강원 철원	영국 런던대에서 2년, 옥스퍼드대에서 1년간 수학하고 귀국, 보성전문 교수.	경성대 교수, 외무부 조사국장, 대통령 비서실 외교담당 비서관, 국방부 장관 보좌관, 동국대 교수 겸 부총장, 국회 사무총장, 한국외국어대 교수 겸 도서관장 역임.
104	남상숙 南相塾	문	영문	1933년 3월				
105	朴家 晩喆	문	영문	1942년 9월				
106	金本 槿治	문	영문	1943년 9월				
107	변성렬 邊成烈 (渡邊 秀雄)	문	영문	1944년 9월	3고	함북 회령	도쿄제대 영문어학상(語學賞) 수상(논문, 〈전쟁과 경제〉), 동맹통신사 구미부 차장.	
108	서항석 徐恒錫	문	독문	1929년 3월	중앙고보·2고	함남 홍원	《동아일보》 정치부 기자, 《동아일보》 학예부장, 극예술연구회 조직, 삼성상사 대표로 영화 제작, 극연좌(극예술연구회의 개명) 대표, 조선예흥사 창립자 겸 주간, 조선연예작가회 회장.	예문사(종합무대운동) 대표, 한국무대예술원 부원장, 대한국악원 이사, 국립극장 운영위원, 전국문화단체총연합회 부위원장, 대학신문사 주필, 중앙국립극장장, 예술원 회원, 서울시문화회 회원, 한국연극협회 이사장.
109	조희순 曺喜淳	문	독문	1929년 3월	대구고보·야마구치고	경남 김해	경성여자의학전문 강교사(講敎師), 경성약학전문 교수, 실업가로 전신.	조선전업 부사장, 남선전기 사장.

110	이효상 李孝祥	문	독문	1930년 3월	대구고보·야마구치고	경북 대구	대구 교남학교 교사, 대구 교남학교 교장.	대륜중 교장, 경북 학무국장, 경북대 교수, 경북대 문리과대학 학장, 초대 참의원 의원, 5·6·7·8·9대 국회의원(공화당), 6·7대 국회의장, 경북중고등학교동창회 회장, 영남대 재단이사장, 민주공화당 당의장 서리.
111	김삼규 金三奎	문	독문	1931년 3월		전남 영암	무산자사 책임자, 반제국주의민족독립지지동맹 가입(도쿄제대 문학부 B반 책임자), 조선프로예맹 서울지부 책임자, 조선공산주의자협의회 사건으로 검거, 고경흠·김남천 등과 함께 기소(징역 2년 집행유예 5년), 일본으로 건너가 조선예술좌 설립 후 간사이(關西) 지방에서 사회주의사상 선전 중 1936년 검거, 식민 말기 전향.	조선문학건설본부 외국문학부, 동아일보사 조사부장·문화부장, 서울대 교수, 동아일보사 편집국장, 이승만 정권의 압력으로 동아일보사 퇴사 후 도일, 민족문제연구소를 개설, 소장 역임. 한반도 중립화통일방안 제창, 《코리아평론》 창간 주간.
112	김학준 金學俊	문	독문	1937년 3월				
113	김시창 金時昌	문	독문	1939년 3월	평양고보·사가고	평남 평양	작가 김사량의 본명, 평양 대동공업전문 교사, 조선의용군 입대.	김일성종합대 문학부 강사, 《동창회보》 비고란에 '삭제'라고 표기.
114	박석기 朴錫紀	문	불문	1928년 3월		전남 창평	거문고 산조 창시자 백낙준에게 거문고 산조를 배워 명인이 됨. 화랑창극단(花郞唱劇團) 대표.	
114·1	조재홍 曺在洪		불문			경기 개성		
115	김병규 金秉逵	문	불문	1941년 12월		경북 영주	도쿄제대 대학원 중퇴, 《매일신보》 기자.	서울대·경제전문학교 강사, 서울대 사범대 강사.
116	유응호 柳應浩	문	언어	1936년 3월	휘문고보·야마가타고	충남 공주	혜화전문·경성제대 예과 강사.	서울대 교수, 김일성종합대 교수.

117	최윤식 崔允植	이	수학	1926년 3월	경성고보·히로시마고등사범학교	평북 선천	관비 유학생, 경성고등공업·경성광산전문 교수.	광산전문학교장, 서울대 수학과 초대 주임교수(1946), 서울대 문리과대학 학장, 조선수학물리학회 초대 회장, 대한수학회 초대 회장.
118	김지정 金志政	이	수학	1935년 3월	평양고보	평남 평양	도쿄제대 대학원 수학과 졸업, 연희전문 교수.	경성사범대·경성대 교수, 월북 후 김일성종합대 수학력학부 교수(해석학 강좌장), 북한과학원 물리수학연구소 소장, 과학원 원사.
119	유충호 劉忠鎬 (玉川忠)	이	수학	1945년 9월	경기중·6고			경성대·서울대 교수, 월북(1946), 김일성종합대·해주사범대 교수.
120	이낙복 李樂馥 (牧山樂馥)	이	천문	1944년 9월				서울대 사범대 물리학과 전임교수, 한국전쟁 시 월북, 김일성종합대 교수, 평양천문대장 역임.
121	도상록 都相祿	이	물리	1930년 3월	영생고보·6고	함남 함흥	개성 송도고보 교사, 만주 신징 공업대 교수.	경성대 이공학부장, 월북 후 북한의 종합대학 창립위원, 김일성종합대 교수, 물리수학부 학부장, 과학원 원사, '인민과학자' 칭호, '북한의 핵 과학의 아버지'.
122	김양하 金良瑕	이	화학	1927년 3월		함남 함흥	1943년 도쿄제대 농학박사, 일본 이화학연구소 우메타로연구실 근무.	월북, 북한 과학원 후보원사.
123	김종원 金鍾遠	이	지질	1931년 3월			경성제대 이공학부 교수	경성대 교수, 서울대 문리과대학 지질학과 교수·학과장, 1947년 사망.

124	장영철 張永哲	농	농학	1935년 3월	대구고보·5고	경북 칠곡	도쿄 시부사와연구소 연구소원, 조선총독부 기수, 강원도 농무과 기사.	강원도 농무과장 겸 춘천농업학교장, 수원농대 교수, 농업시험장 종예과장, 중앙농업기술원 종예과장(기감), 중앙농업기술원 부원장 겸 시험부장, 중앙농업기술원 시험제1부장, 고등고시 기술과 위원, 농사원 시험국장, 국제미곡위원회협의회 및 FAO 동남아세아지역회의 한국 대표, 농업시험장장(1급), 건국대 교수 겸 농업연구소장, 건국대 축산대학장.
125	伊東剛	농	농학	1943년 9월			차균희의 창씨명으로 보임.	위스콘신주립대 경제학과 석사·박사, 서울대 교수, 부흥부 기획국 국장, 경제기획원 차관, 농림부 장관, 농어촌개발공사 사장.
126	강종무 姜琮武 (鳳山琮武)	농	농학(농업토목학 전수)	1929년 3월	야마구치고	경남 김해	경남 김해의 개화파 지주 강정환의 아들, 조선총독부 토지개량부 수리과 기수.	경북 산업국 차장, 농림부 토지개량과장, 내무부 건설국장, 대한농지개발영단 이사, 대한수리조합연합회 부회장, 농림부 농지개량과장, 내무부 토목국장, 농림부 농지관리국장, 대한농림토목회 회장, 기술고시위원, 4대 국회의원, 자유당 중앙위원.
127	인권식 印權植	농	농학(농업토목학 전수)	1930년 3월	1고	충남 당진	당진의 만석꾼 교동 인씨가의 일족, 합자회사 당진주조 사장.	당진주조 사장, 충남여객자동차(주) 사장.
128	김남수 金南洙	농	농학(농업토목학 전수)	1934년 3월				
129	한형기 韓炯琦	농	농예화학	1941년 12월				김일성종합대 연구원(대학원) 부원장, 김책공대 교수.

130	양재하 揚在河	농	임학	1913년 7월	도쿄 게이호쿠중·5고	경북 달성	이왕직 산림사무 촉탁, 이왕직 회계계 농림실 촉탁, 이왕직 농사과·제사과 촉탁, 계림농림주식회사 전무취체 겸 지배인, 주식회사 대동사 지배인, 만주 평톈현 주재 일본총영사관 부영사, 하와이 호놀룰루 주재 일본총영사관 부영사, 경남 양산군수, 조선총독부 내무국 사무관 겸 조선총독부 총독관방 외사과 사무관, 선만척식주식회사 창립준비위원, 충북 참여관, 만선척식주식회사 감사, 조선농축주식회사 취체역, 합동산업주식회사 감사역, 경상합동은행 취체역, 조선인광주식회사 감사역, 주식회사 길복상점 감사역, 신흥물산주식회사 감사역/취체역.	1946년 11월 21일 사망.
131	김동섭 金東燮	농	임학	1932년 3월			경기도 산업부 산림과 산업기수, 조선총독부 임업시험장 기수, 황해도 산업부 산림과 산업기사.	
132	민심현 閔心鉉	농	임학	1935년 3월	보성고보·야마가타고	서울	경기도 산업부 산림과 조수, 총독부 농림국 임업과 조수, 평북 도림산과 기수.	중앙청 산림국 임산과장, 농림부 중앙임업시험장장(기감).
133	정문기 鄭文基	농	수산	1929년 3월	중앙고보·마쓰야마고	전남 순천	조선총독부 수산기수, 평북 수산기사 겸 평북 수산시험장장, 경기도 기사 겸 경기도 수산시험장장, 조선총독부 수산시험장 목포지점장, 조선축구협회 이사장(창설).	중앙수산시험장장, 부산수산대학장, 농림부 수산국장, 기획처 경제계획관, 제주도개발위원장 겸 개척단장, 중앙수산검사소장, 1회 한일회담 대표, 한국생물학회 부회장, 한국수산학술협회 회장, 학술원 특별위원 경희대 명예교수.
134	채병석 蔡丙錫	농	농업경제	1932년 3월		서울	수원농사 시험장 기수.	중앙농업시험장 부장장, 국립농사지도국장, 중앙농업기술원장, 국립농사원 교도국장, 농업협동조합중앙회 부회장, 서울시립농업대·동국대 교수.
135	강정택 姜鋌澤	농	농업경제	1933년 3월	대구고보·1고	경남 울산	도쿄제대 농업경제학연구실에서 7년간 연구조수 및 연구원, 동아농업연구소 촉탁, 이주용 KCC정보통신 회장의 부친, 전 국무총리 이수성의 외삼촌.	경성대 농정학 교수(국대안 반대로 사임), 조선사회과학연구소 설립, 대한민국 2대 농림부 차관으로 농지개혁법 입안했으나 무산, 한국전쟁 시 납북.

136	민덕기 閔德基	농	농업경제	1938년 3월			풍문여고 설립자, 계성주식회사 감사역, 중앙주조회사 취체역, 계성회사 취체역, 민영휘의 증손, 민대식의 손자, 민병도의 조카.	조선맥주주식회사 사장.
137	김민희 金民熙	농	농업경제	1941년 3월				
138	江東 仁甲	농	농업경제	1942년 9월				
139	이상현 李相賢	농	농업토목	1936년 3월	광주고보·4고	전남 강진	일본 가고시마현 농림기수, 농림기사.	수원농업전문 교수 및 농업토목과장, 서울대 공과대학 학생과장, 농업토목기술원양성소 소장, 대한수련 사업부장, 농지개발영단 이사, 농림부 농림위원회 위원, 농림부 농지관리국 기감, 전북 농업기술원 원장, 경기도 농업기술원 원장, 경기도 농사원 원장, 농림부 농지관리국장(기감).
140	한을출 韓乙出 (淸水 乙秀)	농	농업토목	1942년 9월	모지중·히로사키고	경남 마산	조선총독부 기수, 농림국 토지개량과 근무, 수원농림전문학교 농업토목과 교수.	농림부 농지국 농지개량과 수리계장·기좌, 농림부 농지관리국 개량과 근무, 1957년 ICA 원조로 미국에 수리기술 연구 파견 유학, 농림부 농지관리국 개량과장(기정).
141	神田 哲郎	농	농업토목	1944년 9월				
142	金城 哲雄	농	농업토목	1945년 9월				
143	안익조 安益祚	농	수의학	1929년 3월	평양제일공립보통	평남 평양	1929년 4월 경성제대 의학부 입학, 1933년 7월 졸업, 콜럼비아레코드사 문예부장, 만주국군 군의관 소교(소령).	제5관구 경찰청 총무부 과장, 경북 군위경찰서장, 1949년 6월 육군 헌병 소령으로 특별 임관, 103부대 헌병부대장, 2사단 헌병대장, 7사단 헌병대에서 근무 중 한국전쟁 발발, 인천상륙작전 이후 '부역자'로 분류, 사형선고, 1950년 11월 7일 총살형.

144	이민구 李敏求	경	경제	1931년 3월	마쓰야마고		조선은행 업무과, 평북도청, 경기도청, 경성세무서 등에 근무.	조선공영주식회사 사장, 조선전업주식회사 상무이사.
145	한규학 韓圭鶴	경	경제	1932년 3월	세이케이고	평북		
146	육지수 陸芝洙	경	경제	1933년 3월	8고	서울	도쿄제대 잠사경제연구실 조수, 연희전문 교수, 경성제대 예과 강사, 평양사범 교수 등 역임.	서울대·고려대 교수 역임, 1958년 서울대 문리과대학에 지리학과 창설, 대한지리학회 창설회원·부회장, 서울대 신문연구소장·인구문제연구소장, 금융통화위원, 중앙경제심의회 위원, 도시계획위원회 위원, 중앙통계위원회 위원 등 역임.
146·1	백낙영 白樂映	경		1926년 5월 사망				
146·2	나영백 羅英伯	경		1936년 제적		마산		
147	김광순 金光淳	경	경제	1937년 3월				김일성종합대 교수 및 학부장.
148	채항석 蔡恒錫	경	경제	1937년 3월	청주고보	충북 청주	식산은행 근무.	장택상의 사위, 산업은행 계리부장, 월북.
149	이쾌수 李快洙	경	경제	1937년 3월	세이케이고		최응석 주도의 울산군 달리 조사단의 일원.	
150	장병찬 張炳贊	경	경제	1941년 12월		경북 칠곡		대동공업주식회사 취체역 사장, 방어진철공조선주식회사 취체역 사장, 대한조선공업협회 부회장, 한국전기공업협동조합 이사장, 조선도시바전기(적산기업)를 불하받아 이천전기공업주식회사 설립, 취체역 회장.
151	白川囊	경	경제	1941년 12월				
152	진철준 陳哲濬	경	경제	1942년 9월				

153	한춘섭 韓春燮	경	경제	1943년 9월			보성전문 강사	고려대 교수
154	竹本 仁一	경	경제	1943년 9월				
155	金泉 幸玉	경	경제	1944년 9월				
156	豊川 正鉉	경	경제	1944년 9월				
157	이종민 李鐘民	경	경제	1944년 9월	룽징 광명중·1고	만주		5·16 군사정변으로 만들어진 국가재건최고회의 고문.
158	박영식 朴永植	경	상업	1927년 3월		전북		
159	황수영 黃壽永	경	상업	1941년 12월	경성제2고보·마쓰야마고	개성	이와나미서점에 취업해서 편집 실무 담당, 우현 고유섭을 만나 미술사로 전환, 징용을 피해 만몽산업주식회사 입사, 만주 농지 개척에 종사.	개성상업중 교감, 국립박물관 박물감, 동국대 불교대학 교수 및 박물관장, 문화재위원회 위원, 국립중앙박물관 관장, 미술사학회 회장, 동국대 교수·박물관장·대학원장·총장.
160	道家 武男	경	상업	1943년 9월				
161	김선근 金善根	경	상업	1944년 9월	도야마고			
162	上山 哲正	경	상업	1944년 9월				
163	文平 芳治	경	상업	1944년 9월				

〈부록 2〉 교토제국대학 조선인 재적생 · 졸업생 명부(1897~1945)

번호	성명	학부	학과	입학 연도	졸업 연도	출신교	출신지	주요 이력	
								1945년 이전	1945년 이후
1	이범승 李範昇	법	법률	1912년	1917년 7월	8고	서울	남만주철도 사원, 경성도서관장, 민립대학기성준비회발기인, 동민회 이사, 조선총독부 이사관, 변호사.	양주경찰서장, 경성부윤, 조선법학회 회장, 민의원(국회의원), 변호사, 서울변호사회 회장.
2	김우영 金雨英	법	정치경제	1916년	1918년 7월	6고	경남 동래	교토조선유학생친목회 조직, 일본 외무성 만주 안동현 주재 부영사, 조선총독부 전남 이사관(산업과장·농림과장), 충남산업부장, 중추원 칙임관 대우 참의.	변호사, 반민특위에 체포되었으나 병보석, 신생공론사 운영.
		법	법률	1918년	1919년 7월				
3	김시두 金時斗	법	법률	1918년	1921년 3월	3고	경북 대구	사법관시보(1921), 경성지방법원 검사 · 판사, 변호사.	변호사, 법원조직법 검토 전형위원.
4	김영환 金泳煥	법	법률	1920년	1923년 3월	검정	평남 안주	사법관시보(1926), 조선총독부 경성지법 검사, 경성·부산·대구·군산 지청 판사.	변호사, 반민특위에 체포되었으나 불기소.
5	양원용 梁源容	법	법률	1920년	1923년 3월	3고	전남 담양	사법관시보(1923), 대구지방법원 검사, 공주·대구·부산·경성·인천 지법 판사, 변호사.	경성지방재판소 부(副)수석판사, 변호사, 납북.
6	고긍명 高亘明	법		1922년	1926년 4월	마쓰야마고	경기 개성	조선총독부 제조과 속, 동우구락부 평의원, 칠곡·의성·영천·달성 군수.	달성군수, 공영토건 전무.
7	김성환 金星煥	법		1922년	1926년 4월	검정		세브란스의전 서기	서울대 약대 교수
8	김종만 金鍾萬	법		1923년	1926년 4월	3고		중동학교 교유	
9	김진태 金鎭兌	법		1922년	1926년 4월	2고		조선총독부 철도국 경성운수사무소 서기, 광주역장, 평양철도사무소 서평양역장.	군정청 교통국장 대리
10	김시각 金時覺	법		1923년	1927년 3월	3고	경남 창원	경남 사천군 속, 밀양군 산업과장·서무과장, 동래군 산업과장, 창원군 산업과장, 사천군수.	의령군수

11	민부훈 閔孚勳	법		1924년	1927년 3월	학습원 고등과	서울	남작 민종묵의 차남, 고등문관시험 사법과 합격(1930), 사법관시보(1931), 부산·대구 지방법원 판사, 진주·평양 지방법원 검사, 수뢰로 사직, 변호사 개업.	
12	이종원 李鍾元	법		1925년	1928년 3월	야마가타고	충남	충남 천안군 속, 부여·서산 군수.	충북 산업국장
13	김준평 金準枰 (金光準枰)	법		1925년	1928년 3월	3고	전남 여수	고등문관시험 사법과 합격(1927), 사법관시보(1928), 경성지방법원 검사대리, 평양지방법원 부장판사, 경성복심법원 판사, 전주 지방법원 판사.	반민특위에 체포되었으나, 기소유예, 기획처 차장, 납북.
14	길원봉 吉元鳳	법		1926년	1929년 3월	야마가타고	평남 맹산	3·1운동으로 6개월 복역, 고등문관시험 사법과(1932)·행정과(1934) 합격, 체신국 서무과 서기, 경성우편국 감독과 서기, 체신국 부사무관, 체신분장국 보험감독과장, 체신국 체신이원(吏員)양성소소장.	미군정 체신국 총무과장, 체신국장, 체신부장, 변호사 개업, 심계원(감사원) 심계관, 납북.
15	주상식 朱祥植	법		1926년	1929년 3월	야마가타고		함남 함흥·함주·풍산·고원군 속, 함남수산주식회사 감사, 대륙상공주식회사 이사.	강신물산주식회사 회장
16	한종건 韓鍾建	법		1926년	1929년 3월	4고	경남 함안	3·1운동으로 징역 6개월 집행유예 3년형, 신간회 교토지부 활동, 고등문관시험 사법과(1932)·행정과(1933) 합격, 전북 경찰부 경무과 경시, 황해도 경찰부 경시(보안과장), 평남 경찰부 경시, 대구 세무감독국 서무부장(사무관), 평북 재무부 재무부장 등 역임.	미군정 제6관구 경찰청장, 경무부 공안국장 겸 대구치안총사령관, 미군정청 경무부 차장, 민의원 의원, 감사원 감사위원, 변호사.
16·1	김영배 金英培	법			1930년 3월	법전	(법학전문학교)	전북도지사 관방 속	고려공예품조합장

17	김일석 金一錫	법		1927년	1930년 3월	야마구치고		경성 본정경찰서 근무	납북
18	이일준 李日駿	법		1927년	1930년 3월	야마가타고		저축은행 함흥지점 근무, 광주지점장.	
19	이택수 李宅洙	법		1927년	1930년 3월	3고		조선총독부 내무국 지방과 속.	내무부 건설국 서무과장, 납북.
20	임헌평 林憲平	법		1927년	1930년 3월	야마구치고	경기 개성	고등문관시험 사법과(1932)·행정과(1933) 합격, 의령·울산·진양 군수, 개성부윤, 경기도 산업부장·광공부장.	변호사, 안보화재해상보험주식회사·한국손해재보험공사·동방해상화재보험주식회사 사장.
21	강병옥 姜炳鈺 (牧野秀雄)	법		1926년	1931년 3월	야마구치고		함남 경찰부 고원·홍남·신홍 경찰서 경부보	납북
22	김기청 金基青	법		1928년	1931년 3월	야마구치고		도쿄정치학교 교수	
23	김호우 金虎羽	법		1928년	1931년 3월	야마구치고	평남 강동	총독부 학무국장 김대우의 동생, 평남 중화경찰서 경부보, 평양경찰서 경부, 평남 경찰부 위생과 경부, 평양경찰서 보안주임, 평남 영원경찰서장.	마포경찰서장, 동대문경찰서장, 치안국 보안과장·수사과장, 충남경찰국장.
24	노용호 盧龍鎬	법		1928년	1931년 3월	3고	충남 서천	고등문관시험 사법과(1933)·행정과(1934) 합격, 사법관 시보(1935), 경성지방법원 검사대리, 경성·부산·대구 지방법원 판사, 광주 지방법원 판사 노재승의 장남.	남조선 과도입법의원 사무처 부사무장, 제헌국회 사무처 차장 겸 법제조사부장, 대법원 사법행정처장, 대법원 판사, 부산지방법원장, 대구고등법원장, 변호사.
25	이강준 李康埈	법		1927년	1931년 3월	야마가타고	전북 임실	만주국 국무원 총무처, 만주국 사법국 통계처 속관, 진저우성공서 총무과 속관, 젠다오성 성장관방사무관, 젠다오성 실업청 식산과장, 빈장성 하얼빈시공서 실업처 농정과장·식산과장, 만주국 협화회 하얼빈시 금강분회(조선인 분회) 평의원.	광산업
26	이종형 李鍾瀅	법		1928년	1931년 3월	히로시마고		실업	이(李)양조장

27	이재희 李在熙	법		1928년	1931년 3월	히로시마고		미상	전주공증인 이재희사무소
28	이만영 李萬英	법		1928년	1931년 3월	야마구치고	신의주	압록강토지개량회사 근무.	이북 거주.
29	윤상구 尹相求	법		1928년	1931년 3월	마쓰야마고	충남 아산	강원도 정선군 속, 충남 청양·대덕 군수.	충남 홍성군수, 보건사회부 과장, 강원·충북 문교사회 국장, 내무부 지방국장, 국정교과서주식회사 이사, 부사장.
30	장항성 張恒誠	법		1928년	1931년 3월	고치고		미상	
31	최정수 崔正洙 (高山 英一)	법			1931년 3월	3고		실업	
32	최형원 崔亨元	법		1928년	1931년 3월	야마구치고		사망(《동창회보》 창간호)	
32·1	최제주 崔薺誅	법		1928년					
33	김광근 金光根	법		1929년	1932년 3월	시즈오카고	서울	대구 지방법원 판사 김형근의 형. 고등문관시험 사법과 합격(1931), 사법관시보(1932), 경성 지방법원 검사대리, 전주 지방법원 판사(조선공산당 재건운동 재판 판사) 1937년 퇴직 후 만주국 사법부 민사사 제2과 사무관, 옌지 지방법원 심판관(판사), 통화 지방법원 심판관·차장, 1941년 경성에서 변호사 개업, 매일신보사 법률고문.	변호사, 신한녹화주식회사 사장.
34	김시명 金時明	법		1929년	1932년 3월	사가고	평남 평양	작가 김사량의 형, 고등문관시험 사법과·행정과 합격(1933), 홍천·평창·강릉 군수, 함흥 보호관찰소 촉탁보호사, 전북 산업부 농촌진흥과장(이사관), 녹기연맹 전주지부 간사, 평남 산업부 농정과장(이사관), 황해도 참여관, 전주 전매국 국장(서기관).	전매국 국장, 서울에서 변호사 개업, 납북.
35	김영길 金永吉	법		1929년	1932년 3월	마쓰야마고		도쿄에 거주.	법률학자, 일본에 거주.

36	이경원 李景源	법		1929년	1932년 3월	고치고		평남 평양부청 내무과 속, 경성조선신문사 근무.	
37	임성호 林誠鎬	법		1929년	1932년 3월	야마가타고	충남	금광업, 삼협공업회사 취체역.	한국민주당 발기인(정보부), 대창토목회사 이사장, 대성건설회사 사장, 북삼화학회사 전무취체역·이사장, 납북.
38	서승표 徐承杓	법		1929년	1932년 3월	히메지고	서울	고등문관시험 행정과 합격(1933), 평남도청 학무국, 평북 운산·희천 군수, 평북 이사관(노무국장).	대한중석 이사, 납북.
39	오효근 吳孝根	법		1929년	1932년 3월	사가고	평남	농업	목포사범 교장, 목포제일여자종합고 교장.
40	진양근 陳洋根	법		1929년	1932년 3월	야마구치고	함남 홍원	만주국 대동학원 제1부 제1기 졸업, 대동학원 동창회 젠다오지부장, 만주국 신징 민정부 척정사 제2과 이사관, 산업부 개척총국 초간처 사무관, 안동시 행정과장, 젠다오성 민생청 지방과장, 동남지구 특별공작후원회 옌지지부 위원, 만주국 총무청 지방처 참사관, 둥만총성 허룽현 현장.	반민특위에 체포되었다가 석방, 대한식량공사 경기도 지부장, 한국미곡창고주식회사 전무이사, 칠양산업주식회사 사장.
40·1	김린이 金麟伊	법		1929년				교토공산당 사건 피검.	도색영화 사건으로 구속(1947. 2).
40·2	문기영 文基永	법		1929년					
41	정사섭 鄭四燮	법		1930년	1933년 3월	히로시마고		1944년 1월 사망.	
42	김대환 金大煥	법		1930년	1933년 3월	야마구치고		조선상업은행 본점 사계과 근무, 상업은행 동대문지점장 대리.	
43	이윤재 李允載	법		1929년	1933년 3월	야마구치고		경성선일지물주식회사 과장	

44	박이순 朴彛淳 (新居廣)			1930년	1933년 3월	야마가타고	평남 안주	고등문관시험 사법과(1933)·행정과(1934) 합격, 파주군수, 명륜전문학원 강사, 평북 내무부 사회과장(이사관), 중추원 서기관, 조선사편수회 간사.	미군정청 사법부 법률조사과장(서기관), 경성 지방법원 판사, 한국대(지금의 국제대) 교수, 국민대 학장서리, 해군 진해통제부 법무참모, 해군본부 법무감(대령), 민주공화당 중앙위원, 변호사.
45	백붕제 白鵬濟	법		1930년	1933년 3월	마쓰야마고	평북 정주	고등문관시험 사법과(1934)·행정과(1935) 합격, 경북 군위군수, 경북 내무부이사관(조정과장), 황해도 산업부 이사관(농정과장), 전북 산업부 농정과장 겸 내무부 국민총력과장 겸 중견여자수련소 소장, 전남 내무부 사회과장.	미군정 경기도 재무부장, 출판사 수선사 설립 운영, 형 백인제와 함께 백병원 설립, 납북.
46	최윤전 崔允銓	법		1930년	1933년 3월	야마가타고		평남 양덕군 속	국회 법제조사국 전문위원, 명지중등전문 교사.
47	현기영 玄基永	법		1929년	1933년 3월	야마구치고		사망(《동창회보》 창간호)	
48	이항우 李恒雨 (藤山孝雄)	법		1930년	1934년 3월				
49	강신태 姜信泰	법		1931년	1934년 3월	사가고		교토제대 법학부 대학원, 변호사.	광주중 교장
50	김상윤 金相潤	법		1931년	1934년 3월	마쓰야마고			이북 거주.
51	김일(준)흡 金馹(駿)洽	법		1931년	1934년 3월	야마가타고			
52	김종술 金鍾述	법		1931년	1934년 3월	마쓰야마고	전남 순천	전남도청 산업과, 전남 장성군 내무과장, 총무과장.	곡성군수, 전남 지방과장, 농림산업국장, 문교사회국장, 서울특별시 교육감실 관리국장.
53	김치옥 金致玉	법		1931년	1934년 3월	야마가타고		동흥주식회사 이사	행방불명

54	이수용 李壽鎔	법		1931년	1934년 3월	야마가타고	서울	경기도청 지방과 속, 경성부청시국 총동원과 속, 양평·풍천·파주 군수 속.	중앙청 귀속사업처장, 민의원 국방위원회 전문위원.
55	문동표 文東彪	법		1931년	1934년 3월	도야마고	서울	역사학자 문일평의 아들, 조선일보사출판부 근무, 조광사 감사.	조선일보사 중역, 조선신문기자회 위원장단의 일원(1947), 납북.
56	오현문 吳鉉文	법		1931년	1934년 3월	마쓰에고	평북	경기도청 학무과 속, 이화고등여학교	이북 거주.
57	홍용식 洪龍植	법		1931년	1934년 3월	야마구치고	충남 천안	화신, 경성선일지물주식회사 근무, 경성 세브란스 의용품(醫用品) 상회 주임.	이북 거주.
57·1	한상면 韓相冕	법		1931년					
58	김대벽 金大璧	법		1932년	1935년 3월	마쓰야마고			
59	곽봉린 郭鳳麟	법		1931년	1935년 3월	사가고	평양	평남 대동군 지방서기, 평남 평양부 시국과 속.	이북 거주.
60	변옥주 卞沃柱 (田中護)	법		1932년	1935년 3월	히로시마고	전남 장흥	고등문관시험 사법과 합격(1935), 부산지법 판사, 청진지법 판사, 부산지법 통영지청 판사.	부산지법 부장판사·소년부 지원장, 중앙선거위원회 경남 선거위원, 대구고법 부장판사, 전주지법원장, 서울고등법원장, 대법원 대법관.
61	한웅길 韓雄吉	법		1932년	1935년 3월	히로시마고	함북 경흥	만주 대동학원 제1부 제6기 졸업, 만주국 산업부 이재과 근무, 동남지구 특별공작후원회 용강지부 상무위원, 무단장성 민생청 사무관, 만주국협화회 무단장시 본부위원, 쓰핑성 사무관, 둥만총성 이사관.	서울사범대학 강사, 중앙대 법정대학 학장, 동국대 법대 교수, 농협 부회장, 영남대 법대 학장, 한국번역문화교수협회 회장.
62	문종철 文鍾哲 (文村聖)	법		1932년	1936년 3월	3고	제주	고등문관시험 행정과 합격, 전남 군·사회과·지방과 속.	전남도청 상무과장, 회계과장, 관재국 감사서장, 동방공업주식회사 사장, 법제처 법제관, 법제처 제2국장, 농업경영.
63	오태룡 吳泰龍	법		1932년	1936년 3월	사가고		대구세무감독국 근무.	대한플라스틱공업주식회사 상임이사

64	현봉섭 玄鳳燮	법		1932년	1936년 3월	야마구치고		경성방직 영등포공장 근무.	상업
65	마종도 馬鍾道 (木川 祐輔)	법		1932년	1936년 3월	야마구치고	경기	교토제대 법학부 대학원, 조선상업은행 동대문·용산·종로지점 지배인.	한국상업은행 상무이사, 동방증권주식회사 사장.
66	서정식 徐廷植	법		1932년	1936년 3월	히로시마고		경성식산은행 본점 근무.	
67	선우 형순 鮮于 亨筍	법		1932년	1936년 3월	무사시고		만주국 국무원 홍보과, 만주국협화회 홍보과 촉탁.	제일학원 강사
67·1	김봉안 金鳳晏	법		1932년					
68	신언한 申彦瀚 (平山 靖久)	법		1934년	1937년 3월	사가고	평북 의주	고등문관시험 사법과 합격(1942), 경성지방법원 검사국 검사, 교토제대 대학원.	남로당 이주하 사건 담당검사, 서울지검 부장검사, 서울고검 차장검사, 법무부 검찰국장 겸 대검검사, 법무부 차관·장관(서리), 변호사.
69	이정구 李貞求 (高山 愛三)	법		1934년	1937년 3월	야마구치고	강원 원산	주식회사 화신	이북 거주.
70	박덕채 朴悳采	법		1934년	1937년 3월	마쓰에고	평남	조선중앙무진주식회사	이북 거주.
71	김명구 金命求	법		1934년	1937년 3월	마쓰에고	평남		이북 거주.
72	김경상 金慶祥	법		1934년	1937년 3월	마쓰에고	평양	상업	
73	김규녕 金圭寧	법		1934년	1937년 3월	후쿠오카고	대구	대구금융조합 이사	
74	김소인 金小仁	법		1934년	1937년 3월	마쓰야마고	전남 순천	총독부 재무국 세무과 속, 나주·광주 세무서 속.	목포·광주 세무서 서장, 대전·광주·부산·서울 사세청장, 동양철강주식회사 사장.
75	김신길 金辛吉	법		1934년	1937년 3월	6고		사망(《동창회보》 4호)	

76	신형규 申炯圭 (平山 炯圭)	법		1932년	1938년 3월	히로시마고		경남산업조합협회 주사	동방흥업주식회사 이사
77	김수환 金脩桓	법		1936년	1939년 3월	마쓰야마고		조선식산은행 본점 근무.	광장주식회사 이사
78	이노재 李魯宰 (國本 魯宰)	법		1935년	1939년 3월	마쓰에고	경남 김해		부산여중·부산중 교감, 문교부 근무, 이리농업고 교장.
79	강신환 姜信桓 (山田 桓)	법		1934년	1939년 3월	사가고	전남 광주	농업	
80	권택상 權澤相 (松本 智雄)	법		1936년	1939년 3월	1고	서울	조선총독부 내무국 속	내무부 지방과장, 재무부 사세국 징수과장, 광주사세청 총무국장, 서울사세청 세무국장, 부산사세청장, 재무부 사세국장, 한국경제개발협회 이사.
81	김업 金業 (南原 淸)	법		1935년	1940년 3월	경성제대 문학과	서울	고등문관시험 행정과 합격(1940), 전남도청 사회과 근무, 연기군수.	충남 보건후생부 후생과장 보조관, 외자청 조정국장, 서울시 상공국장, 공군본부 경리국장, 국방부 제3국 부국장, 공군 대령 예편, 대한중석공업주식회사 부이사장, 국방부 사무차관, 영진기업주식회사 대표.
82	안호열 安鎬烈	법		1936년	1940년 3월	오사카고	함남 함주	식산은행 나남지점 근무.	한국은행 문서국장
83	배영호 裵泳鎬 (星元 朗秀)	법		1937년	1940년 3월	야마구치고	경북 대구	고등문관시험 사법과 합격(1942), 대구 지방법원 예비판사.	대구 지방법원·고등법원 부장판사, 대검찰청 검사, 법무부 법무국장, 국회사무총장, 법무부 장관.
84	김영집 金永執	법		1937년	1940년 3월	6고	충남 논산	고등문관시험 행정과 합격(1939), 충북 내무부 지방과, 괴산군수, 강원도 이사관.	강원도 내무부 회계과장·지방과장, 대구고 교장.
85	박연우 朴鍊祐	법		1937년	1941년 3월	고치고	함남 함주	만주국 사법부 근무.	

86	박종식 朴鍾軾 (新井豊)	법		1938년	1941년 3월	6고	경북 청도	총독부 학무과 근무.	이북 거주.
87	장경학 張庚鶴 (吉本鶴彦)	법		1938년	1941년 12월	마쓰야마고	함남 문천		연희대 교수, 서울신문사 논설위원, 동국대 교수.
88	현영익 玄永翊	법		1939년	1941년 12월	세이조고	전남 광양		납북
89	정인흥 鄭仁興 (大川眞仕)	법		1939년	1941년 12월	마쓰에고	경남 김해		부산대·동아대·서울대·경희대·건국대·국민대·성균관대 교수, 한국행정학회·정치학회 회장.
90	조기열 趙基烈 (白川烈)	법		1939년	1941년 12월	사가고	평남 용강	고등문관시험 사법과 합격(1942), 조선총독부 판사.	법무부 총무국장, 납북.
91	최용길 崔龍吉 (島津龍吉)	법		1939년	1941년 12월	고치고	전남 광주		
92	안수벽 安洙璧 (安田高明)	법		1939년	1941년 12월	고치고	평양		
93	한환진 韓桓鎭 (箕本光茂)	법		1939년	1941년 12월	6고	평남 평원	고등문관시험 사법과 합격(1942), 동경제대 대학원(형사학), 조지워싱턴대 연수(헌법).	서울고등법원 판사, 대법원 대법관 직무대리, 단국대·국민대 교수, 변호사.
94	허일희 許日禧 (松川日禧)	법		1939년	1942년 9월	사가고	평북 구성		이북 거주.
95	박상문 朴商汶 (新井道善)	법		1941년	1943년 9월	사가고	경남 진주		변호사
96	정영석 鄭榮錫 (河東榮錫)	법		1941년	1943년 9월	7고	평북 철산		연세대 교수
97	문재수 文在洙 (文野在洙)	법		1940년	1943년 9월	사가고	함흥		이북 거주.

98	박인수 朴麟秀	법		1940년	1943년 9월	4고	충북 보은		
99	서기원 徐起源	법		1941년	1943년 9월	히메지고	전남 광주		변호사
100	한양섭 韓養燮 (韓村 養燮)	법		1940년	1943년 9월	마쓰야마고	평양		대창금속공업주식회사 사장
101	손성규 孫聖奎 (孫田 聖一)	법		1942년	1944년 9월	마쓰에고			전남대 교수
101·1	황기병 黃基丙 (大原 建民)	법		1940년	1944년	후쿠오카고	경북 경산		
101·2	윤세창 尹世昌 (松本 世昌)	법		1942년	1944년	사가고			고려대 교수
102	서정갑 徐廷甲 (大川 恒一)	법		1940년	1945년 10월	사가고	충남 보령		동국대 교수
102·1	桑波田 奎治	법		1942년					
102·2	安本 勝章	법		1942년					
102·3	유정민 柳井敏	법		1942년					
102·4	서돈각 徐燉珏	법			1945년	마쓰에고	대구		서울대 교수, 동국대·경북대 총장, 대한민국학술원장.
102·5	진병길 陳炳佶	법			1945년	히로사키고			불명
102·6	이흥문 李興文	법			1945년	마쓰에고			이북 거주.
102·7	김주현 金周鉉	법			1945년	히로사키고			이북 거주.

102·8	이창규 李昌圭	법			1945년	야마구치고			경남고등학교
103	윤일선 尹日善	의	의학	1919년	1923년 6월	6고	충남 아산	세브란스의학전문 교수, 의학박사(교토제대), 윤치오의 아들, 윤보선의 사촌.	조선학술원 의학부장, 경성대 의학부장, 서울대 대학원장·부총장·총장, 대한민국 학술원장, 원사력 원 원장, 한국과학문화재단 이사장.
103·1	박원신 朴元信	의	선과 의학	1913년					
103·2	김태민 金泰玟	의	선과 의학	1913년					
103·3	김종원 金鐘遠	의	선과 의학	1913년					
103·4	오명량 吳明良	의	선과 의학	1914년					
103·5	유홍종 劉洪鍾	의	선과 의학	1917년					
103·6	안남규 安南奎	의	선과 의학	1918년					
103·7	유일준 兪日濬	의	선과 의학	1918년		경성의전	경기 안성	경성제대에서 연구, 독일 프라이부르크대에 유학해서 학위 취득, 경성의전 교수, 1932년 사망.	
103·8	박창훈 朴昌薰	의			1925년	경성의전		의학박사(교토제대)	박창훈의원장
104	문목규 文穆圭	의	의학	1922년	1926년 3월	3고		경성제대 의학부 조수, 의학박사(경성제대), 진성당병원, 도립철원의원 촉탁, 도립강릉의원 의관.	
104·1	이갑수 李甲洙	의	전수과	1921년		오카야마의전		의학박사(교토제대), 경성제대 의학부 강사.	서울대 의대 학장, 납북.

104·2	민병기 閔丙棋	의			1931년	경성의전		의학박사(교토제대)	국회의원
104·3	신성우 申聖雨	의			1932년	경성의전		의학박사(교토제대)	인민군 군의, 평양의대 교수, 평양의대병원 안과 과장, 보건부학술위원회 부위원장, 조선의학과학원 부원장.
104·4	이석갑 李錫甲	의			1932년	경성의전			
105	최정렬 崔定烈	의	의학과	1928년	1932년 3월	사가고	평남	경성제대 의학부 소아과, 함남 함흥도립병원 근무.	
105·1	최명학 崔明鶴	의	전수과	1928년	1932년	세브란스의전		의학박사(교토제대), 함흥 최명학의원 개원.	함흥의과대학 학장, 과학원 농업의학부문 위원장, 의학연구소 소장.
105·2	김하식 金夏植	의			1933년	경성의전			
105·3	고문룡 高文龍	의			1933년	경성의전		만주국에 거주.	
106	손형술 孫亨述	의	의학	1930년	1934년 3월	5고		교토제대 병리학 교실 근무.	일본 고베시에 의원 개원.
106·1	최상채 崔相彩	의			1934년	경성의전		의학박사(교토제대), 제주도립병원 외과장.	전남대 총장
106·2	오한영 吳漢泳	의			1934년	아사히의전		의학박사(교토제대), 세브란스의학전문 교수.	보건사회부 장관
106·3	이영춘 李永春	의			1935년	세브란스의전		의학박사(교토제대)	농촌위생연구소장
107	김용준 金容俊 (光山正道)	의	의학	1932년	1936년 12월			소아과 전공.	일본 고베시에 의원 개원.
107·1	이갑수 李甲秀	의	전수과	1933년	1936년	베를린대		의학박사(교토제대), 경성여자의학전문 교수, 이내과의원 개원.	보건부 차관, 수도의과대학 학장.

107·2	윤치왕 尹致旺	의	전수과	1933년	1936년	글래스고대		의학박사(교토제대, 산부인과), 세브란스의학전문 교수.	윤치왕산부인과의원 개원.
107·3	최재유 崔在裕	의	전수과	1934년	1937년	세브란스의전		의학박사(교토제대, 안과), 세브란스의전 교수.	이화여대 교수
107·4	정준모 鄭準模	의	전수과	1934년	1937년	검정		의학박사(교토제대), 경성동인병원.	범양약화학주식회사 회장
107·5	이효섭 李孝燮	의	전수과	1934년	1937년	경성의전		의학박사(교토제대), 진남포간역보험진료소.	
107·6	고병간 高秉幹	의	전수과	1936년	1937년	세브란스의전		의학박사(교토제대, 외과), 세브란스의전 교수.	경북대 초대 총장, 문교부 차관, 연세대·숭실대 총장.
107·7	장원용 張元用	의	전수과	1933년	1938년	아사히의전		의학박사(교토제대), 대구동산병원 근무.	장안이비인후과 원장
107·8	김종인 金鍾仁	의			1939년	경성제대		의학박사(교토제대), 교토제대 이노우에내과 근무.	김종인내과의원장
107·9	조동수 趙東秀	의			1939년	세브란스의전		의학박사(교토제대, 소아과)	
107·10	김성식 金聖湜	의			1939년	세브란스의전		의학박사(교토제대, 내과)	김성식내과의원장
107·11	최성장 崔性章	의			1940년	세브란스의전		의학박사(교토제대, 외과), 세브란스의학전문 강사.	중동중고 이사장, 최외과의원 원장.
107·12	김장성 金將星	의			1940년	경성의전		안성도립병원 외과 과장	
107·13	김희준 金希俊	의			1940년	경성의전		의학박사(교토제대)	김희준안과병원장
108	남상호 南相鎬 (南彰)	의	의학	1937년	1941년 3월	6고	함남 원산	교토제대 병리학연구실 근무.	보건후생국장, 예방의학국장, 서울제6구호병원 원장.

108·1	양원철 梁源哲	의			1941년	세브란스의전		의학박사(교토제대, 내과)	양원철의원장
108·2	서병수 徐丙守	의	전수과	1937년	1942년	세브란스의전		의학박사(교토제대, 외과)	한국나이롱회사 대구공장의무실 근무.
108·3	정태섭 鄭泰燮	의	전수과	1937년	1942년	경성의전			
108·4	平居 康治	의	전수과	1938년					
108·5	이만준 李萬俊	의	전수과	1939년	1942년	경성의전		의학박사(교토제대, 정신의학)	이만준정신신경과의원장
108·6	김성우 金聲宇	의	전수과	1939년	1943년	경성의전			김성우병원장
108·7	강동완 姜東完	의	전수과	1939년	1944년	평양의전		의학박사(교토제대, 소아과)	효성의원장
108·8	박두식 朴斗軾	의	전수과	1939년	1943년	大醫			박피부과의원장
108·9	서형남 徐炯南	의	전수과	1939년	1943년	세브란스의전			해동의원장
108·10	박준 朴浚	의	전수과	1939년	1944년	경성의전			사단법인 민중병원장
108·11	임정섭 林正燮	의	전수과	1939년	1943년	세브란스의전			브라질에서 개원.
108·12	박소암 朴小巖	의	전수과	1939년	1944년	세브란스의전			박소암이비인후과의원장
109	김창환 金昌煥 (金忠孝憲)	의	의학	1939년	1943년 9월	사가고	평남 강동		이북 거주.

110	김배준 金培濬 (金原培濬)	의	의학	1939년	1943년 9월	사가고	함남 정평		평양의과대 학장, 최고인민회의 중앙위원, 조선적십자 중앙위원, 에스페란토협회 위원장.
110·1	윤형로 尹衡老	의			1943년	세브란스의전		의학박사(교토제대, 내과)	윤내과의원장
111	양함기 梁涵紀	의	의학	1941년	1944년 9월	고치고	경남 함양		양의원장
111·1	백태성 白泰星	의			1944년	세브란스의전		의학박사(교토제대, 외과)	
111·2	이철영 李喆永	의			1944년	세브란스의전		의학박사(교토제대, 내과)	이철영내과의원장
111·3	최국환 崔國煥	의			1944년	야마구치고			일본에 거주.
111·4	이종덕 李鍾德	의			1944년	세브란스의전			이외과의원장
111·5	강성구 姜聖求	의			1944년	경성의전			이북 거주.
111·6	조창호 趙昌鎬	의			1944년	세브란스의전		의학박사(교토제대, 내과)	조내과의원장
111·7	노병조 盧炳珇	의			1944년	慈惠醫		의학박사(교토제대)	노소아과의원장
111·8	이의영 李儀永	의			1944년	세브란스의전		의학박사(교토제대, 외과)	
111·9	이영준 李永俊	의			1944년	세브란스의전		의학박사(교토제대, 산과)	이영준의원장

111·10	윤정상 尹貞相	의			1944년	세브란스의전			이북 거주.
111·11	조명제 趙命濟 (小琳命濟)	의		1941년	1944년	세브란스의전		의학박사(교토제대, 외과)	
111·12	김치수 金致洙	의			1944년	세브란스의전		의학박사(교토제대, 산과)	광제의원장
111·13	심상환 沈相煥	의			1944년	경성의전		의학박사(교토제대)	서울대 교수
111·14	오정국 吳正國	의			1944년	경성의전		의학박사(교토제대, 내과)	오정국내과의원장
111·15	김덕호 金德浩	의			1944년	경성의전		의학박사(교토제대)	김덕호외과의원장
111·16	이정규 朴貞圭	의			1944년	경성제대			이북 거주.
111·17	이기섭 李基燮	의			1944년	세브란스의전		의학박사(교토제대)	이기섭외과의원장
111·18	이용훈 李容勛	의			1944년	세브란스의전		의학박사(교토제대)	
111·19	정진욱 鄭鎭旭	의			1945년	세브란스의전		의학박사(교토제대)	정진욱산부인과의원장
111·20	최황근 崔況根	의			1945년	경성의전			최황근의원장
111·21	김충흠 金忠欽	의			1945년	교토약학전문			농약협동조합

111·22	민광식 閔珖植	의			1945년	세브란스의전		의학박사(교토제대)	연세대병원 외과 과장
111·23	설경성 薛景成	의			1945년	세브란스의전		의학박사(교토제대)	설산부인과의원장
111·24	이인민 李仁敏	의			1945년	경성의전			정형외과
111·25	정인희 鄭仁熙	의			1945년	세브란스의전		의학박사(교토제대)	연세대 교수
111·26	大城浩	의		1941년					
111·27	香山 聖進	의		1941년					
111·28	松山 信夫	의		1941년					
111·29	白村 受煜	의		1942년					
112	강석린 姜錫麟	의	의학	1942년	1945년 9월	야마구치고		의학박사(교토제대, 외과)	국립중앙의료원 방사선과
113	정극수 鄭克守 (松岩 克守)	의	의학	1942년	1945년 9월	6고			경북대 교수
114	안인환 安仁煥 (吉田 仁煥)	의	의학	1941년	1945년 9월	야마구치고	평남 안주	의학박사(교토제대)	이북 거주.
115	이동선 李東鮮 (李家 東鮮)	의	의학	1942년	1945년 9월	야마구치고			이북 거주.
115·1	조태순 趙泰淳	의			1945년	세브란스의전		의학박사(교토제대, 안과)	조태순안과의원장

115·2	정대협 鄭大浹	의			1945년	세브란스의전		의학박사(교토제대, 이과)	동산의원장
116	유전 劉銓	공	제조화학		1911년 7월		경기	태극학회·대한흥학회 회원, 세브란스의학전문 교수, 조선제사(製絲)주식회사·경성제사주식회사 취체역, 조선경제회 발기인, 중앙공우회 창립위원장, 경성상업회의소 평의원, 조선민립대학기성회 경성지방부 감사원, 동민회 이사, 물산장려회 위원, 경성여자상업 교장.	조선공업기술협회 고문
116·1	조종관 趙鍾觀	공	선과	1911년					
117	안재학 安在鶴	공	공업화학	1920년	1923년 3월	3고		안재홍의 동생, 영국 유학, 연희전문 교수, 흥업구락부 회원.	
118	김상열 金相悅	공	공업화학	1925년	1928년 3월	야마구치고	경북 대구	대구 교남학교 교사	대구사범대 교수, 대구여자상업고 교장, 국강학원 설립, 경북대 총장.
119	리승기 李升基	공	공업화학	1928년	1931년 3월	마쓰야마고	전남 담양	오사카부 다카쓰기 교토제대화학연구소 연구원, 공학박사, 교토제대 조교수.	조선학술원 상임위원, 서울대 초대 공과대학장, 월북, 북한 과학원 화학연구소 소장, 비날론 생산.
119·1	박천권 朴千權	공	선과 공업화학	1935년	1938년 3월	연희전문		오사카합동주식회사 유지부 화학공장 근무.	동양화학 삼척공장 지배인, 동래 삼우화학공업주식회사
119·2	윤홍기 尹弘基	공	선과 공업화학	1939년	1941년 9월	연희전문	경기 안성		연희대 교수.
120	오동욱 吳東昱 (松田東昱)	공	공업화학	1941년	1943년 9월	마쓰에고	평남 대동		이북 거주.
120·1	유석복 柳錫福 (柳澤錫福)	공	공업화학	1939/1941년	1943년 9월	연희전문	경기 개풍		

121	이계수 李桂秀 (岩田 武造)	공	공업화학	1942년	1944년 9월	야마구치고			이북 거주.
122	홍윤명 洪允命 (星江 允命)	공	공업화학	1942년	1944년 9월	연희전문			연세대 교수
123	이재업 李在業 (李東 在業)	공	공업화학	1942년	1944년 9월	야마나시고공			이북 거주.
124	海平 昌秀	공	공업화학		1945년 9월				
124·1	김진원 金鎭元	공	공업화학		1945년 9월	5고			한일세멘트공업주식회사 상무이사 겸 공장장
124·2	이현오 李賢五	공	공업화학		1945년 9월	연희전문			인하공과대 교수
124·3	이효순 李孝順	공	건축	1928년	1931년 3월	경성고공		건축업	
125	이희준 李熙晙	공	토목공학	1922년	1926년 3월	2고	서울	총독부 내무국 토목과 기수, 총독부 내무국 평양토목출장소 기사, 삼양사 이사, 만주국 젠다오성 삼척기업주식회사 전무.	조선전업주식회사 사장 겸 고문
126	최경렬 崔景烈 (朝山 景)	공	토목공학	1926년	1929년 3월	사가고	평남 순천	조선총독부 토목과 기수, 기사(한강 신인도교, 지금의 한강대교 설계·감독, 평양 보통강 직강공사, 인천 제2갑문공사 등 주요 공사 관여).	조선학술원 공학부장, 내무부 건설국장, 서울시 부시장, 대한토목학회 회장, 서울대·한양대 명예교수, 학술원 회원.
126·1	한택주 韓澤柱	공	토목공학	1926년					
126·2	한용아 韓龍兒	공	선과 토목공학	1937년					

126·3	마종승 馬鍾昇	공	토목공학	1936년	1937년 3월	연희전문		평양부 철도국 평양개량사무소 기수, 황주공사 조역, 경성철도국 공무부 개량과 기수.	서울지방철도국 보선과장, 철도건설국 건설과장, 교통부 시설국 기감, 철도건설국장(기감), 동양화학공업주식회사 이사.
127	達川哲	공	토목공학	1942년	1944년 9월			황인영·서도원·김종식 중 2인의 성명으로 추정.	
128	金澤義雄	공	토목공학	1942년	1944년 9월				
128·1	황인영 黃仁永	공	토목공학		1944년 9월	7고	경북 김천		대구사범대 교수, 이북 거주.
128·2	서도원 徐道源	공	토목공학		1944년 9월	3고			이북 거주.
128·3	김종식 金鍾軾	공	토목공학		1944년 9월	야마나시고공			불명
129	문원주 文源柱 (永平文康)	공	채광야금	1926년	1929년 3월	2고	경남 창원	미쓰이광산회사 근무, 대동광업주식회사 장진광업 소장, 일본 중외광업 평북 완풍영업소 소장, 경기도 형석광산 자영, 충북 충청중사광산 자영.	한국광업진흥주식회사 지배인·부사장, 대명광업개발주식회사 부사장, 경인철광주식회사 고문.
130	박찬희 朴璨熙	공	채광야금	1934년	1938년 3월	사가고		평북 구성군 천마면 탑동고하평안광업소, 함남 장진군 삼포리 대동장진광업소 근무.	대한중석회사 이사, 이북 거주.
130·1	김재을 金在乙	공	채광야금	1934년	1938년 3월	연희전문	전남 여수	이학부 159번 참조.	이북 거주.
130·2	최계순 崔季淳	공	선과 채광야금	1935년	1938년 3월	연희전문	전남		미국 거주.
130·3	홍준기 洪準箕	공	선과 채광야금	1936년	1939년 3월	연희전문		조선총독부 식산국 광산과 근무.	미군정청 상무부 광산과장·채광과장, 서울대 공과대 교수, 대명광업개발주식회사 전무이사.

131	황보대헌 皇甫大憲	공	채광학	1942년	1944년 9월	명륜전문			광진(鑛振)이사, 납북.
131·1	鳳山武甲	공	채광학	1942년					
131·2	이성준 李聖濬	공	선과 채광야금	1937년	1940년 3월	연희전문	충남 예산	교토제대 공학부 전기교실에서 연구.	이북 거주.
131·3	우형주 禹亨疇	공	선과 채광야금	1938년	1941년 9월	연희전문	평양		서울대 교수
131·4	김두현 金斗顯	공	선과 채광야금	1939년	1941년 9월	연희전문	서울		신한전기공업 부사장
131·5	윤충섭 尹忠燮	공	전기	1940년	1942년 9월	연희전문	서울		이북 거주.
132	배준호 裵準鎬 (星元聽秀)	공	전기	1941년	1943년 9월	2고	대구		
132·1	여병윤 呂秉允 (星村熙道)	공	선과 전기	1941년	1943년 9월	연희전문			
132·2	김창수 金昌壽	공	전기		1945년 9월	연희전문	황해		미국 뉴욕 시라큐스대 교수
133	황영모 黃泳模	공	기계공학	1928년	1931년 3월	마쓰야마고	경북 상주	포드자동차 일본지사 근무, 동아일보사 공장장, 경성방직주식회사 공장장, 남만방적주식회사 평텐공장장.	서울대 교수, 공과대학 학장.
133·1	곽용국 郭龍國	공	선과 기계공학	1936년					
134	이재영 李在英 (木本在英)	공	연료화학	1941년	1943년 9월	후쿠오카고	평남 강동		이북 거주.

135	김문휘 金文輝 (圓城文輝)	공	섬유화학	1941년	1943년 9월	후쿠오카고	대구		대아산업건설주식회사 회장, 근동화학공업사 대표.
136	김태열 金泰烈 (金山泰烈)	공	섬유화학	1942년	1944년 9월	후쿠오카고			이북 거주.
137	송법섭 宋法燮 (松岡秀明)	공	섬유화학		1945년 9월	5고			이북 거주.
138	최현배 崔鉉培	문	철학(교육학교수법)	1922년	1925년 3월	히로시마고등사범	경남 울산	연희전문학교 교수, 철학연구회 회원, 흥업구락부 사건으로 교수직 파면, 조선어학회 사건으로 4년 옥고.	조선학술원 상임위원, 문교부 편수국장, 연세대 교수, 문과대학 학장, 부총장, 학술원 회원, 부회장, 한글학회 이사장, 세종대왕기념사업회 이사, 부회장, 대표이사.
139	심용안 沈龍眼	문	철학(사회학)	1925년	1928년 월	3고		사망(《동창회보》 창간호)	
140	김종흡 金宗洽	문	철학(종교)	1927년	1930년 3월	검정		개성 송도중 교무주임, 고창고보 교장, 보성중학교	서울대 교수·부총장.
140·1	배익우 裵翊禹	문	철학	1926년	1930년 3월	야마가타고		만주 채금주식회사 반소지소, 《만몽일보》 편집국장.	진해중·경남상업고 교장.
141	이종우 李鐘雨	문	철학(서양철학)	1928년	1931년 3월	3고	강원 홍천	경성제대 대학원 수료, 경성중앙보육학교장, 보성전문학교 강사, 철학연구회 회원.	고려대 교수·문과대학장·부총장·대학원장·총장, 학술원 회원, 문교부 장관, 민주공화당 전국구 의원.
142	이병길 李丙吉	문	철학(교육학교수법)	1927년	1931년 3월	학습원 고등과	서울	궁내성 식부직(式部職), 한성은행 대주주, 학무국 편집과 촉탁, 조선귀족회의 '동요회' 이사장, 조선유도연합회 상임참사, 조선생명보험주식회사 취체역, 국민총력조선연맹 참사, 사단법인 조선귀족회 이사, 중추원 참의(칙임관 대우), 조선생명징병보험주식회사 취체역, 이완용의 차남 이항구의 장남, 이완용의 장남 이승구의 양자. 후작 습작, 조선 후작 대표.	반민특위에 체포되어 징역 2년 집행유예 5년 및 익산 소재 소유 임야 2분의 1 몰수형 선고, 납북.

142·1	최중경 崔中庚	문	철학	1927년					
142·2	박철수 朴哲洙	문	철학	1930년			전남 해남		잔남지사
142·3	전원배 田元培	문	철학	1930년				조선철학회 창립 주도, 《동광》 편집장, 《서해공론》 주간, 조선생약주식회사 기획부장.	연세대·중앙대·전북대 교수, 원광대 대학원장, 한국철학회 회장.
142·4	이달재 李達宰	문	철학	1936년					
143	임두성 林斗成	문	철학	1937년	1940년 3월	사가고	평양	도쿄부국공업주식회사 경제조사부 근무.	김일성종합대 교수
143·1	최인갑 崔仁甲	문	철학	1939년					
144	정진석 鄭鎭石	문	지나철학	1939/1941년	1943년 9월	연희전문	서울	메이지대학을 거쳐 교토제대에 입학, 동대학원에서 철학 연구.	《자유신문》 주필, 연희대에서 강의. 월북 후, 김일성종합대 교수, 송도정치경제대학 학장, 과학원 철학연구소 소장.
144·1	허희병 許熙柄	문	심리학	1941년	1943년	경성제대 예과	함북 명천		이북 거주.
144·2	박장식 朴張植	문			1943년				서울대 사범대학 교육연수원 근무.
144·3	김충현 金忠炫	문	심리	1941년	1944년	규슈제대	평남 진남포		불명
145	변시민 邊時敏 (渡邊容成)	문	사회	1942년	1944년 9월	4고			사단법인 인구문제연구소장 겸 서울대 교수, 고등고시위원, 제주대 총장.
145·1	신승인 辛承寅	문	철학		1945년	니혼대(日大) 법과			
145·2	서월익 徐月益	문	서양철학		1945년	나가사키고상			불명

145·3	고봉무 高峯茂	문	철학		1945년	경성고상			불명
145·4	김인홍 金寅弘	문	철학		1945년	2고			
146	신기범 愼驥範	문	영문	1926년	1929년 3월	야마가타고		경성사범학교 교유 겸 사감.	군정청 조선교육심의회 사범교육위원회 위원, 문교부 고등교육분과위원회 위원, 서울대 교수, 학생에게 맞아서 사망(1947).
147	권경완 權景完	문	독문	1926년	1929년 3월	야마가타고	경남 창원	제3전선파 〈무산자〉 간행 관여, 프로문학 소장파 《중외일보》·《중앙일보》·《조선일보》 기자, KAPF사건으로 검거, 출옥 후 《조선일보》·《조선중앙일보》 기자, 조선여자의학강습소 강사, 경성제대 부속 도서관 사서.	문학가동맹 서기장, 1954년 마산에서 사망.
147·1	이만영 李萬英	문		1926년				1928년 법학부 재입학(법학부 28번 참조).	
148	최봉수 崔鳳守	문	영문	1927년	1930년 3월	고치고	강원 춘천	보성중 교유, 불교전문학교 강사.	동국대 교수
149	엄세영 嚴世泳	문	불문	1930년	1933년 3월	후쿠오카고	충남 대전(본적)	프랑스 정부 초빙 프랑스 유학, 사망(《동창회보》 3호).	
150	오석규 吳碩奎	문	영문	1937년	1941년 3월	3고	경남 창원		부산대·동국대 교수
150·1	大山 政世	문		1941년					
150·2	백승룡 白承龍 (白川 承龍)	문	언어	1942년	1944년	연희전문			이북 거주.
150·3	하병구 河炳九	문	독문		1945년	히메지고			경희대 교수

150·4	이관일 李寬一	문	불문		1945년	오사카외국어학교		불명	
151	이영순 李英淳 (西本英淳)	문	동양사	1928년	1931년 3월	야마구치고	경남 창원	경기도 개성부립박물관장, 진주중 교원·교장, 만주국 동광중 교장.	부산제일공업고 교장
151·1	이재기 李載基	문	선과 사학	1926년					
151·2	김경주 金敬注	문	선과 사학	1930년					
152	이병주 李丙周	문	동양사	1939년	1941년 12월	학습원	서울		경북대 교수
152·1	김문국 金文國	문	동양사		1943년	숭실전문			이북 거주.
152·2	김빈목 金斌穆	문	동양사		1944년	3고			불명
153	염은현 廉殷鉉 (廉宮殷鉉)	문	서양사	1937/1939년	1941년 12월	연희전문	서울		연희대·성균관대 교수
153·1	오창근 吳彰根	문	선과 사학	1939년		연희전문		교토제대에서 도호쿠제대법문학부로 전학, 1941년 독립운동 혐의로 검거, 징역 2년 집행유예 2년 선고.	
153·2	송몽규 宋夢奎 (宋村夢奎)	문	서양사	1942년		연희전문		윤동주와 함께 독립운동을 한 혐의로 검거, 징역 2년 6월, 옥사.	
153·2	金岡龍雄	문	사학	1941년		3고	평남 용강		
153·3	久原潔	문		1941년		숭실전문	황해 은율		

154	이태규 李泰圭	이	화학	1924년	1927년 3월	히로시마고등사범	충남 예산	이학박사(1931), 교토제대 조교수(1937), 정교수(1943).	조선학술원 상임위원, 경성대 이공학부장, 조선화학회 창립, 서울대 문리과대학 초대 학장, 유타대 교수, 한국과학원 석좌교수, 학술원 회원.
155	김정수 金精洙	이	화학	1929년	1932년 3월	야마구치고		조선총독부 식산국 연료선광연구소(1932), 만주국 펑텐중앙은행 조폐창(1936), 만철중앙시험소 선광실(1938).	
156	최상업 崔相業 (高山 秀雄)	이	화학		1945년 9월	3고			서강대 교수
157	신영묵 辛永默	이	수학	1924년	1927년 5월	연희전문		경성 배재고보 교유, 신의주 동중 교장. 본명 신철모이(辛撤母耳)에서 신영묵으로 개명.	서울대 교수, 서울 배재중 교장, 인하대 교수.
157·1	박승철 朴承哲		위탁생	1924년					
157·2	박병곤 朴炳坤	이	수학	1926년	1929년 5월	숭실전문		평양 일본맥분회사 근무.	군산제지주식회사 사장
158	국채표 鞠埰表	이	수학	1938년	1941년 3월	연희전문	전남 담양	이화고등여학교 교유·교무부장.	시카고대 졸업, 중앙관상대장, 기상학회 회장, 미국 지구물리학회 회원, 서울대 교수.
159	김재을 金在乙	이	수학	1940년	1943년 10월	연희전문	전남 여수	채광야금과 김재을과 동일인.	김일성종합대 교수
160	신건희 申健熙	이	물리	1930년	1933년 3월	오사카고	전남 해남	휘문고보 교유, 평양대동공전 교수.	수학물리학회 회원, 평양공전 교장, 김일성종합대 공학부장, 김책공업대 학장, 북한 과학원 후보원사, 과학원 서기장, 과학기술위원회 부위원장.
160·1	한건하 韓健河	이	물리		1945년	3고			이북 거주.

160·2	손원록 孫元祿	이	우주물리		1945년	도쿄물리학교	평북		소련 유학, 평양사범대 물리학 강좌장.
161	김한태 金漢台	이	지질학	1932년	1935년 3월	3고	서울	삼릉조선광업소 근무.	대한지질학회 부회장, 대한광업회 부이사장, 광업조정위원회 위원, 상공부 직할 삼성광업 및 삼한광업 지배인, 대한지질학회 회장.
162	주수달 朱洙達 (箕山洙達)	이	지질학	1942년	1944년 9월	5고			이북 거주.
162·1	岩城弘昌	이		1941년		야마구치고	함남 홍원		
162·2	박철재 朴哲在	이				연희전문	경기 양평	교토제대 이학부 물리교실에서 연구, 교토제대 이학박사(1940).	경성대 이공학부 교수, 서울대 문리과대학 교수, 한국원자력연구소 소장, 인하대 학장, 학술원 위원.
163	김연수 金秊洙	경		1918/1920년	1921년 5월	3고	전북 고창	경성방직회사·삼양사 사장, 중앙학원 이사, 조선총독부 조선산업경제조사회 위원, 조선석유주식회사 이사, 만주 천일농장·반석농장 개설, 만주국 명예총영사, 남만방적주식회사 사장, 중추원 참의(칙임관대우), 조선임전보국단 상무이사, 국민총력조선연맹 사무국 후생부장.	반민특위에 체포된 후 병보석·무죄 판결, 한국경제협의회 초대 회장, 주식회사 삼양사 회장.
164	이순탁 李順鐸	경		1921년	1922년 3월	고베고등상업	경기	연희전문 상과 학과장, 연전 상과 사건으로 3년 옥고.	조선학술원 상임위원, 미군정 입법회의 위원, 연희대 초대 상경대학장, 과도정부 기획처 초대 처장, 대한금융조합연합회 회장, 납북.

165	이관구 李寬求	경		1921년	1924년 3월	3고	서울	명성황후 시해 시 순절한 궁내부대신 이경직의 손자, 보성전문 상과 강사, 신간회 중앙위원 겸 정치부 간사, 조선일보사 정경부장, 조선중앙일보사 주필·편집국장, 대동출판사 주간·상무취체역.	서울신문사 취체역 주필 겸 편집국장, 합동통신사 부사장·고문·편집국장대행, 남조선 과도정부 관선 입법의원, 성균관대 경제학부 교수, 경향신문사 주필, 편집인협회 회장, 서울일일신문사 사장, 5·16장학회 이사장, 재건국민운동중앙회 부회장, 성균관대 이사장, 사단법인 세종대왕기념사업회 회장.
165·1	김수학 金秀學	경	선과	1922년	1925년	검정	서울	조선신탁회사 근무, 호남은행 목포지점장, 경성대흥광업주식회사 대표취체역.	상공부 차관, 제2대 국회의원.
165·2	신홍우 申鴻雨	경	선과	1922년					
165·3	홍기원 洪基瑗	경	위탁생	1922년	1925년	연희전문		만주국에 거주.	
165·4	정창 鄭錩	경	청강생						
166	서춘 徐椿	경		1923년	1926년 3월	도쿄고등사범	평북 정주	2·8독립선언 실행위원, 동아일보사 경제부장·조사부장, 조선일보사 주필 겸 경제부장, 국민정신총동원조선연맹 참사, 조선문화사 사장, 배영동지회 평의원, 매일신보사 주필, 국민총력조선연맹 사상부 참사, 국민총력조선연맹 선전부 문화위원회 위원.	건국훈장 독립장 추서, 1996년 서훈 취소.
166·1	이정래 李晶來	경	외국학생	1923년	1926년		서울	주식회사 동광당서점 사장	국회의원
166·2	박찬빈 朴贊彬	경	외국학생	1923년					
166·3	김상설 金相卨	경	외국학생	1923년					

167	노동규 盧東奎	경		1925년	1927년 3월	연희전문	평남 용강	연희전문 상과 교수, 조선경제학회 간사, 연희전문경제연구회 사건으로 교수직 파면, 검찰 송국, 화신(주) 심사부장.	
167·1	염창섭 廉昌燮	경	외국학생	1924년	1927년	일본 육사	서울	일본군 대위, 조선총독부 외사과 촉탁, 만주국 일본영사관 파견 근무, 펑톈성공서 민정청 행정과 사무관, 안둥성공서(참여관), 둥안성 성장관방 참사관, 둥만총성 참사관, 경북 예천군수 염규환의 장남, 소설가 염상섭의 형.	불명
167·2	염태진 廉台振	경	위탁생	1924년	1927년	연희전문		총독부 철도국 경성운수사무소 철도국 서기, 조선금융조합중앙협회 근무, 실업.	
167·3	정수영 鄭壽榮	경	외국학생	1923년	1927년	외특생(外特生)		군산미곡취인소 회원, 칠성양주주식회사 근무.	
168	김원규 金元奎	경		1925년	1928년 3월	야마가타고		사망(《동창회보》 창간호)	
169	이강호 李康昊	경		1925년	1928년 3월	야마가타고	전북 임실	금광업	오강회사 사장, 북삼화학공사 이사장.
169·1	김병달 金炳達	경	위탁생	1924년	1928년 3월				
169·2	우상무 禹相碔	경	위탁생	1924년					
169·3	이병욱 李炳郁	경		1925년					
170	김주익 金周益	경		1924년	1928년 4월	법학전문	함북 북청	신간회 간사, 오도구 펑톈 만철 근무, 한성상업학교 설립(교장).	한성중 재단이사장, 서울 기계제작주식회사 부사장, 납북.
171	윤완선 尹浣善	경		1926년	1929년 3월	마쓰야마고		윤보선의 동생, 탁지부대신 이용직의 사위, 을사조약 시 순절, 조병세의 외손사위, 총독부 황해도 내무부 학무과 속.	

172	장일정 張日鼎	경		1926년	1929년 3월	야마가타고	평북 용천	황해도 사리원군청·해주군청 속, 곡산·서흥 군수.	상업
173	강치봉 姜致鳳	경		1927년	1930년 3월	야마가타고		함남 내무부 회계과·원산부청, 문천군 속, 젠다오성립옌지여자사도학교, 젠다오성립광밍국민고등학교 교유.	경북 경산중 교장(1952), 대구사범학교장.
174	고재욱 高在旭	경		1927년	1930년 3월	야마가타고	전남 담양	동아일보사 경제부장, 편집국장, 김성수의 처조카.	동아일보사 주필 겸 편집국장, 조선신문기자협회 위원장, 한국신문편집인협회 회장, 국제신문협회 회원·한국위원장, 동아일보사 사장·회장·명예회장, 한국신문인협회 이사장.
175	김의영 金義泳	경		1926년	1930년 3월	마쓰야마고	서울	황해도 금천·신천 군수.	납북
175·1	문준식 文濬植	경		1927년	1930년 3월	보성전문		상업	
176	문태수 文泰洙	경		1927년	1930년 3월	야마가타고	함흥	함남 재무부 이재과 속, 함흥토지금융주식회사 근무.	
177	정선규 鄭善奎	경		1927년	1930년 3월	야마가타고		총독부 황해도 내무부 학무과 속, 해주군·평산군·연백군 속.	강릉 관동대 교수
178	조정두 趙正斗 (玉川正斗)	경		1928년	1931년 3월	마쓰야마고	전남 광주	전남 산업부 산업과 속, 광양군 내무과장, 전남 담양·장흥·완도 군수.	목포상업학교·목포공립중 교장, 전남 문교사회국 학무과장, 문교사회국장, 강원도 문교사회국장, 충북·전북·전남 산업국장, 보건사회부 중앙감화원 원장, 전남 문교사회국장, 광주여중 교장, 광주 중동고 교장.
179	박극채 朴克采	경		1928년	1931년 3월	야마가타고	평북 선천	보성전문 상과 교수	조선학술원 서기국 위원·상임위원, 서울대 교수, 김일성종합대 교수.
180	차남하 車南廈	경		1928년	1931년 3월	야마가타고	전남 목포	목포부청 학무과, 곡성군 내무과장, 전남 영광군수.	목포상업학교 교장(미군정청 임명), 재단법인 용강장학회 이사, 일광염업공사 부사장, 전남교육위원회 부의장, 호남비료주식회사 감사.

181	김병달 金炳達	경		1924년	1931년 3월	검정		도쿄철도국 경리과 근무, 고등문관시험 행정과 합격(1938).	불명
182	계훈준 桂勳峻	경		1929년	1932년 3월	야마가타고	평남 선천	평북 철산 차연관금융조합 이사, 평양북금융조합·조양금융조합·개천금융조합 중역.	이북 거주.
183	이홍 李泓	경		1929년	1932년 3월	야마가타고	경북 영천	선만산업(주) 지배인, 동아흥업(주) 근무.	농림부 양정국장, 대한식량공사 이사장 서리, 납북.
184	한지호 韓芝鎬	경		1929년	1932년 3월	야마구치고		총독부 철도국 경성철도사무소 서기	이북 거주.
185	황의동 黃義東	경		1923년	1927~1932년 6월	검정		나라천리외국어학교 교수, 대동광업주식회사 경성본사 근무, 사망(《동창회보》 5호).	
186	박성권 朴聖權	경		1927년	1932년 7월	검정		미상	불명
187	윤행중 尹行重	경		1930년	1933년 3월	마쓰야마고	전남	보성전문 상과 교수	미군정 조선경제고문회, 조선학술원 서기국 위원·상임위원, 서울대 교수, 최고인민회의 1기 대의원(1948), 과학원 경제법학연구소장(1956), 과학원 원사, 국가계획위원회 중앙통계국장(1957), 국가계획위원회 부위원장(1958), 자유주의 반당 혐의로 숙청(1959).
188	홍헌표 洪憲杓 (德山 嘉一)	경		1930년	1933년 3월	3고	경기 안양	고등문관시험 행정과 합격(1934), 평남 강서군수, 평남 산업부 산업제2과장(이사관), 평남 내무부 조정과장, 평북 산업부 산업부장, 함북 재무부 재무부장(사무관), 함북 농상부 농상부장.	미군정청 재무부 사계과장, 신한공사 이사, 과도정부 정부직원조정위원회 위원, 대한식량공사 이사 겸 경리부장, 기획처 차장, 기획처 처장 서리, 내무부 차관, 한국비료주식회사 사장, 대한수산중앙회 이사장, 성균관대 교수·총장서리, 민주공화당 서울시 부위원장, 체신부 장관(수뢰 혐의로 사임).
189	박영출 朴英出	경		1930년	1934년 3월	야마구치고	부산 동래	1936년 조선공산당 재건 그룹 사건으로 징역 4년 선고,복역 중 옥사.	

189·1	여창걸 呂昌傑	경		1930년					
190	송주영 宋柱永	경		1931년	1934년 3월	사가고	전북 완주	금융조합 이사	전주여중 교장, 프랑스 유학.
191	안병철 安秉哲	경		1931년	1934년 3월	야마가타고		영평금융조합 중역, 봉서주조 중역.	불명
192	오현우 吳鉉祜	경		1931년	1934년 3월	미토고	평북		이북 거주.
193	김경희 金庚熙	경		1930년	1934년 3월	3고		총독부 재무국 이재과 속, 만주국 산업부 개척총국 근무.	
194	김종률 金鐘律	경		1932년	1935년 3월	야마구치고	경기 개성	경성조선전력주식회사, 경성동양공작주식회사 전무취체역.	
195	유승규 柳昇圭	경		1932년	1935년 3월	사가고		동창회 명부에는 유정규(柳鼎圭).	
196	강성재 姜聖宰	경		1932년	1936년 3월	야마구치고	경남 마산	조선중앙일보사·조선일보사 정치부 기자, 경성동양공작주식회사 지배인.	'민전' 경제대책연구위원회 위원
197	김현익 金顯益	경		1932년	1936년 3월	사가고	충남 예산	만철경제조사회 식민반, 만선척식주식회사 평톈지점 업무과, 펑톈성 테링만선척식주식회사 출장소	문교부 재무과장, 내무부 건설국 자재과장, 예산염업조합 전무이사, 한국갯트협회장.
198	유형식 劉亨植	경		1932년	1936년 3월	히로시마고	경기 강화	화신연쇄점 원산배급소 근무, 경성화신연쇄점주식회사영업 과장.	전평 상임집행위원회 재정부, 민전 노동문제연구위원.
199	도원섭 都遠涉	경		1933년	1936년 3월	세이조고	함흥	주식회사 조선기계제작소(인천 소재) 근무.	항구금물상회 회장
200	한희목 韓熙穆	경		1933년	1936년 3월	히로시마고		평양 남정 평안자동차상회·공흥모타상회 근무.	삼호직물공업주식회사 사장
201	박병교 朴炳敎	경		1933년	1937년 3월	히로시마고	평남 용강	화신무역주식회사·주식회사 화신 상무취체역 및 전무취체역.	화신무역주식회사 취체역 사장

202	황도연 黃道淵	경		1935년	1938년 3월	후쿠오카고	경북 김천	조선저축은행 경성본점과 평양지점 근무, 만주 건국대학 촉탁강사(통계학), 건국대학 연구부원(전시경제 국책연구반 연구보고 2집《통제경제하의 경제통계統制經濟下の經濟統計》 집필 참여), 건국대 조교수.	경성대학 경제학과 교수, 민주주의민족전선 경제대책연구위원회 위원, 국대안에 반대해 퇴직, 월북 후 북한의 내각부수상 김책의 재정·통계 관련 보좌관으로 활동, 중앙통계국 초대 국장, 황해북도 지구계획위원장, 북한 통계학·재정학 수립자.
202·1	윤예현 尹禮鉉	경		1937년					
203	김영휘 金永徽 (金子永徽)	경		1938년	1941년 3월	규슈제대	서울	식산은행 입행(1942).	식산은행 이사, 한국산업은행 총재, 한국은행 수석부총재, 3·15 부정선거 자금을 염출해 투옥.
204	김병욱 金秉郁 (金森秉郁)	경		1939년	1941년 12월	야마구치고	함남 덕원		이북 거주.
205	이병호 李丙虎 (三島武男)	경		1939년	1941년 12월	마쓰야마고	서울		상공부 차관·장관, 한국수출산업공단 이사장, 한국요업주식회사 사장.
206	성창환 成昌煥 (成原昌嗣)	경		1940년	1943년 9월	야마구치고	서울	야마구치고 애우회 활동, 독립운동(애족장4488).	고려대 교수, 박정희 국가재건최고회의 의장 경제고문, 금융통화위원회 위원.
207	송을수 宋乙秀	농	농림경제	1924/1926년	1928년 3월	수원고등농림학교	전남 광주	조선공산당 당원, 신간회 경도지회 간사, 고려공산청년회 일본총국 위원, '제4차 조선공산당 검거' 2년 6개월 복역, 화신연쇄점 원산배급소 근무, 경성화신연쇄점주식회사 상품과장.	조선공산당 산하 전국농민조합총연맹 중앙집행위원, 조선인민당 선전국 기획부책임자, 민주주의민족전선 중앙위원, 남로당 중앙상무위원회 농민부장, 남조선인민대표자대회 1기 최고인민회의 대의원, 강동정치학원 강사, 금강정치학원 정치부위원장, 조선노동당 중앙위원, 2기 최고인민회의 함북대의원, 조국통일민주주의전선 중앙위원(부장), 농업기술연맹 서기장(1964).

208	구재서 具在書	농	농림경제	1930년	1933년 3월	수원고농		총독부 농림국 농산과·미곡과 기수	서울대 농과대학 학장
209	신영식 申映湜	농	농림경제	1931년	1934년 3월	마쓰야마고	평북	신징 만주국 산업조사국 기사, 만주국 산업부 농무국 기좌(고등관).	
210	조성진 趙成溱 (嘉川清士)	농	농림경제	1938년	1941년 3월	수원고농	경기 양주	식산은행 본점 근무.	
211	정남규 鄭南圭 (德山治永)	농	농림경제	1939년	1941년 12월	수원고농	충남 연기	식산은행 본점 산업금융과 근무.	수원대 조교수, 미국 위스콘신대 박사학위 취득(정부 유학생), 서울대 교수, 농림부 농정국장, 농사원장, 농촌진흥청장, 농림부 차관, 농협중앙회 부회장.
212	김송환 金松煥 (金村松煥)	농	농림경제	1940년	1942년 9월	수원고농	서울	조선식산은행 감정부·산업금융부, 평양지점 근무.	농림부 장관 비서관, 농림부 농정국 경리과장·경영과장, 상공부 전기국 전정과장, 한국세멘트회사 상무, 상공부 공업국 공정과장(서기관), 상공부 광무국 연료과장, 상공부 전기국 전력과장, 상공부 광무국 광정과장, 동방물산주식회사 사장, 상공부 차관.
213	정구흥 鄭求興	농	농학	1927년	1930년 3월	고치고	충북 보은	충남 종묘장·농사시험장 산업기수, 총독부 농림국 농산과·농림과·농무과 기수.	농산국장(1948), 농림부 차관(1949), 납북.
214	이홍재 李弘宰	농	농학	1928년	1931년 3월	8고		만주국 체재, 영보합자회사 근무.	
215	조중구 趙重九	농	농학	1929년	1932년 3월	학습원	서울	남작 조동윤의 장남. 일본 도쿄 농림성 농업시험장 촉탁.	일본 농림성 농업기술연구소 생리유전부 근무.
216	김동욱 金東煜	농	농학	1930년	1933년 3년	히로시마고		평북 내무부·선천군 지방산업기수, 평북도청 농무과, 만주국 산업부 개척총국 근무.	이북 거주.
217	박승만 朴勝萬	농	농학	1930년	1933년 3월	야마구치고	경기 양주	총독부 수원농사시험장 종예부 기수·기사	조선학술원 상임위원, 국립농업시험장 부(副)장장, 중앙원예기술원 부원장, 농산물검사소장, 서울대·동국대 교수.

218	현남섭 玄南燮	농	농학	1930년	1933년 3월	마쓰에고	전남	전남 산업부 농무과, 광주군 ·광산군 산업기수	
219	전준희 田埈俙	농	농학	1932년	1935년 3월	히로시마고		전남 광주 농사시험장 산업기수	농림부 중앙농업기술원 이리육종지원소 기감, 농림부 농정국장, 충주비료상임감사.
220	이승우 李昇雨	농	농학	1934년	1937년 3월	2고	경남 울산	대구 계성중 교유, 진남 포평과 시험장장.	동국대 교수, 원예시험장장.
221	김희태 金熙泰	농	농학	1939년	1941년 12월	수원고농	서울		춘천농대·진주농대 교수, 동국대 교수·학장.
222	홍기창 洪基昶 (梅谷基昶)	농	농학	1941년	1943년 9월	수원고농	경기 연천		고려대 교수
223	김동우 金東祐 (金井東祐)	농	농학	1942년	1944년 9월	수원고농			농림부 원예계장(기좌), 원예시험장 제1과장 겸 서울지장장(支場長)(기정), 한국원예생산연구소장.
224	김해경 金海庚 (松山海庚)	농	농림생물	1940년	1942년 9월	기후고농	서울		국련개간척기술조사기구(UNKUP) 근무.
224·1	김계용 金繼鏞	농	농림생물		1945년 9월	교토 고등잠업학			제주대 학장
225	조광희 趙光熙 (豊田浩光)	농	농림공학	1941년	1943년 9월	수원고농	경북 문경		세계지질공사장
226	백동엽 白東燁	농	임학	1929년	1932년 3월	야마가타고		평남 내무부 산림과 촉탁·산업기수	이북 거주.
227	김성환 金成桓	농	임학	1932년	1935년 3월	마쓰야마고		경북도청, 조선총독부 농림국 농정과 기사.	산림국장, 납북.
228	민영남 閔泳南	농	임학	1932년	1935년 3월	야마구치고	전남	전남 산업부 산업과 촉탁, 전남 임업시험장 기수, 전남 산업부 산림과 기수.	해남·광주 경찰서장, 농림부 조림과장, 3대 민의원, 전남도지사, 6대 국회의원.

229	김장수 金樟洙 (金子正雄)	농	임학	1941년	1943년 9월	수원고농	서울		고려대 교수
229·1	임순문 林舜文	농	임학		1945년 9월	수원고농			경북대 교수
230	황한용 黃翰榕	농	농림화학	1928년	1931년 3월	야마구치고	황해 서흥	황해도 서흥군 산업기수, 황해도 평산군·황주군·봉산군 속, 황해도 수안군수.	
231	마종국 馬鐘國	농	농림화학	1930년	1933년 3월	3고		젠다오성 카이산툰 동만인견펄프주식회사 근무.	조진물산(주) 대표(1949), 삼풍제지주식회사 부사장.
232	이봉희 李鳳熙	농	농림화학	1932년	1935년 3월	마쓰야마고		조선총독부 수원농사시험장 화학부, 경주종양장 기수	
233	김판술 金判述	농	농림화학	1932년	1937년 3월	우쓰노미야고농	전북 군산	만주국 신징대륙과학원, 이리농사시험장장, 군산어업조합장.	농림부 농정과장(1948), 민주국민당 최고위원, 보사부 장관(1960), 3·5대 국회의원.
234	민관식 閔寬植 (春岡寬植)	농	농림화학	1940년	1942년 9월	수원고농	개성		서울대 강사, 3·4·5·6·10대 국회의원, 대한체육회장, 문교부 장관, 성균관대 이사장, 대한올림픽위원회 위원장, 아시안게임 조직위원장, 1963년 교토대 법학부에서 박사학위 취득.
235	김태봉 金泰鳳 (金川篤)	농	농림화학	1941년	1943년 9월	기후고농	전남 영암		고려대 교수
236	이종진 李鍾珍 (石橋憲一)	농	농림화학		1945년 9월	마쓰모토고	평남 강서		서울대 교수,《사상계》편집위원, 대한프라스틱공업회사 사장, 경희대 식품가공학과 교수 겸 식량자원개발연구소장, 한국생화학회 회장.

찾아보기

인명 찾아보기

ㄱ

ㄴ

ㄷ

ㄹ

ㅁ

ㅂ

ㅅ

ㅇ

제국대학의 조센징

―대한민국 엘리트의 기원, 그들은 돌아와서 무엇을 하였나?

1판 1쇄 발행일 2019년 6월 24일
1판 7쇄 발행일 2022년 12월 26일

지은이 정종현

발행인 김학원
발행처 (주)휴머니스트출판그룹
출판등록 제313-2007-000007호(2007년 1월 5일)
주소 (03991) 서울시 마포구 동교로23길 76(연남동)
전화 02-335-4422 **팩스** 02-334-3427
저자·독자 서비스 humanist@humanistbooks.com
홈페이지 www.humanistbooks.com
유튜브 youtube.com/user/humanistma **포스트** post.naver.com/hmcv
페이스북 facebook.com/hmcv2001 **인스타그램** @humanist_insta

편집주간 황서현 **편집** 박상경 임미영 **디자인** 박인규
용지 화인페이퍼 **인쇄** 정민문화사 **제본** 정민문화사

ISBN 979-11-6080-272-6 03910

이 도서의 국립중앙도서관 출판예정도서목록(CIP)은 서지정보유통지원시스템 홈페이지(http://seoji.nl.go.kr)와 국가자료공동목록시스템(http://www.nl.go.kr/kolisnet)에서 이용하실 수 있습니다.(CIP제어번호: CIP2019022755)

- 이 저서는 2014년도 정부(교육부)의 재원으로 한국연구재단의 지원을 받아 연구되었음. (NRF-2014S1A6A4A02027567)